中国社会学
经典文库

中国人行动的逻辑

翟学伟 著

生活·讀書·新知 三联书店 生活書店出版有限公司

图书在版编目（CIP）数据

中国人行动的逻辑 / 翟学伟著 .—北京 : 生活书店出版有限公司 , 2017.10（2025.1 重印）
ISBN 978-7-80768-181-6

Ⅰ.①中… Ⅱ.①翟… Ⅲ.①社会学—研究—中国
Ⅳ.① C91

中国版本图书馆 CIP 数据核字 (2016) 第 321208 号

丛书策划　杨震林
责任编辑　苏　毅
特约编辑　耿　斌
装帧设计　罗　洪
责任印制　孙　明
出版发行　生活書店出版有限公司
（北京市东城区美术馆东街 22 号）
邮　　编　100010
经　　销　新华书店
印　　刷　天津睿和印艺科技有限公司
版　　次　2017 年 10 月北京第 1 版
2025 年 1 月北京第 18 次印刷
开　　本　635 毫米 ×965 毫米 1/16　印张 19.5
字　　数　253 千字
印　　数　56,001-59,000 册
定　　价　48.00 元
（印装查询：010-64052612；邮购查询：010-84010542）

目 录

第四部分 建立本土理论框架的尝试

后记

再版自序

此文集是我从事社会学研究以来的第一本书，其中的绝大部分论文写于上个世纪 90 年代。当时由美国八方企业文化公司在新加坡出版繁体字版（2000 年版），由社科文献出版社出版简体字版（2001 年版）。这两个年度正逢跨世纪，因此它多少表达了我做社会学研究的一种心愿，也就是寄希望于在新世纪到来之际，中国社会科学研究能走出一条自己的路。

今日重读此书，似乎并不感到陈旧和过时，因为书中讨论的这条道路依然在起步阶段，并且一直伴随着各种争议。学术界当年之所以有这样那样的争议，源于改革开放初的大背景，那时学习和借鉴西方社会科学是怎么强调都不过分的。记得当时我们在大学课程中所用的教材几乎全部是舶来品，即使不全是，起码也是对舶来品的组装。那时做点研究，能阅读的研究资料非常有限（没有互联网，连复印机都很少见），一个学者如果能设法得到一些英文资料，或者能知道一点西方理论和方法，是非常值得自豪和荣耀的事情。因为它无形中检验着一个学者的学问好还是不好。虽说 90 年代的中国学术界也兴起过学科本土化讨论，但最终演变成学术规范化的问题。十几年过来了，学术规范化早已不再是问题（其实这并不归功于那场讨论），不少中国学子如今能在世界最好的学刊上发表英文论文，但中国社会科学如何发展的问题依旧。学者们还是在相关问题上犹豫不定，争论不休。可是也就在这十几年中，整个中国社会与市场却无视学者们怎么看，正以自己的方式和轨迹发生着重大而深刻的变化。此时，那些习惯了雾里看花的学者如何回应这一变化呢？上述的种种态势其实已宿命般地导致其大量的研究只能是“经验很丰富，理论很苍白”。当中国学术界尚无法对我们的社会与市场予以回应和预测之际，世界又进入了一个互联网、智能手机、微博、微信等电子交流的时代，此时，信息资料已不再是问题；而当年的留学生大量回归，人才与国际学术接轨也不再是问题，有问题的还是中国社会科学如何发生与发展。不知道这一点什么时候能得到正视。

显然，受上世纪学术环境的局限，此书中的理论探索已显粗浅和不足，很多方面还需要进一步跟进，尤其有赖于方法论与研究方法的突破，也需要更扎实的理论推演。而更加令人焦虑的是，这一被冠为大变革、大转型、大数据以及社会急速变化之处境，让很多事物和现象的留存本身也成为学者面临的话题。我自己的一贯研究见解是，尽可能在变中看到不变的部分，至少是难变的部分，因为这部分还可以让我们从中辨认出这样的行动特征是否是中国人的，抑或，全球化已然让“中国人行动的逻辑”变成了一个传说。

此次借助于生活·读书·新知三联书店旗下生活书店出版有限公司的新版，我拿掉了原书中的《社会心理承受力与社会价值选择》一文，加进了一篇2014年写成的《人情与制度：平衡还是制衡？》，也补充了另一篇有关价值观的文章，这样显得更贴近本书的主题一些。

翟学伟

2015年5月17日

于宝华山麓仙林翠谷

自 序

本书的内容应算是对我近年来学术思考及研究的一次小结。这一小结始终是围绕着这样一个问题展开的，这就是长期以来，我们是不知不觉地习惯于在西方学者的研究框架内或结论的对立面上来做学问的，比如，我们许多研究只知道用西方的现成理论、概念、方法来描述和分析中国社会，而从不考虑它们同研究对象之间的关系，如是否具有契合性或脉络性，以及不同社会成员对自己的社会有没有不同的预设等。随着本土化研究在华人学术界的开展，尽管上述问题已有所改观，但比较文化上的二元对立倾向又随之暴露出来，即我们从原来的生搬硬套西方成果转向了在西方许多研究的对立面上来呈现自己的社会与文化特征，诸如西方人的价值是个人主义的，我们中国人的价值是集体主义的；西方学人的行为是普遍主义的，我们中国人的行为是特殊主义的；西方文化是罪感文化，我们中国文化（及日本文化）是耻感文化；中国代表着传统，西方代表着现代等等。看起来，这样的研究比照搬西方理论与方法或一味验证西方学者的研究结论，已有了很大的不同或进步，因为它既具有文化比较研究的色彩，又有了本土化研究的特点。但我仍然认为，这样的研究理路还是在培养我们的思维惰性，麻醉我们的学术神经，降低我们发现问题的敏锐度。

由此一来，本书所涉及的中国人与中国社会，无论是其视角、理论、概念、方法，还是具体的社会现象等，都与上面的研究思路有所不同。我的基本做法是先回到中国社会现实中去看、听、闻，去观察、发现、体会，然后去寻求用什么来表达它们是什么。我认为这样一种研究思路不存在本土契合性的和是否二元对立性的争论。因为契合性和二元性共有的特征都是在关心如何摆放西方学术同中国社会之间的关系。而一种由中国社会中产生出来的研究概念、方法和框架是不以这种视角看中国社会的，它既不会关心如何使用一套西方的理论，也不会关心如何让自己的研究同西方结论相反，而是关心我们在这个社会中能有什么学术成就来反映和解释这个社会。当然，这里面可能涉及这样一个问题，即一个研究者应该接受什么样的学术训练才可能让他做到这一点呢？因为一种能被称为社会学、心理学、文化人类学的学科，首先就是由西方人确立的。但我认为，接受这些学科训练，并非就是接受某种范式、理论、方法等，也不是一定要去证明某种理论的正确性，而完全可能是获得一种学术眼光、学会资料处理及具有分析与解释上的能力而已；同时，阅读西方的学术经典，也不意味着我们在进行学术洗脑，而是让我们感受到一种社会和人的现象被有洞察力地叙述的张力有多大。我想，在这种立场上做出的研究就会在认识上不同于上述争论，在结论上又是由自己社会的问题意识所引导的。它不源于西方某个理论，也不必然同西方社会相对立，而在所获得的研究结论上又不同于当地的民众生活经验和当地传统思想经典，如儒家思想等。

总之，我的观点是，所谓本土化的研究就是不去套用西方现成的东西，也不投机取巧地做二元式的对比，而是直接面对我们自己的社会、文化、心理与行为，重新进行思考和分析。或者说，本土化就是让我们在研究时换一个角度，即不直接通过西方学科中的概念、理论和方法来发现现象和问题，而是从本土的现象和问题出发，来寻求相应解决问题的途径、方法和对应工具，建立本土的学术概念、理论和分析框架。为了统合我的这些想法和研究，我将此书命名为“中国人行动的逻辑”，按“视角与方法”“概念研究”“经验研究”“理论与框架”等几部分，对已写过的论文做重新的加工和编排，以便能较全面地涉及我这一段时间里对本土化的目的、视角、方法、概念、模式和理论等方面的思考、议论和研究。应该说，这里的文字不但表达了我对中国人与中国社会的认识和解释，也反映了我近些年来的思想历程。这里面有我遇到的困惑、焦虑、沮丧和欣喜；也有我对一些文字表述上的犹豫不定以及一而再、再而三的修正。我深感，在现有的理论范式中做按部就班和四平八稳的学问，是最省心、最安全的一种方法，一旦想放弃这种选择，就会面临危机、挑战、陷阱、批评和失败。但我也相信学术的进步、学术的原创性正在于此。

最后，我要感谢《中国社会科学》、《中国社会科学季刊》(香港)、《社会学研究》、《二十一世纪》(香港)、《社会理论学报》(香港)、《东方》、《本土心理学研究》(台湾)、《江海学刊》、《南京大学学报》等杂志社的编辑们曾给予我的学术空间，因为书中不少篇章最先是在这些刊物上接受学术考验的。我还要感谢南京大学的洪银兴教授和张永桃教授对我学术成长上的帮助，以及我的博士生导师蔡少卿教授对我的学术认同和支持。这里尤其要感谢的是香港理工大学应用社会科学系，因为受该系的阮新邦博士的鼓动和系主任麦萍施教授的大力支持，我不但萌发了出版的念头，而且还有机会就书中的学术观点同该系的教师进行了多次讨论，并在香港顺利完成了对此书的修改工作。我周围一些了解我的同仁以为，我的研究特点同我的人格特征有很大的关系，我想，无论这点是否成立，我都要将此书献给生我养我的父母。

翟学伟

1999 年 10 月于香港百萃苑

第一部分　另一种视角：关于本土化、研究理路及其方法的若干思考

“本土化”，讲得通俗一点，就是希望那些研究自己社会和文化的学者能在研究上换一种角度，即一种非西方的视角。长期以来，人文、社会及行为科学的研究角度是西方人设定的。当然，他们的这种设定也不是一朝一夕的功夫，而是经历了几百年的演变与锤炼，才得以逐步确立、传播、扩散并获得其学术统治地位的。中国学者在近百年的学术研究中为此经受了从国学向西学的转化。不得不加以肯定的是，这种转化在相当程度上给中国学术注入了新的、现代性的特征，因为在中国学术的自身成长中既没有社会学、心理学、社会心理学、文化人类学等学科，也没有哲学、伦理学、文学上的分类，仅仅是通过经、史、子、集之类来思考和探究人和社会。因此，如果说中国学者在东西文化的碰撞中接受了西方学术，那他们接受的不仅是西方的这些学科分类，同时还有西方人文、社会及行为科学中的视角，以及由这一视角确立的概念、理论和方法，或者说，整个西方学科的研究范式已成为近代以来中国学者的研究指南。在这一单方面的吸取过程中，我们的研究视角理所当然地被西方人规定下来，我们的研究理路和方法被他们训练成一种程式，而熟练地运用这些程式就意味着我们获得了从事这些学科研究的资格证书。但随之而来的问题是，在这样的程式化研究中，学者们理解和解释出来的中国社会、文化、历史和人的心理与行为，并不是变得越来越清楚，越来越有说服力，而是越来越模糊，越来越不符合事实。社会，在众多的研究报告中变成了一个没有自己历史和文化的社会；人，在许多调查和实验中变成了没有社会背景和情境下的人。人文、社会及行为科学的本土化正是在这种情况下被提出来的。所谓本土化不是要回到中国过去的学术分类中去认识社会，而是要在现有的学科中找到另一种视角，即一种本土的视角来研究人和社会。因为在这种视角中，我们既能看到我们的历史演变和文化理念如何造就了我们的社会，又看到我们的社会背景和特定情境如何模塑了我们的心理和行为；同样在这种视角中，我们还能建立我们自己的概念、理论和方法。在本篇中，我就以上这些问题来具体讨论一下本土化的方向、本土化的研究理路及研究方法等问题。

本土化研究的程度与限度：我们能走多远

人文、社会及行为科学本土化在中国大陆学术界还没有形成气候，就已引来了各式各样的质疑和批评，诸如科学有无国界的问题、体与用的关系问题、方法论上的问题、传统化与现代化的问题、吸收与排斥的问题、普遍性与特殊性的问题、中心与边陲的问题以及本土化与全球化的问题等等。其中每一个问题都能成为争议的焦点，以至于本土化的研究还未完全展开就使这一提法本身变得相当复杂。本章在此不可能，也无力对上述问题做一一的讨论，只想就一些基本争议点做些探讨。

一、本土化的消长及其问题的症结

类似于本土化的提法（过去叫“中国化”）在我国20世纪20—40年代曾经出现过。当时的一些心理学家、社会学家、人类学家，如潘菽[①]、吴文藻、费孝通等不但发表过专文探讨过这一问题，而且还进行过一些实证研究，在当时的海内外学术界曾产生过一定的影响。[②] 但由于当时中国处在一种特定的社会、经济、文化背景及学术

① 详见潘菽：《学术中国化问题刍议》，见《潘菽心理学文选》，南京：江苏教育出版社1987年版，第37—52页。

② 详见费孝通：《略谈中国的社会学》，见费孝通：《从实求知录》，北京：北京大学出版社1998年版，第228—244页。

环境中，结果这一努力半途而废了。40年后，又由于社会、经济、文化背景及学术环境等因素的改变，这一口号再一次出现时，率先发生在台湾和香港地区，并得到了当地相当一批学者的响应。现如今，从本土化的角度来研究中国人已在台港地区成为一种学术自觉与学术运动。他们定期召开研讨会及各种小型座谈会，创办专门研究刊物，发表了不少这方面的研究成果。① 80年代中期，这一思潮开始影响大陆学界，也可谓和有些大陆学者的想法一拍即合。本土化首先是在社会学和社会心理学界引起了广泛、热烈的讨论，② 后又向其他学科延伸。但随着讨论的深入，它一方面被学术规范化的呼声所淹没，③ 另一方面又被全球化口号所笼罩。④ 可以作这样的设想，大陆学界由本土化而形成的这种学术态势在台港不太可能出现，他们既不可能在学术上讨论如何规范化问题（因为没有受过学术规范化训练的人，根本就成不了学者）；也不可能在开展本土化的同时，提出什么全球化的问题（因为全球化是学者对世界发展趋势的一种估计，它同学术研究上的本土化并不是一个层面上的概念）。

大陆学者热衷讨论所谓“规范化”，说到底就是讨论我们所做的“学问”是不是学问，它们符不符合学术的形式和内容上的要求。学者们花如此大的精力来讨论这个问题，一方面反映了大陆学者总体学术水平同台港的差距，另一方面似乎担心在这样的情况下提倡本土化，可能本土化没什么长进，反而同国际学术沟通却没有了。但

① 参见杨国枢、李亦园、文崇一等编著：《现代化与中国化论集》，台北：桂冠图书公司1985年版。杨国枢主编：《本土心理学研究》（丛刊），桂冠图书公司，1993年创刊。

② 详见李庆善主编：《中国人社会心理研究论集·1992》，香港：香港时代文化出版公司1993年版。

③ 详见《本土化与规范化讨论》，见《中国书评》，1995年，1月（总第3期），1995年，3月（总第4期）。

④ 参见杨中芳：《现代化、全球化是与本土化对立的吗？》，载《社会学研究》，1999年，第1期。

无论如何，就中国人与中国社会研究本身而言或就本土化的发起而言，本土化同规范化实无必然的联系，因为台港学者在提出这个问题时压根就没想到大陆在学术规范上会存在如此严重的问题。而大陆学者喜欢把本土化同全球化对应，细究一下，也没有什么理据。所谓全球化主要是就世界各国的政治、市场、通信和经济发展的趋势而言的，而本土化是就学术研究视角与研究策略而言的，根本不在一个讨论的范畴中。但这里有一种似乎能够说得通的观点是，既然世界各国的政治、消费、通信和经济都全球化了，自然学术研究也就没有必要本土化了。可问题的复杂性在于，上述这种观点是以人类历史的发展最终将走向趋同性和单面性这一假设为前提的，而其中一个潜在的相关假设是，全球化导致的结果只能是西方学术将始终占领国际学术舞台，因此我们不跟着走似乎是不可能的。我个人作为本土化研究的支持者和参与者，我首先对这个前提持有疑问。我不在这里阐述我的观点是因为西方学者对于这个问题的回答比我要高明得多，他们这几年里关于“文明的冲突”“单面人”及“后现代”“后殖民”的讨论，已足够让我们看到未来社会发展并不那么单一和趋同。即使我的这个疑问本身也值得怀疑，那么通过本土化研究来探讨一下这种趋同的可能性有多大，或速度有多快也是可以的。

追溯世界各地学者为何会倡导本土化的原因有相当的难度，其中既同部分西方学者因研究中出现的越来越多的困惑而产生的反动有关，又同一些非西方学者在追随和依附西方学术过程中进行的自我反思有关。虽说这两者之间有本质区别，但本土化毕竟成为一个越来越重要的问题被提了出来。单从非西方社会（主要是第三世界国家和地区）的本土化提倡者的心态上看，有两种因素在本土化运动的形成和促进中显得十分重要：一是在情感上。深受西方学术训练或影响的学者越来越不满于西方学术研究上的霸权主义，越来越不能容忍自己在学术上所处的边陲地带且不受重视的情形。他们出于一种自尊，想通过本土化的成果来影响、充实和改造世界现有的学术体系。二是在认知上，由于这些学者认识到他们照搬和模仿西方理论和方法越像，或者说在西方学术里陷得越深，就越不知如何研究本土的社会和人，进而他们希望通过推动本土化的运动来达到一种学术研究上的自觉，建立起自己的知识符号和体系。一言以蔽之，本土化在根本上是本土的学者为了确立自己在世界学术舞台的地位及不愿照搬和验证西方的学术成就而发起的一场学术运动。[①] 但我认为，就目前情况而言，本土化推动者所具有的这一心态把他们自己推到了一种两难的境地：一方面他们平生所学都来自西方，并为此产生过极大的自豪感；另一方面又需要从情感到认知上把这些东西抛弃，走一条前所未有的道路，这有点使他们不知所措。而在实际研究中，由于原有思维定式的影响，他们也说不清自己的研究究竟是本土化的还是西化的。有时在研究对象上是本土的，而方法是西方的；有时概念是本土的，但概念背后的一整套理念却是西方理论早已阐明的；有时自己声称研究及其结果是本土化的，但其所研究的整个套路却是西方的。以上这种局面加上来自学术界对本土化的一些批评，促使我们认识到有一个关键性的问题必须加以进一步探讨，即本土化的出发点和根本点究竟在哪里。如果这个问题不搞清楚，那么赞成本土化的人会手忙脚乱，他们写起“本土化”的文章来头头是道，但一做起本土研究来则不知如何下手。而反对者也会认为，这类研究一来远比不上西方学术高明，二来既然不比西方学术高明，提倡它，除了出于一种自尊心的满足外，对学术有何贡献是不得而知的。

要回答这样一个关键性的问题，首先是要心平气和的。作为本

---

① 详见杨国枢主编：《本土心理学研究》（丛刊），台北：桂冠图书公司 1993 年版。

土化提倡者一方，我们可以好好地想一想：产生于西方社会与文化之中的学术思想、理论、概念、方法及成果究竟能不能帮助我们理解、解释和预测非西方的社会、文化、心理、行为及其现代化的进程？如果回答是“能”，那么无论欲图本土化者的情感多么强烈，认识多么深刻，其结局都可能是一阵风，一次热潮，一场短暂的运动，最好的可能也不过是让西方人刮目相看，博得一些喝彩，但在实质上西方学术照旧一统天下，而在上述的情形下搞出来的一些本土研究成果也不过是为西方学术做些修补工作而已。实际上，即使不搞本土化，这些成就也是可能出现的。如果回答是“不能”，那么本土化的意义就变得十分重要了。对于非西方地区的学者而言，他们有责任寻求一种本土的理论和方法，以便更好、更合理、更准确地解释和预测当地人的社会、文化、心理、行为及其变迁。当然，面对这一问题，一个显而易见的情况是，也许没有哪一个人可以轻易地回答“能”或“不能”，而只能是考虑在多大的程度和限度上回答“能”或“不能”。例如很少有人为了搞本土化而要否定某一学科自身的存在，否认该学科的研究领域或否认科学哲学中的逻辑推理过程。总之，本土化不会本土到要去推翻科学哲学里的原理层次（当然，科学哲学里面也不是没有问题，不能讨论，西方学者自己在这一领域中有很大的分歧，只不过没有中国学者参与而已。另就本土化而言，科学哲学中所讲的概念、命题、理论这些研究的基础的东西总是需要的，目前也没有人想放弃这些，或用中国传统文化中的“易经”来取而代之。就科学研究而言，也几乎没有看到有哪个本土化的学者已追究到这一层次）。这就意味着，学科本土化的提倡者无论如何是承认研究的“科学性”这一大前提的。本土化的反对者误以为这些人要否定这一大前提，自然要奋起反抗了。又如人们也会担心，本土化会不会把原先的一个完整的学科体系支解得七零八落？可见，说来说去，要不要本土化，关键还是要回答其程度与限度的问题。我们在本土化中，不认清“度”的重要性，其结果不是“化”不过去，就是“化”过了头。就现在的情况来看，本土化的提倡者处于前者，他们担心化不过去，而反对者反对的是后者，他们担心的是这些人会走得太远。看来，一个良好的结局还是要在科学的大前提下，拿出一些货真价实的本土研究成果，这才是最有说服力的。

二、几种观点的澄清

要想在本土化的程度与限度中来思考西方学术的局限性和本土化的可能性与可行性，得先澄清以下六个有争议的问题。

第一，西方的理论、模式和概念是在多大的程度上解释了非西方的社会及其人的行为的。照我本人的看法，由于西方研究者受到思维、语言、文化及教育等方面的限制，他们建构的许多理论模型并不都能普遍适用于拥有不同思维、语言、文化背景及社会中的人。关于这一点，文化人类学家给我们提供了充分的资料和证据，[①] 尽管西方的文化人类学家在理论上仍会回归到他们的思维模式中去，但这足以给人们打开了一扇了解本土社会和人的窗口，也足以可能发现另一种视角，让我们意识到西方学者是如何自说自话的，是如何用他们的理论和概念来生硬地解释其他文化的。从这个观点来看问题，西方的理论和方法充其量也是一种本土的理论和方法，只是在历史上曾被一再当作一般的理论和方法使用过而已。在这段西方学术等于世界学术的历史中，其中有的成果只适于解释西方社会和西方人，而有的仅从一个侧面局部地解释了非西方的社会和人，还有

---

① 详见乔治·E. 马尔库斯、米开尔·M. J. 费彻尔：《作为文化批评的人类学——一个人文学科的实验时代》，北京：生活·读书·新知三联书店 1998 年版；克利福德·格尔兹：《文化的解释》，上海：上海人民出版社 1999 年版。

的确实达到了相当的普适度，可以用来解释整个人类社会。但在没有提倡本土化之前，我们不管三七二十一，通通把它们作为普遍原理接受下来，殊不知，有的对我们没有实际意义，有的让我们忽略了观察和思考的另一种角度，有的需要我们用自己的研究去进一步地验证。

第二，西方已经具有的理论和方法在西方社会本身也具有挑战性。当非西方社会的学者如获珍宝似的照搬西方理论和方法时，我们却看到西方学术本身一直处在变动之中，有的学科也一直在更新换代。例如，在西方社会学中，就有早期社会学创立者孔德（A. Comte）的大而空的社会静力学和社会动态学发展到斯宾塞（H. Spencer）的无所不包的社会有机体论，然后又走出了两种截然不同的路线，一条是马克斯·韦伯（M. Weber）的理解社会学，提出了理想型的研究方法，另一条是迪尔凯姆（E. Durkheim）的实证社会学，提出了社会事实的重要性，同时又有齐美尔（G. Simmel）的形式社会学，提出人际关系结构的意义；时至现代，各种社会学理论也各执一端，有帕森斯（T. Parsons）的结构—功能主义、乔治·米德（G. Mead）的符号互动论、霍曼斯（G. C. Homans）和布劳（P. Blau）的社会交换理论、达伦多夫（R. Dahrendorf）和科塞（L. A. Coser）的社会冲突理论、列维－斯特劳斯（Levi-Strauss）的结构主义理论、加芬克尔（H. Garfinkel）的本土方法论及一些小型的理论，如参照群体理论、戏剧理论、角色理论等等。无论哪种理论，都是某一位或某些社会学家根据自己对社会的观察、研究和思考，所得出的对于社会（主要是西方社会）某一侧面的理解。在有些理论内部，分歧也相当大。在西方心理学界，这种情况更加明显，从冯特（W. Wundt）建立了构造主义反对原来的联想主义起，后来的每一学派都是对前一学派的反叛，如詹姆斯（W. James）用他建立的机能主义来反对构造主义，华生（J. B. Watson）用他的行为主义来反对任何带有心理或意识方面的理论，而维台默（M. Weitheimer）和柯勒（W. Kohler）则通过他们的格式塔学派来反对前者对认知心理的忽视。另外，影响最大的精神分析理论从另一个方向上来否认整个心理学上的误导，提出人的真正心理在人的潜意识当中。谁是谁非，至今并没有定论。也许有的理论说出了人类社会生活的部分定理，也许有的理论只和某种文化联系在一起，如大量的社会学理论及精神分析理论，也许有的理论只是一种本土文化的反映。然而奇怪的是，中国很多学者在西方出现了一种新理论时，他们宁可说中国古已有之，或有相似的说法，然后去整理或效法古人，也不肯去开动脑筋，自己去挖掘、去研究自己的传统和变迁，而另一些学者，又宁可全盘接受西方的所有理论，也不愿自己睁眼看中国、看自己周围的世界。更令人困惑不解的是，还有些学者宁可跟随在西方学者后面亦步亦趋，或随着西方学术上的更新换代而变来变去，也不愿自己从本土实际出发，来主动建立一种自己的学术空间。所以，这一问题的根本点是为什么西方学者自己都能不断地否定自我，勇于创新，否定旧有的理论，而我们却要坐享其成，不来开发我们自己的学术园地。反过来，西方学者却又很善于在东方文化中寻求灵感和启发。很多被东方学者视而不见的现象、问题或古典思想一旦被西方学术借鉴了之后，我们才敢说它们确实是好东西。

第三，本土化是否要独搞一套。很多学者误以为本土化是要搞关门主义，要排斥西方学术。其实，这非但是一个误解，而且在事实上也是不可能的。我在前面说过，本土化是要求学者所使用的理论和方法尽可能地产生于自己所研究的社会。如果有些理论和方法出来后和西方的相类似，那我们可以清楚地知道西方的什么理论和方法可以直接拿过来用，什么理论和方法稍做修改就可以用而不会有什么生搬硬套的问题；如果有些理论和方法出来后和西方人的提法不一样，那我们就认真地比较一下各自的利弊，看一看是不是我们自己的理论和方法更能解释我们的社会和人，或相反；如果我们产生了一些理论和方法，在西方根本没有，或在西方社会没有针对性，那就说明这是一个具有原创性的东西，它和西方的原创的东西一样，也有其一定范围内的价值。如果这种意义的本土化是可能的，那么世界学术就不再是一个非西方学者向西方学者学习的单向过程，而是一个非西方学者和西方学者相互学习的双向过程。这是一种最佳的沟通方式，从头到尾就不存在关起门来自搞一套的问题。

第四，还有一种误解是认为本土化只研究自己社会特有的东西，而排斥世界上共有的东西。而实际情况是，本土化不可能也做不到只研究自己特有的东西。真正要做到这一点，本土化者首先要划出什么是自己社会特有的，或在每次研究之前，先要研究一下这一现象是不是本土特有的，然后才可动手进行。当然，有的本土研究确实涉及了本土色彩很浓的东西，但这些东西只是本土化研究中的一部分，而非本土研究的全部。有些本土的东西完全可能是其他社会文化共有的，问题还是在于对于这些现象，是不是只有按照西方理论的解释才是正确的。

第五，又有一种误解是本土化是不是只研究传统的东西，而不研究现代的东西。实际上这种误解主要是混淆了本土化的意思。本土化是指学术研究的本土化，不是说研究对象的传统化。本土化的重点是研究思路、视角、理论、概念、方法或策略上的改变，而不是研究领域和对象上的改变。

第六，最后还有一种观点是认为本土化搞到最后会离全球化越来越远，进而是和学术理想背道而驰的。其实，在我看来，学术上的本土化恰恰是在全球化的社会背景下提出来的。政治上的民主、经济上的发达及沟通上的便捷，一方面可以使处在“边陲”地带的学者有了发表自己见解、获得研究经费及获得多方位信息的可能；另一方面，全球化的进程本身就越来越有可能催促本土学者对自身的社会结构、文化风俗、思想观念、行为取向等发生兴趣，他们关心什么轻易地改变了，什么难以发生改变；为什么有的东西在其他社会是一种样子，但进入自己社会后就变成了另一种样子；为什么传统的东西那么容易死灰复燃，而很多现代性的东西那么容易随风而去等等。

三、本土化的层次及其阶段

根据以上的观点，我认为本土化的过程和方向大致可以有以下几个发展阶段：

1. 充分认识西方学术中既有的理论方法及其文化背景和研究局限，从中获得研究问题的经验和教训。

2. 用问题意识来引导本土化的研究，即不先定框架，而是先发现问题，研究问题，然后确定研究的角度、立场、概念和方法。

3. 在一定的经验研究基础上建立自己的概念、模式、理论，力图比西方理论更贴切地解释本土的社会和人。

4. 建构一种既是本土的又符合科学原理的学术认知系统，其中包含一套本土的符号系统，可用于描述、分析、规范及预测本土社会文化及其变迁。

5. 成为世界学术的一部分。这一部分或许只适用于本土社会，或许适用于同类的本土社会，或许适用于人类社会。

以上这几个发展阶段所体现的正是在充分考虑了作为一场运动的本土化所能达到的程度和限度后而可能“化成”的地步。我们提倡本土化本身就意味着已经有西方的研究在前了，但不谈“化”而搞本土研究则会脱离现有的学术轨道，完全另立一套，导致两种学术体系无法对话。

当我们着手实现本土化时，也许不会像上面所说的那么理想，它或许会出现这样几种可能性：一是由本土学者的努力而取得的成就只在世界学术中成为一种流派。事实上，在一些西方学者编写的学术著作中已有了这样的苗头，如彭迈克（M. H. Bond）主编的《中国人的心理》[①] 和克姆（Uichol Kim）、全德斯（Harry C. Triandis）主编的《个人主义与集体主义》[②] 就是一例；也可能对西方学术界造成一次挑战。当一种不同于或优于西方的学术出现后，多少会影响或动摇西方学术的"正统"地位，达到各地区学者之间的平等对话和学术研究的多元化，目前的台港学者正在做这一努力；还有一种可能是这场运动"有心栽花花不开，无心插柳柳成荫"，即旷日持久的本土化并没有带来实质性的效果，但给非西方学者带来一次较强烈的刺激。他们或反对本土化，或不搞本土化，但他们已不再模仿、照搬西方的理论和方法，而是直接建立一些非本土的重要普适理论和方法。总之，我的立场是不认清西方学术的限度或只出于自尊的本土化是没有什么价值的，而照搬和食洋不化的学术更是没有前途的。

目前，有学之士越发认识到学术不但要继承，要发展，要探索，而且要开拓，要创新，要更富想象力。西方学术为前者做出了巨大的贡献，但愿本土化运动能为实现后者做出努力。在下面即将展开的本土化研究中，我将尝试着实现我的这些愿望。为了寻求一种本土化的视角与方法论，我首先讨论中国社会在较为一般的和稳定的意义上（也就是说下面的研究不是历史断代性的研究）是一种什么样的建构方式，它同西方学者所关注的"一般"社会有什么本质的区别。

---

① Michael H. Bond(eds.), *The Psychology of Chinese People* (Hong Kong: Oxford University Press, 1986).

② Uichol Kim & Harry C.Triandis[*et al.*](eds.), *Individualism and Collectivism* (SAGE Publications Ltd., 1994).

儒家的社会建构：中国社会研究视角与方法论的探讨

本土化的视角首先可以从一个社会的构成及建构上谈起。所谓社会构成是指人们在社会中的组合方式及其特征。客观地讲，一个社会以什么样的方式组合起来，同该社会所处的地域、人与环境的互动及自身的历史发展脉络有很大的关系。但我们也不能否认，这种发展并非一个简单的自然过程。当该社会中的成员，特别是一些专职人员（如知识分子或统治者）反观和用其理论观点思考自己的社会构成时，这种反观和思考本身将影响、限定、规范这一社会，这就是所谓的社会建构。可见从社会构成到社会建构包含了社会成员通过一些思想有目的地对一种原有而自发的社会构成的改造。即使在哈耶克（F. A. Hayek）看来，社会理论探讨的主要对象是社会中那些自生自发的秩序，[①] 但我认为一种社会理论的建立一旦被社会成员接受，就会导致社会的再建构。一个最明显的例子莫过于马克思（K. Marx）的阶级斗争（社会冲突）理论。当它作为一种社会建构的理论而被一些社会的人们接受后，不但引起了人们对社会中的人口特征的阶级划分和解释，而且导致了根据这个划分所产生的革命行动和新的社会制度。从这一观点来看，我们可以说，任何一种看似客观的社会构成在其历史长河中都已经被多次地建构过了，而我们今天所处的文明社会都是被某种理

---

① 参见邓正来：《哈耶克的社会理论》，见哈耶克：《自由秩序原理》，北京：生活·读书·新知三联书店 1997 年版，第 1—65 页。

论或观点再建构的结果，当然在这种再建构的过程中又会有一些自生自发的秩序出现，这就是为什么社会理论也不停地变更的原因。

本篇不打算在较广泛的社会科学范围内来探讨社会理论和社会构成的关系问题，而是想从中提出一个社会建构的理论预设问题。任何知识者在构想或对社会进行建构时都会有他们对社会的预设和理解，而这个预设和理解在不同的社会中并不相同。具体而言，本篇关心的一系列问题是，西方社会学中业已建立起来的社会学理论是在什么样的社会预设中提出来的，他们的研究理路同中国知识者建构社会的理路是否相符，或者说我们能否用它们的预设来解释或建构中国社会等，而接下来的一个问题是，如果原先的中国社会构成已经一再受到本土的早先知识者的社会理论的指引的话，那么这个社会理论是什么，它是如何从社会构成中产生并反过来对社会进行再建构的。如果将前一个问题和后一个问题连起来问的话，那就是我们现在要建构的本土社会学理论应该在哪里呢？

一、个人与社会：西方社会研究的两种理路

一般来说，西方社会中的知识分子大都把自己的社会理解和解释作为一种个人主义的社会观，前者为认识论个人主义，后者为方法论个人主义。但个人主义作为一个概念，无论在起源还是在含义上都是十分复杂的。即使在西方，个人主义在不同的国家和不同的学科，意义也不尽相同。英国学者史蒂文·卢克斯（S. Lukes）在《个人主义：分析与批判》一书中曾小心翼翼地辨认了个人主义在法国、德国、英国、美国的历史和区别，也分析了它在哲学、宗教、伦理学、政治学、经济学、法学等学科领域中的不同含义。不过可以肯定地说，西方学者关于个人主义阐述上的差异并没有构成他们对西方是个人主义的社会这一命题的怀疑，至多只有新旧个人主义

之分。直至20世纪80年代，在美国才出现了一股强烈的反对西方个人主义的社群主义，但看其势头，想撼动个人主义似乎是不可能的。[①] 尽管卢克斯在书中是以一种困惑的或批评的态度引用埃利·阿莱维（Elie Halevy）的一段话来开场的，但我认为这段话还是能大体反映出个人主义在西方社会和思想中的大致情形。阿莱维说：

> 在整个现代欧洲，事实上，个人都具有了对他们的自主性的意识。每个人都要求得到所有其他人的尊重，认为其他的人都只是自己的同伴或地位相等的人；社会似乎，也许越来越像是从构成社会的自觉意志中产生出来的了。个人主义学说的出现和成果本身就足以表明，在西方社会中，个人主义是一种真正的哲学。个人主义是罗马法和基督教伦理的共同特征。正是个人主义，形成了卢梭、康德和边沁的哲学之间的相似性，当然在其他方面它们又是迥然而异的。甚至今天仍然可以认为，不管是作为一种解释社会事实的方法，还是作为一种实践的学说，个人主义都能够决定改革者活动的方向。[②]

这段叙说的不足之处在于它的跳跃性和笼统性，但它所包含的内容已足以说明个人主义是从西方传统社会和思想中脱胎出来的一种认识个人与社会的思维方式，它在西方的影响力是全方位的。

从西方社会学的预设角度来认识个人主义的影响力有两个问题需要讨论：一是西方社会学发生的思想背景，为什么会有人要用一种叫作“社会学”的学科来研究社会构成和社会现象；二是西方社

---

① 详见“公共论丛”,《自由与社群》(北京：生活·读书·新知三联书店1998年版）中的文章。

② ［英］史蒂文·卢克斯：《个人主义：分析与批判》，朱红文、孔德龙译，北京：中国广播电视出版社1993年版，第1页。

会学家由此而建立的方法论和理论框架有哪些。

关于第一个问题，我们发现，最早提出建立“社会物理学”的圣西门主义者也就是最先系统地反对个人主义的那些人。他们反对启蒙主义对个人的赞美，并对社会的原子化和无政府状态感到恐惧，因而希望建立起一种有机、和谐的社会秩序。社会学的提出和建立，为这种希望提供了保证。但作为一门研究社会的专门学科的诞生，有一个社会学的根本问题是必须回答的，这就是：社会是什么，它的真实性到哪里去寻找？由于当时个人主义的思想已在西方大行其道，因此通常的回答就是“个人”，也就是说社会不过是各个个人的组合，因而社会实质是个人的意志或精神的集合体和抽象物。但这个回答显然不能令圣西门（C. H. Saint-Simon）和孔德等人满意，由于他们对社会学研究的期待是对社会现象的规律性探讨而不是对个体活动或心理现象的研究，又由于当时物理和生物在解释自然现象中的外在环境性和整体性特征已经成为可能，因此社会被假定为一个有机的实体的思想便产生出来，正如孔德本人所说：

> 实证精神认为，单纯的个人是不存在的，而存在的只可能是人类，因为无论从何种关系来看，我们整个发展都归功于社会。社会的观念之所以在我们的认识中似乎还是个抽象之物，这主要是由于旧哲学体系左右之故；因为实在说来，那种性质乃属个体观念，起码在我们群体来说是如此。[①]

也就是说实证永远是社会性的。我们不必通过社会中的个别要素或原子成分来理解社会，而是通过社会的结构和变迁来认识社会。由

---

① ［法］奥古斯特·孔德：《论实证精神》，黄建华译，北京：商务印书馆 1996 年版，第 52—53 页。

此可见，西方社会学的出现在理论预设上是在个人主义对立面上建立起来的。尽管当时孔德并不否认心理也对社会现象起重要作用。

孔德的这一社会学思想在英国社会学家斯宾塞那里构成了一种紧张。在斯宾塞看来，社会是一个超有机体，它同有机体的相似性在于社会具有同生物一样的进化过程及其机体内各系统之间的协调关系。但在生物体内，各部分是为整体而存在着的，而在社会中个体不为社会的存在而活动，相反，社会是因为个体的活动而存在的。由此观点，斯宾塞推导出社会为个体服务，个体是第一性的，社会是第二性的。但社会学的性质使斯宾塞不能完全回到个人主义的立场上去。这就造成斯宾塞社会学理论具有一种个人与社会之间的逻辑混乱，他一方面把社会当作一个有机的实体来研究，另一方面却又不能承认社会是由个体相加组成的原子论上面去。

这种紧张一直影响后来社会学家对社会建构的理解和解释上的激烈争论。例如法国社会学家迪尔凯姆在他的《社会学方法的准则》中表现出了对孔德和斯宾塞在社会学方法论上的不满。他认为社会学不能在个人意识和社会现象之间徘徊，为此他明确地提出了他的“社会事实”（social fact）概念，他说：

> 这类事实由存在于个人之身外，但又具有使个人不能不服从的强制力的行为方式、思维方式和感觉方式构成。因此，不能把它们与有机体现象混为一谈，因为有机体现象由表象和动作构成；也不能把它们与仅仅存在于个人意识之中并依靠个人意识而存在的心理现象混为一谈。这样，它们就构成为一个新种。只能用“社会的”一词来修饰它，即可名之为社会事实。这样称呼它最合适，因为十分清楚，它既然没有个人作为基础，那就只能以社会为基础：要么以整体的社会政治为基础，要么以社会内部的个别团体，诸如教派、政治派别、文学流派或同

> 业公会等为基础。另外，也只有这样称呼才合适，因为“社会的”一词只是在专指那些不列入任何已经形成的和已经具有名称的事实范畴的现象时才具有明确的意义。①

但他的这一观点随即招来了学界的种种非议，以至他又在该书的第二版序言中用较大的篇幅再做申辩。

而另一位持久影响社会学理论发展方向的马克斯·韦伯却引导了另一种思路。他说：

> 所谓“有机”社会学的方法，试图从整体出发来解释社会的共同行为，然后在共同行动里，对单个的人和他的举止做出阐释，类似于生理学对待身体器官在整个机体的家庭里的位置。在其他学科里，对一个整体的各个部分，从功能上观察的这种方式在多大程度上（迫不得已地）必须是明确的，在这里先不讨论：众所周知，生物化学和生物机械的观察，原则上是不会以此为满足的。对于阐释性的社会学来说，这样一种表达方式：1. 可能用于实际直观和临时取向的目的；2. 只有它能帮助我们在某些情况下找出那个社会行为，对这种社会行为做阐释性理解，对于解释一种互相关联是至关重要的。然而在这一点上，社会学的工作才刚刚开始。是的，在社会机构方面（与有机体相反），我们能够除了纯粹确定功能的相互关联和规则（规律）以外，还能做些所有自然科学永远无法企及的东西，就是对参与个人举止的理解。……②

---

① ［法］迪尔凯姆：《社会学方法的准则》，狄玉明译，北京：商务印书馆1995年版，第25页。

② ［德］马克斯·韦伯：《经济与社会》，林荣远译，北京：商务印书馆1997年版，第48页。

韦伯的这段话对前述的社会学研究具有全面的批判性，在他看来社会学的研究毫无疑问地可以进入个人的动机中去。正如他在临终前的一封短信中写的那样：“如果我要是个社会学家的话……那么驱除仍然游荡在我们中间的这种集体概念的幽灵，乃是我的主要使命。换句话说，社会学理论本身的产生只能根据一个或更多的独立个人的行动，因此必须严格采用个人主义的方法。”[①] 有学者认为，其实韦伯在自己的社会学研究中也没有看到多少个人主义方法论的运用。而由迪尔凯姆提出的用一个社会事实来解释另一个社会事实的方法却被人们普遍地采纳，尤其是在定量的研究中。但从社会学的建立至今，许多较杰出的社会学和社会理论家仍然坚持个人主义的认识论和方法论，诸如塔尔德（G. Tarde）、帕累托（V. Pareto）、麦独孤（W. McDougall）、萨姆纳（W. G. Sumner）、霍曼斯、哈耶克、波普尔（K. Popper）、沃特金斯（J. W. Wotkins）等。

正因为西方社会学在对待个人主义预设上的种种差异，并由此造成的个人与社会之间的两极状态，进而导致了他们的社会学研究理路上的两种取向：一种是在个人的立场上研究社会，即微观的社会学取向，由于这种取向将社会的建构还原到个体身上，因此他们不排斥心理学，进而带有社会心理学的特征；另一种是在社会的立场上研究社会，即宏观的社会学取向，其特征是将社会学和心理学完全区分开来，而不将社会现象做个人的心理与行为上的解释。随着社会学理论的发展，这两种取向的鸿沟也越来越明显，对社会建构的解释的偏差也越来越大。行动主体（agency）与社会结构（social structure）之间的关系成为社会学家争论不休的一个话题。如就具体社会学理论而言，立足于个人层次上的社会学家建立了理解社会学、符号互动论、社会角色理论、戏剧理论、常人方法学、社会交换理论等。他们以自

---

① 转引史蒂文·卢克斯：《个人主义：分析与批判》，第119页。

我、符号、角色、表演、互动、交换等概念为基本，提出了社会建构的互动性和过程性。而立足于有机或整体层次上的社会学家则建立了结构—功能主义、中层理论、冲突理论、现代化理论和其他关于结构性的理论等，他们以地位、不平等、阶级、分层、制度、变迁等概念为基本来建立一种解释社会建构的一般性模式。布劳曾经声称他的社会交换理论要力图打通微观和宏观上的界限，建立起一个从在微观上偏重过程的研究过渡到在宏观上偏重结构的理论，但他在晚年写的一篇论文中承认，他的这项努力还有很长的路要走。[①] 他的这种沮丧可能来自西方社会学理论本身一直是在一种二元对立的思维中来构造和解释社会的。

二、制度与话语：中国社会建构分析的基点

西方社会产生的这种通过二元对立的思维来构造和解释社会的传统，可以在古希腊的城邦制、罗马法[②]、基督教和文艺复兴[③] 等历史活动中来寻求它的起源。如果将人类构造和解释社会的方式加以概括的话，我们大致可以看出，人们对社会的这种作用大体上同两个因素有关：制度与话语。由此在我们分析中国社会建构的特征时也将从这两个方面入手。

制度在一般意义上是人们在社会互动中产生的一系列原则和规范。这些原则和规范一方面对行动的个体具有约束作用，以保证个人对他人的行为预期和关系协调，另一方面它们对公共社会的正常

---

① Peter M. Blau，"*Microprocess and Macrostructure* " in Social Exchange Theory. S.C.Karen (ed.) (Newbury Park: Sage Publication，1978)，p. 99.

② 参见梁治平：《寻求自然秩序中的和谐——中国传统法律文化研究》，北京：中国政法大学出版社 1997 年版，第 17 页，第 23 页。

③ 参见史蒂文·卢克斯：《个人主义：分析与批判》。

运行提供保证。从西方社会制度的建立特征上看，上述两个方面在运作中具有分化的倾向。个人行为的约束涉及的是私人领域，社会秩序的正常化属于公共领域，因此早在古罗马法律上就有私法和公法之分。现在我们的问题是，中国社会的建构是否有将个人领域与公共领域分离开来的倾向？如果我们通过中国社会制度的研究无法确立这种划分的话，那么中国社会制度本身就不可能提供从两个不同的层面看社会的基础。但是，如果中国社会在制度上不做这样的设立，那么这个制度是什么呢？它是用什么方式连接个人与社会的呢？

制度分析给我们提供的是一种现实的社会建构方式，同制度建立相关的一个问题则是有关建构、确保、改造、认识和解释制度的种种话语是什么，因为社会上的许多制度正是在一种特定的话语中确立的。我这里所使用的话语含义基本上就是福柯（M. Foucault）的话语理论。因为福柯话语分析的重点正是想探讨社会性制度与话语实践在历史中所形成的关系。根据福柯的理论，话语实践不是人们的日常语言，而是权威性主体以某种被人接受的方式所说的话，即所谓的“陈述”。由于它的严肃性，一旦一个陈述产生，就会被明确地要求社会成员承认其真理性。通常，权威性主体在言语上的权威性，来自它们是社会上那些专家们以专家身份说出的话。值得注意的是，福柯分析话语的重点不是要人们去探讨一个话语本身是否为真，而是它在实践中如何被当作真，这就是所谓的知识的考古。[①] 为了研究上的方便，我这里将关于中国人的话语分成两层含义来分析：（1）当人们在运用其话语来表达其思想时，这些话语的自身特征（如构词）是否包含了使用话语的人不自觉地把社会建构设想或

---

① 参见徐贲：《走向后现代与后殖民》，北京：中国社会科学出版社1996年版，第128—129页。

理解成这样，而不是那样了，例如汉森（C. Hansen）就曾经发现汉语本身多强调部分—整体模式，名词一般没有可数与不可数之分，这个特点导致中国人在描述事物时也不必将世界描述为由个体组成的，而家族的行为既可以由家庭来解释，也可以由个人来解释；[①]（2）社会权威人士的知识实践，即福柯所讲的严肃话语的传播和被接受过程。我们这里的问题是中国社会的专职知识分子有效地向统治者和大众传播、指导、强化和推动自己关于社会建构的思想了吗？他们有自己建构社会的方法论吗？中国社会被他们解释成什么样子呢？因篇幅的原因，以上讨论在本篇中只做源头性的探讨，不做全面展开。

三、宗法社会：社会构成的复制与缩放

首先我们来看一下中国社会为自己设立的制度问题。在中国历史上有一个制度一直在影响着中国社会的建构，这就是宗法制。所谓宗法制指的是关于确立、行使和维护宗子权力的各种规定。宗法规定一方面同当时中国社会业已建立起来的社会结构有关，即当中国社会从原始氏族社会进入具有国家形态的社会时，同其他国家相比，有一个重要的特点几乎被所有的历史学家注意到了，这就是当中国作为一种国家形态出现时，它非但没有建立在应打破的血缘关系的基础上，反而是建立在了原先的血缘关系基础上。因此从实质上讲，中国的原始氏族组织和国家形态合为了一体。另一方面，中国社会在氏族与国家的结合过程中出现了如何建立和世袭王位的问题。历史上的王位争夺，使周人在此问题上欲图通过建立宗法制来

① 转引史蒂文·卢克斯：《个人主义与集体主义》，载王宾、阿让·热·比松主编：《狮在华夏——文化双向认识的策略问题》，广州：中山大学出版社 1993 年版，第 272 页。

加以解决。

宗法即宗子之法。它大体出现在殷商时代，而完备于周朝。其社会建构方式是："一曰立子立嫡之制，由是而生宗法及丧服之制，并由是而有封建子弟之制、君天子诸侯之制；二曰庙数之制；三曰同姓不婚之制。此数者，皆周之所以纲纪天下，其旨则在纳上下于道德，而合天子、诸侯、卿、大夫、士、庶民以成一道德团体。周公制作之本意，实在于此。"[①] 也就是说，自周朝以来，中国社会被建构成了一种以父系血缘关系为原则，将同姓、同氏的人们联结成一个受宗子绝对辖制的共同体社会。在这个社会中，对后来的中国社会建构最具影响的，是宗法制中的分封原则，嫡长子为大宗继承父位，余子为小宗，分封出去，大宗以祭祖与小宗区别开来。在周朝，大宗分出来的小宗就是诸侯，诸侯的嫡长子继承诸侯爵位，余子被封为卿，卿再按这一原则封出大夫，大夫又依此封出士，士以下为庶民，故士的余子不可再封，但这并不影响庶民也可以按此方式来构成自己族内的宗法制。在这一原则中，我们看到中国社会建构上的复制性与缩放性特征：一种国家的、阶层内部的建构原则在不同的社会等级中是贯通的或被效仿的。结果国家机构和社会群体不相分离，同时"家"与"国"之间构成了一种同一性或贯通性的关系，王国维从社会功能角度精辟地阐述了这一建构的精妙之处：他说：

> 是故有立子之制，而君位定；有封建子弟之制，而异姓之势弱，天子之位尊；有嫡庶之制，于是有宗法，有服术，而自国以至天下合为一家；有卿、大夫不世之制，而贤才得以进；有同姓不婚之制，而男女之别严。且异姓之国，非宗法之所能

---

① 王国维：《殷周制度论》，见《王国维论学集》，北京：中国社会科学出版社 1997 年版，第 2 页。

> 统者，以婚媾甥舅之谊通之。于是天下之国，大都王之兄弟甥舅；而诸国之间，亦皆有兄弟甥舅之亲，周人一统之策实存于是。此种制度，固亦由时势之所趋，然手定此者，实惟周公。[①]

虽然这一阐述有将周人的宗法制理想化之嫌，因为在宗法制的影响下，世卿、世大夫制是普遍存在的，但我们可以看到周人建立宗法社会的出发点。

上述的分析向我们揭示了中国社会学意义上的两个传统：（1）中国的政治、社会、家庭及个人之间的关系不同于其他社会，它们具有连续性和同一性的特点；（2）在中国社会被建构的过程中没有宏观与微观的明显划分，只有复制和缩放的关系。尽管社会在复制和缩放过程中，各社会现象之间在贯通时仍会出现许多差异，[②]但作为一种看社会的思路就是这样被确定下来的。

在我们考察中国宗法制度史之际，最后还有一个问题应引起我们的注意，即宗法制作为一种国家制度自春秋时代后就趋于解体，但作为一种思想行为模式和日常社会构成方式，在儒家思想和话语实践中一直延续下来。但毕竟中国社会的改朝换代使宗法制一再需要自身在社会的变迁中做适应性调整。[③]概括起来看，这种调整的方向是一个从大宗向小宗推广、从贵族的世袭制向平民的家谱制普及、从它的政治功能向它的社会功能转化的过程。简言之，中国的宗法制在其经历的不同历史阶段中本身曾经历了一个由神圣化向世俗化发展的过程，而正是这一普及过程几乎使所有的中国人都学会了用

---

① 王国维：《殷周制度论》，见《王国维论学集》，北京：中国社会科学出版社 1997 年版，第 12 页。

② 如杜维明就认为父子关系和君臣关系完全不同，各有自己的逻辑结构。见杜维明：《现代精神与儒家传统》，北京：生活·读书·新知三联书店 1997 年版，第 143 页。

③ 详见冯尔康：《中国宗族社会》，杭州：浙江人民出版社 1994 年版。

复制和缩放的方式来认识、建立和解释他们的生活空间。

四、国家与个人：中国人的话语分析

在中国社会的话语实践中，关于个人与社会、微观与宏观的话题，由于受宗法制的影响，一个最显著的话语实践就是“国”与“家”二字的结合，组成“国家”。虽然中国历史上的国家形态经历过许多次改变，乃至今天意义上的国家已完全不同于历史上任何宗法制、专制等形态的国家，但我们并没有因此在语言上使用其他词语来替换“国家”二字，以表示这里面可能完全不同于“国家”二字结合而成的政治制度。可见，如果拿话语变迁和制度变迁相比，话语明显地具有其相对的稳定性和滞后性，借用奥格本（W. Ogburn）的术语，这两者之间多少也存在着“文化脱节”（cultural lag）的问题，或者说，人们往往是用现成的话语来理解以前未有的或引进的新东西的，特别是在思想和制度层面。

在中国古代社会的话语实践中，“国”字的含义异常丰富，它可以表示城、地域、氏族、政治机构等，而按照中国社会的宗法制度，其含义还表现在以下几个方面。（1）君主。国本身是一个抽象的或宏观的概念，但它在中国可以用来指一国的君主。如《汉书・陈汤传》：“国家与公卿议，大策非凡所见，事必不从。”《晋书・陶侃传》：“国家年小，不出胸怀。”《资治通鉴・汉记・灵帝中平六年》中的“至使国家播荡”，胡三省注：“东都君臣谓天子为国家”。因此在中国人的思想观念中，效忠国家，也就是效忠君王，这点并没有随着国家含义的改变而改变。（2）社会。社会是一个外来语，故在中国的传统话语实践中并没有直接表达国家即社会的言语，但从社会所反映的内涵与外延来看，社会所包含的内容也是国家所包含的内容，如群、家、区域等。在西方政治、社会、法律等学术传统中，国家与社会之间构成的是一种对立的关系。前者指一种政府的、统治性的政治实体，而后者作为同前者的对立，则是指人们的聚居和自发的交互作用的群体。这种西方式的二元对立模式曾一再被中国学者用来分析中国历史上的“公共领域”或“市民社会”及其相关问题。而从中国社会的话语实践上来看，中国人在话语中的国和社会并没有对立关系，两者之间可以互换，社会可以指国家，国家也可以指社会。梁漱溟对此很有见地地写道：“中国人头脑何为而如是？若一概以为是先哲思想领导之结果，那便不对。此自反映着一大事实：国家消融在社会里面，社会与国家相浑融。国家是有对抗性的，而社会没有，天下观念就于此产生。”[①]（3）天下。传统中国话语中的国家是一种多重性的国家形态，如皇帝、诸侯王、列侯等，因此从格局上看，中国传统社会是大国中间套着小国。又由于中国疆域辽阔，人们在观念上把中国当作世界，而这个世界又由一个皇室来统治，于是中国人在表达国家时，也可以表达成天下。虽然顾炎武在《日知录》中曾经指出国家与天下在概念上的差异，即亡国不等于亡天下，但从顾炎武的解释上看，亡国与亡天下更多的是内容上的和程度上的不同，而没有国与天下的概念上的不同。[②]正因为此，“天下兴亡，匹夫有责”也可以说成“国家兴亡，匹夫有责”。而其他话语，诸如家天下、打天下、平天下、共天下等，都和国的含义差不多。

中国词语中的家的含义也同样丰富。它可以表示：（1）家庭、家族、宗族等具有血缘或准血缘关系的群体；（2）国、封地。如“天子建国，诸侯立家”（《左传·桓公二年》）；“千乘之家”（《孟子·梁惠王上》）；“家司马各使其臣”（《周礼·夏官·序官》）。中

---

① 梁漱溟：《中国文化要义》，见《梁漱溟全集》，第3卷，济南：山东人民出版社1990年版，第163页。

② 顾炎武：《日知录集释》，石家庄：花山文艺出版社1990年版，第590页。

国传统上将家与国混用和合用说明了中国社会的建构方式具有很强的自身特点：结构上的复制和放大、内涵上的宏观与微观不分、思维上的非二元对立倾向、社会规范上的可推论性（详见下节）等都可以通过我们对于家与国并用的话语分析中看出。传统中国人的话语实践导致了即使国家在形态上发生了改变，但仍然保持着话语上的历史惯性和思维特点，如在今天的中国人话语中，仍有“×家王朝”“保家卫国”“国兴家旺”“国破家亡”等说法。

以上我们是就中国社会的传统话语实践来分析中国人是如何理解社会建构的。下面我们还可以通过考察前述的西方个人主义话语在中国社会的实践，来分析社会与个人之间的关系在中国的误读过程。

个人和社会之间的对立思想最早是由一些留洋中国学者介绍到中国来的。有趣的是在西方社会学的历史发展中，在这种对立上最自相矛盾、最缺乏逻辑性的斯宾塞，却成为引起中国学者最大关注的社会学家。这或许是因为中国学者所希冀的正是能化解这种对立的学者。本来，社会学建立之际的综合性和整体性要求，和西方社会从个人主义角度来建构社会的理想和要求，在斯宾塞的著作当中产生了紧张。而他竟然用生物有机论的比喻，即细胞和有机体之间的依赖关系把这个问题轻易地解决了。然而这种在西方社会学方法论上极有问题的思路正合中国人理解社会的胃口。结果斯宾塞的学说在中国占有优先地位。当年严复一方面对斯宾塞思想大加赞赏，另一方面通过翻译斯宾塞的《社会学研究》使这一思想在中国学者中得以广泛而深入地传播，并产生了巨大的影响。史华兹（B. Schwartz）精辟地看到：

> 对于正在摸索把中国作为一个社会——国家，而不是一种文化来理解的严复来说，几乎完全类似于生物有机体的社会有机体这一概念，为他提供了对于国家的尽可能生动的想象，这就是：一个有机体与其他有机体共处在达尔文主义的环境中，

为生存、为发展、为优胜而斗争。“一群之成，其体用功能，无异生物之一体。大小虽异，官治相准，知吾身所以生，则知群之所以立矣；知寿命之所以弥永，则知国脉之所以灵长矣。一身之内，形神相资一群之中，力德相备。身贵自由，国贵自主。”斯宾塞的另一个与社会有机体的生理学概念紧密联系的概念是，社会“群体”的质量有赖于“各个单位”或细胞的质量。“社会有机体”的概念和强调各个个体的质量两者之间的逻辑关系，像通常指出的那样，尽管表面看起来似乎有道理，实际上却是经不起推敲的。然而，因为两个概念都与严复最最关注的事直接有关，他就无意深究两者的关系了。[①]

严复的这种思维不是他个人的思维，而是当时中国学者的思维。在史华兹引用的严复自己的一段对国富民强的高论中，我们看到的正是他不但把斯宾塞的“社会比作身体”观换成了“身体比作社会”，而且具有明显地通过微观推宏观和不将这两者对立的倾向。严复的这一思想使当时的许多著名学者，如梁启超、康有为、孙中山等人开始寻求如何在个体和群体、小我与大我、家族和国族、私德与公德等之间建立起有机的联系。

在这一时期，章太炎的个人主义观点似乎显得比较独特，他试图通过建立个体的自主性概念来表明个体应当与任何外部世界无关，由此否弃个人或者同社会／国家的对立，或者同社会／国家的关联。在他看来，个体自主是一个于国家、社会、宗教、家庭等毫无责任和义务的，且同社会的发展、历史的目的无关的个人自主。[②] 看起

---

① ［美］本杰明·史华兹：《寻求富强：严复与西方》，南京：江苏人民出版社1996年版，第50页。

② 汪晖：《个人观念的起源与中国的现代认同》，载《中国社会科学季刊》，1994年，春季卷，第51—84页。

来，章太炎似乎走向了极端的个人主义，但只要分析一下他的思想脉络，就可以发现，他的个体自主性既同他分不清西方式的国家与社会的区别，而导致个人与社会的对立有关，也同他中国式的思维有关，即先预设了个体同家庭、村落、社会、国家、天下有关，然后对这种思维方式做反向性的思考。

“五四”运动前后，随着西方思想在中国的传播与盛行，个人主义的话语在中国显得更加暧昧，它在不同话语情境中可以被当成完全相反的概念来加以使用。有的学者用它来批判中国传统，但也有人把它当作中国的传统。刘禾在研究中清醒地发现了这一点，她说，在中国，“个人主义话语与通常的看法相反，它与民国早期出现的民族国家的大叙事之间有某种若即若离的关系。像当时流行的其他话语一样，它以自身的方式参与了现代意识形态和权力重组的重要进程。这种参与方式不能冠之以任何简单的结论（如真／伪个人主义的结论）。个人主义并不总是构成民族主义的对立话语，启蒙运动也并不是民族救亡的反面。这两种话语之间的张力产生于各自历史性内涵的不稳定性，同时也源于它们之间的互相渗透、互相盘结”。[①] 显然一个在西方出现的同国家主义、社会主义和民族主义相对立的概念，在中国被转化成了一系列相互补充的概念。因为在根本上，中国人无法理解国家或社会对立面上的个人会是什么样子，它们之间只能是依存的关系，但这一切是以家夹在中间为依托的。[②]

结果尽管个人主义概念在中国发生了很大的转换，但有一个问题也开始突显出来，即当人们在争论中越是隐去一种已被复制和放

---

① 刘禾：《跨语际的实践：往来中西之间的个人主义话语》，载《学人》，第七辑，南京：江苏文艺出版社 1995 年版，第 100 页。

② 朱岑楼：《社会制度——家庭制度与社会组织》，载《中华民国社会发展史》，第一册，台北：近代中国出版社 1985 年版。

大了数千年的从家推广到国的社会建构方式，也就越容易发现个人与社会之间的对立关系。可见直至今天，人们仍然在讨论的民主问题、市民社会问题和私人与公共领域问题，都是建立在这种省略的基础上的。可关键的问题是省略了之后这些讨论就只能是概念上的，而不是真实社会建构（social construction of reality）上的。即使一种话语的移植和实践如同我上面所讲的那样，肯定也会参与到中国社会的建构中去，但我们不能忘记的是，由于原有建构模式的作用，曲解和走样也同样在参与这种实践。

五、儒家：知识精英的话语实践

在我看来，儒家的社会建构在一定程度上就是中国社会的建构。我有这个观点是出于两个方面的理由。一是儒家并不是从孔子开始建立的，而是从周公开始建立的，用荀子的话讲，周公是第一位儒学大师。孔子只是一位儒学的集大成者，他继承、发扬、更新了尧舜、汤、文、武，特别是周公的衣钵，将儒家思想体系化，使它后来在各思想流派中占据了上风，而并不因为时代的变换、朝代的更替而衰亡。周公的儒学在相当程度上就是一套关于社会建构的思想和制度体系，虽然到了孔子那里儒学的内容更加丰富了，具有了更多的哲学含义，但社会建构的原则，仍然是孔子思想的最重要组成部分。当然这并不是说中国社会中的其他的思想派别没有影响甚至指导中国人的社会生活，但从总的传统思想对中国人的影响上来看，其他学说的影响更多的是在人生的其他方面，如生命、宇宙、养生、谋略等，而非社会建构方面。二是儒学并非只是一种探讨社会建构的学说，而是在中国历史上真正地参与指导了中国社会的建构。由于这一学说同中国的宗法社会紧紧相扣，从而导致中国社会从官方到民间，都以儒家的社会建构学说来认识、理解、解释或治理社会。

换句话说，儒学已被那些在家的放大与缩小中生活的人们所接受，它成为了真正影响中国人社会心理与行为的主导力量。

早期儒家社会建构的最重要概念，就是“礼”。但礼的含义是无所不包的。《礼记》上开篇就讲：

> 夫礼者，所以定亲疏、决嫌疑、别异同、明是非也。……
>
> 道德仁义，非礼不成。教训正俗，非礼不备。分争辨讼，非礼不决。君臣、上下、父子、兄弟、非礼不定。宦学事师，非礼不亲。班朝治军，莅官行法，非礼威严不行。祷祠、祭祀、供给鬼神、非礼不诚不庄。是以君子恭敬撙节，退让以明礼。鹦鹉能言，不离飞鸟。猩猩能言，不离禽兽。今人而无礼，虽能言，不亦禽兽之心乎？夫唯禽兽无礼，故父子聚麀。是故圣人作，为礼以教人，使人以有礼，知自别于禽兽。

这段话里有两层意思。一是想表明礼是面面俱到的，凡是人的各种不同类型、不同层次、不同领域中的行为都存在礼的规定问题。二是想将礼抽象到人之所以为人的高度，认为礼是区分人类和禽兽的标准。这种概念很符合儒家对社会建构的解释。也就是说在儒家的概念体系里面，概念的本身不具有分别用来阐述微观和宏观、具体和抽象的特征。一个概念的确切意思只有在不同情况下才能做不同的含义的区分，换句话说，儒家的概念本身并不能做出含义、层次或大小上的区分。这点在孔子的社会建构的思路里表现得也很明显。

比如儒学发展到孔子，核心概念已变成了“仁”，仁看起来是一个概念，但在不同情况下的含义差别则很大。如：“孝弟也者，其为仁之本与！”（《论语·学而》）讲的是家庭中的子女对父母的行为。“巧言令色，鲜矣仁！”（《论语·学而》）、“恭宽信敏惠”（《论语·阳货》）讲的是个人的人格特征。“夫仁者，己欲立而立人，己欲达而达人。能近取譬，可谓仁之方也已。”（《论语·雍也》）讲的是做人的方法。“克己复礼为仁，一日克己复礼，天下归仁焉。”（《论语·颜渊》）讲的是个人对规范的遵从。仁者，“爱人”（《论语·颜渊》）则是就仁的抽象意义来谈的。因此仁的概念既是具体的，也是抽象的，它在微观上既可以小到一个人的表情和动作，在宏观上又可以表示一个国家的统治原则，如仁政。这种概念运用上的特征还反映在儒家思想中的另一个重要概念——“孝”，《孝经》上说：

> 子曰：“先王有至德要道，以顺天下，民用和睦，上下无怨。汝知之乎？”曾子避席曰：“参不敏，何足以知之？”子曰：“夫孝，德之本也，教之所由生也。复坐，吾语汝。身体发肤，受之父母，不敢毁伤。孝之始也。立身行道，扬名于后世，以显父母，孝之终也。夫孝，始于室亲，中于事君，终于立身。……”

在这一段话中，孝的含义明显具有一个从小到大，从个别到一般的过程。可以说将概念的操作和概念的抽象混合使用是儒家概念的一个特点。

概念上的这些特点也被儒家反映到建构社会的各个命题上来，如孟子所说的“亲亲，仁也；敬长，义也；无他，达之天下也”（《孟子·尽心上》），“父子有亲，君臣有义，夫妇有别，长幼有序，朋友有信”（《孟子·滕文公上》）。按照西方社会学的思路，父子和君臣、夫妻和子女、家庭关系与社交关系、血缘关系与政治关系等都完全不在一个层面上，而且是要清楚地区分的，但我们仍然可以看到儒家在陈述中将它们放入了一个层面，具体和抽象、微观与宏观仍然被结合在一起。无论是孟子提出的这五伦之间，还是后来的董仲舒提出的“三纲五常”之间都存在着一个明显的建构社会的思路，即作为不同领域或方面的类的各概念之间在含义的关系上都具有很强的相容性和包容性，完全不符合形式逻辑中的概念外延上或各概念之间的相斥原则（不理解中国社会建构思维方式中的这一特点，就无法理解今天中国人提出的五讲、四美、三热爱）。而形式逻辑中在个别和一般、具体和抽象之间建立起来的归纳和演绎思维也不同于儒家思维的特点。也就是说，儒家强调的一般和抽象不是从归纳中来的，而是从个别经验中来的，如《论语》中的“孝弟也者，其为仁之本与”，《孟子》中的“老吾老及人之老，幼吾幼及人之幼”，《孝经》中的“资于事父以事母，而爱同；资于事父以事君，而敬同。……故以孝事君则忠，以敬事长则顺”等都表明了个人的体会和经验是具有推广性的，这正是中国许多思想家认为的人可以“尽心”“尽性”“穷理”的缘由。

用西方科学哲学的标准，我们看到的儒学似乎是概念运用上的混乱，用西方社会学理论与方法论标准，我们看到的是社会的不同层面被纠缠在一起。但这种具体和抽象、微观与宏观、含义间的包容性特征正反映了儒家从事社会建构时在方法论上的一个重大特点，即儒家认为的各个概念之间所具有非对立关系以及人事和社会现象之间具有可推延性。而这一切在儒家看来已在宗法制中得到了实践证明。

从这个视角来看中国社会，我们发现中国社会建构中的很多概念：天与人、情与理、德与法、孝与忠、家与国、私与公、内圣与外王、亲亲与尊尊、世袭与纳贤、等级与平等、君主与百姓、个人与社会等等都没有形成对立关系。有了这种对应概念之间的非对立关系，便有了概念自身的或对应概念之间的包含和推延的可能性。这就是儒家为什么能将家庭中的孝顺利地推延到治国，或能从修身推到齐家，从齐家再推到治国，从治国又推到平天下的思维依据。西方人没有这种思维，于是费正清（J. K. Fairbank）只好把这种思维称为连锁推论法（method of chain reasoning）。[①] 而这种思维在西方人看来是没有道理的。一本《孝经》完全是一个通过概念的包容性关系来建立一种推延性关系而达至社会和谐有序的书："君子之事亲孝，故忠可移于君；事兄悌，故顺可移于长；居家理，故治可移于官。是以行成于内，而名立于后世矣。"（《孝经·广扬名》）而孔子在《论语》中提出的"己欲立而立人，己欲达而达人。能近取譬""己所不欲，勿施于人""忠恕"等等，成为后人理解和实践孔子社会思想的关键。

结语：中国社会研究的理路

儒家建构的社会理论可以说是一种一度理论，由于它长期参与着中国社会的建构，因此在我们现今提出建构中国社会的二度理论之际，就不得不考虑儒家建构中国社会的特点和影响及其流变。通过我上面对儒家社会建构的分析，我认为儒家的社会建构大致有以下几个特点：

1. 儒家的社会建构是同中国的宗法社会相吻合的。它一方面来自宗法社会制度，另一方面又进一步地指导、参与中国宗法社会的建构。

2. 儒家的社会建构本身具有非常强大的社会基础，原因在于它以每个个人和家庭生活为起点，无形中使所有的人都可以来实践这一建构过程，而不把对社会的建构和解释权限制在统治者和知识分子之中。

3. 儒家社会建构的概念和命题具有微观与宏观、具体与抽象、

---

① J. K. Fairbank, *The United States and China* (Harvard University Press. 1983), p. 77.

理论与实践、个别与一般相贯通或相统一的特点。这一特点决定了儒家不是在一种社会现象中的对立面上来建构社会，而是在社会现象的融和面上来建构社会的。由此，社会现象生成的概念与概念之间相互交错，彼此包含。理解和解释出来的社会结构中多以有对应的一面为重，少有对立的一面。

4. 儒家在社会建构中预设了人心相同和相通的方法论，它力图使人相信，个人的经验、体会和发生在身边的事件、与他人的关系、家庭的规范制度等都可以推广到他人或更大的人事上去。这点我将在书中第四部分的第一篇“中国人际关系模式”中详谈。

如果用这个思路做标准来衡量中国现有的社会理论，我们就会发现大凡具有这样的特点的理论，尽管其本身或许是初步的，有的只是一个概念上的构想，但都对中国社会有很好的解释力。我在此试举四例。第一个是梁漱溟的“伦理本位”理论，他力图排除东西方学者对中国社会的误读和误解，看到了中国社会的家本位、伦理性和家国、社会与个人等非对立的特点。[①] 第二个是费孝通的“差序格局”，这个概念将自己紧紧地扣在中国家族的“五服图”和“修身、齐家、治国、平天下”的框架里，提出了中国社会格局上的以己为中心向外逐渐推延的结构。[②] 第三个是许烺光的“情境中心”，该理论通过对中国宗法社会核心构成的研究，提出中国人社会行为上的对他人、亲属、国家的依赖关系，并建立了一个由家庭中的两人组合（轴，dyad）推延社会的方法。[③] 第四个理论不为社会科学研究的学者所注意，但我认为该理论对中国社会建构的把握是非常简明而深刻的，这就是林语堂在《中国人》一书中提出的“阴性三位

---

① 梁漱溟：《中国文化要义》。

② 费孝通：《乡土中国》，北京：生活·读书·新知三联书店 1985 年版。

③ F. L. K. Hsu, *Americans and Chinese: Reflections on Two Cultures and Their People* (New York: Natural History Press 1972). 许烺光：《文化人类学新论》，台北：联经出版事业公司 1979 年版。

一体”（female triad），即主宰中国社会运作的三位女神是“面子、命运、恩典”，[①] 这三个概念不但对中国人社会行为概括准确，更重要的是林语堂还看到了它们的一体性关系，尽管他本人对此阐述得非常不够。而在现代学者当中，一些有识之士对西方社会的研究范式也保持着高度的警惕。[②]

试用我本人做过的一些研究也能印证儒家社会建构的这些特征。例如我在曾研究过的中国人的脸面观问题中，[③] 我发现：（1）脸面作为一个概念就很难断定它是指性格上的概念还是关系上的概念。（2）它同中国宗法社会强调的敬祖观念有直接的因果关系，每一个人都是家族链中的一环，因此个人的行为表现总是同其他家族成员相关，这倒不是说他的个性总是会被压抑（许多学者按西方个人主义标准会这样认为），而是说他在表现自己能力或水平的时候不但要考虑自己，还要考虑到其他成员，如能否为家人争光或是否因他而让相关的人丢丑。（3）由于每个人都生活在家庭中，都有祖先和父母，因此不是某一类人或某一阶层的人讲脸面，而是人人都要讲脸面，个人的能力、水平、性格等可能都不一样，但这并不要紧，人人都可以在自己力所能及的范围里去做。（4）这就造成脸面的内涵不好确定，它可以是惊天动地的大事，也可以是鸡毛蒜皮的小事。脸面内涵的包容性导致它同其他概念之间既没有对立关系（如原则、制度等），又可以有从微观向宏观上的可推延性，这种推延既表现为个人或家庭要面子，一个国家或阶层也要面子，也可以表现为个人的面子不但代表自己、家人，也代表地区、民族或国家。正如詹姆逊

① Lin Yutang, *My Country and My People* (New York: The John Day Company 1935), pp. 159–202.

② 刘东：《寻求中国研究的范式更新》，载《学人》，第七辑，南京：江苏文艺出版社1995年版，第419—468页。梁治平：《清代习惯法：社会与国家》，北京：中国政法大学出版社1996年版，第8—21页。

③ 翟学伟：《中国人的脸面观》，台北：桂冠图书公司1995年版。

（F. Jameson）在研究中国文学时所认识到的“讲述一个人和个人经验的故事时，最终包含了对整个集体本身的经验的艰难叙述”。[①] 分析到这里，我们不能说面子是社会学研究中的微观概念，当然也不能说它是宏观概念，因为儒家在建构社会上并没有这样的划分。用同样的思路，我们也可以发现西方社会学研究中的微观概念——角色，在中国社会研究中也可以延展到宏观社会中去讨论，因为君君、臣臣、父父、子子，不只是一个人际关系上的角色命题，也是社会秩序和社会制度上的等级命题。再如中国社会非常讲究的“礼”字，它是特殊主义的呢，还是普遍主义的？如果礼的概念能被清楚地定义，或找到它的对立概念，那就很容易被判断出来，但它的含量是如此丰富，而且又不同“法”相对立，这个问题就不好回答。余英时曾说：“表面上看，‘礼’好像倾向‘特殊主义’，但‘礼’本身仍是一个具有普遍性的原则。”[②] 但他接着又说：“‘礼’虽然有重秩序的一面，但其基础却在个人，而且特别考虑到个人的特殊情况。”[③] 可见中国学者在处理本土概念而同时又面对西方概念时，有力不从心之感。又如，我在本书第四部分的第二篇中研究中国人社会行为取向时提出了中国血缘群体运作中的四个因素：家长权威、道德规范、平均分配和血缘关系的配置是决定中国人社会行为取向的关键，以打破个人主义和集体主义的二元对立范式，显然这四个因素之间也具有包容性关系。由于中国其他群体乃至整个社会都具有血缘群体的复制性和缩放性，因此这四个从家族结构中演绎出来的因素同样可以拿到家族群体之外来讨论，尽管现实社会中的运作会比家族

① 德里克·詹姆逊：《处于跨国资本主义时代中的第三世界文学》，载张京媛主编：《新历史主义与文学批评》，北京：北京大学出版社 1993 年版，第 251 页。

② 余英时：《从价值系统看中国文化的现代意义》，见余英时：《中国思想传统的现代诠释》，南京：江苏人民出版社 1989 年版，第 30 页。

③ 同上。

运作更复杂。

现在我要回答的问题是，如果儒家社会建构中的个人和社会、微观与宏观不是对立的，方法论上也没有相应的个人主义和整体主义之争，那么儒家建构出来的社会是一个什么样的面目呢？我认为，无论是在建构的方式上，还是在解释社会的方法论上，儒家给我们造就了一个连续统的社会（a society of continuum），当然它造成我们的困惑点也在这里。中国学人在西方分类学的影响下可以在这里面切出自己想要的东西，但一旦切出，这个东西就不再是原先的样子了，即使我们对这个东西研究得再精细也不能说明它原来的意义和作用。比如把人情说成西方的感情或社会交换之类，把中国人所讲的“关系”翻译成 interpersonal relationship 等就已经犯了这样的错误（参见本书第四部分的“个人地位：从一个概念的提出到一种本土日常社会学分析框架的建立”），同样把中国经济就当作经济学来研究，也显得天真了一点。从西方分类学看这个连续统的社会，你要什么类型的东西，它都有，你可以说有私，也可以说有公；你可以说中国人朴实，也可以说中国人狡猾；你可以认为中国社会像一盘散沙，也可以说该社会极具凝聚力；你可以说它等级观念很强，你也可以说它均平到了极端；你可以看到它的顽固的保守倾向，你也可以看到它的无限的涵化力。文明和愚昧、勤劳与懒惰、公正与舞弊、有信和无信、知足与贪婪、亲热与冷漠等等无不在这个连续统中非对立地共存着，总之，你要什么，它有什么。为什么呢？因为你对一个不可分的连续统做了西方式的对立性的分类。

儒家社会建构上的非对立关系和可推延性并不是说中国社会在现实上没有对立的现象，或现实的行为和建构推延中没有障碍，如忠孝不能两全，修身不能齐家或治国等。但正因为儒家建构上的这一特点，中国人才不得不使用他们的计谋或策略来化解这种对立。[①] 这就是我在本书第二部分第二篇"土政策的功能分析"中提出的中国社会形式主义盛行，计策随处可见的根源。这就是我在本书最后一篇关于"个人地位"的研究中预设中国社会结构和行动主体之间达成了一种权宜关系的依据，也是我建立中国社会学分析框架的起点。

本篇无意反对那些想用西方社会学者建立的各种宏观或微观理论来解释中国社会的学者。但本篇对这些学者的提醒作用是，如果一个学者提出的理论见解或实证研究想参与中国社会的再建构的话，那么他要意识到他面临的问题的复杂性，即一种不具有相同社会土壤和背景的社会在接受和使用一种外来理论时，该理论如何能具有社会时空上的对应性和解释上的契合性呢？即使一个致力于用西方思想体系重构中国社会的学者，希望能用一些西方的社会建构方式来冲击儒家的这种建构方式，但如果我们在冲击前没有认识到儒家社会建构的特点，没有建立一个解释儒家社会建构的理论，这种冲击不是无力的，隔靴搔痒的，就是纸上谈兵，或在实践中被中国人弄得面目全非。如果坚持强行推进，结果付出的代价会更大，人民公社制就是一个很好的例子。

虽然我这里的许多想法目前还较粗糙，而且更多的是从传统出发的，但它至少在对应性和契合性上要比直接引进西方社会学理论更能理解中国社会，进而也更能产生本土的社会理论，乃至更能影响到对我们社会的再建构。需要声明的一点是西方社会、西方社会理论作为我们研究中国社会的一个参照系，永远是需要的。或许有

---

① 中国化解这一矛盾的一个个案是明朝万历年间，皇帝的元辅张居正的父亲去世，按儒家规定的孝道，张居正应当离职回家守孝三年，但当时的万历一刻不能离开他，面对忠孝不能两全，最后的化解办法是张居正以布袍代替锦袍，以牛角腰带代替玉带在文渊阁中照常办事，后来又只回家待了三个月。详见黄仁宇：《万历十五年》，北京：生活·读书·新知三联书店 1997 年版。

人会说，本土理论本身就是同西方理论之间构成了一种对立关系，我不这样认为。首先至少本篇本身想说的是儒家在建构中国社会时并没有将中国社会中的对应要素对立起来，而不是说儒家的社会建构有或没有同西方社会建构对立起来。其次，就本土理论和西方理论而言，也不必然存在着对立的关系。任何一个想建构本土理论的人，如果想在西方社会和理论的对立面上来建构自己的理论，一来其本身就没有摆脱二元对立的纠缠，二来西方现有的理论已经给我们提供了很充足的、让我们省心的范式，诸如西方与东方、个人主义和集体主义、罪感和耻感、普遍主义与特殊主义等等，也无须我们这样辛苦了。

语言分析：一种不容忽视的研究方法

通过对中国社会结构的形成以及对视角和方法论的探讨，我们已经可以隐隐约约地发现，在认识中国社会的具体方法中，有一个方法对实际研究中国人是很有效的，这就是语言分析法。关于将语言分析作为一种研究方法，应该说并不是什么新观点。但它在社会学和社会心理学当中一向不受重视也是事实。如果再将它作为一种同观察、实验、问卷等并列的方法用于探讨中国人与中国社会的研究中，那就算得上一种比较新的见解了（至少我们在社会学和社会心理学的教材中没有看到这样的提法）。我说它新还不只是我提倡用语言分析法来研究中国，而是想在中国人与中国社会的现象中发现一种本土的语言分析法，然后再用这个方法来研究中国人与中国社会。我提出这样的观点的理据是，中国的文字构成本身具有产生本土研究方法的特殊条件，中国人的语言运用特征能让我们从中总结一些方法规则出来。当然，关于语言对社会与文化、心理与行为的分析，也并不是没有，但它们较多地反映在社会语言学、文化语言学、跨文化交际学、文化语用研究和翻译研究等学科领域内，而且这些学科恰恰都表明了它们对用语言来探讨社会和心理现象一直情有独钟，而社会学及社会心理学对这一方法却一直提不起兴趣。本篇表明，将语言分析作为一种本土方法是我对研究中国人与中国社会所做的一次方法上的努力。

一、现有常用研究方法中的问题

在方法论的体系当中，归纳逻辑是建立在经验研究的基础之上的。它的基本特征是通过若干个别研究来得出一般性的或抽象性的结论。在社会学和社会心理学里，这样的经验性研究主要借助于三种研究方法，一种是来自心理学，它采用实验的方法，通过控制各种可干扰的变量，来求得一种因果关系，如果实验中的各种变量控制得好，经过若干次的重复和检验，便可以得出一个一般性的结论；另一种则更多地来自社会学，它主要采用数学上的概率统计，来求得从若干样本推论到总体的结论，尽管误差是存在的，但因为使用了数学的方法，这种误差不但可以精确地计算出来，而且我们也因此可以得知这种归纳的准确性如何；第三种既可以称作社会学中的个案研究，也可以称为人类学当中的田野工作，尽管这种方法对人的心理和行为的掌握相当细腻和深入，但在其代表性不能确定的情况下，人类学家还是想以此研究来建立一个一般性的文化（行为）模式。

以上任何一种研究方法的优点是不言而喻的，本篇无须多言。但由于人的心理与行为的复杂性和他本身具有的主观性及对研究本身的参与性，我们的研究方法也可能从一开始就会被人的这些特征所破坏，如实验法中的霍桑效应（Hawthorne effect）就是一个很好的例子，而问卷调查中误读、迎合、做应然的反应和被欺骗的可能性更大。个案研究更是难以证明它们的一般性（关于这一努力，可参见本书第三部分的第二篇）。当然从更本质的方面来看，即使前面两种方法能够得出一般性的结论，那我们在结论中看到的心理和行为的“活性”也就消失得无影无踪（因为我们研究的毕竟是人，不是物），发现的是一个公式、一堆数据、一些干巴巴的结论，反过来讲，如果我们真的要追求这种活性，那它还能不能回到一般性也是个问题。真是鱼与熊掌不可兼得。

总结这些研究方法中的问题，有两点值得我们进行思考：一是从心理学角度来讲，我们为什么要把研究人的心理限定在对人的行为研究上？从冯特开始直到行为主义的产生，心理学家已在无形中达成了一种共识，就是要在实验中通过给予被试以某种刺激来看人所能做出的相应的反应，只不过社会心理学家给予的刺激可能更具有社会性的特点罢了，如符号、图画、情境或他人等，而没有想过有没有其他途径来认识人的心理；二是从社会学角度来讲，社会学家过于相信平均数、百分比、相关系数、因径分析等对说明人的行为及社会现象的重要性了，或者说，过于相信通过对问答的方式进行统计处理来了解人的动机和态度的重要性了，而没有想过一个人在面对问卷时，他的心理和他实际上在社会生活中遇到这一问题时的反应是不是会一样。虽然人类学家的参与观察很好地避开了这些不足，但其代表性也成问题。考虑到以上这些研究方法中一些不易克服的困境，我想提出一种新的研究方向，供同行研究和批判。

二、一种研究方向及其方法的提出

我在这里所要提出的研究方法是建立在以下假设的基础之上，即人的社会心理现象是通过两种方式外在地表现出来的，一种是行为系统，一种是语言系统。以往的实证研究主要把其研究方式集中在了行为系统上，而没有很好地注意语言对心理现象的揭示。当然，我们可以认为，访谈法和问卷法在一定意义上也是通过语言（口头或笔头报告）来探求人的心理活动的，但除了我在上面所提到的问题外，它们在根本上是被用于统计当中的，也就是说，为了从个别到一般，研究者的研究是从文字开始，但是以数字结束的，他们想用来说明人的心理的方法不是语言，而是数据。

在西方，关于语言同心理之间的关系方面的研究大概可以从索绪尔（F. Saussure）开始，目前在哲学和语言学里已有了很深入系统的研究，其中影响最大者可能要算维特根斯坦（L. Wittgenstein）、萨丕尔（E. Sapir）和乔姆斯基（N. Chomsky）等人，我在此不能深究他们的理论，但他们给研究人类文化和心理的学者提供的基本思路是，通过人的语言可以研究人的社会生活。[①] 但遗憾的是，这一思路并没有被社会科学家作为一种研究方法来加以探讨，而是使得语言变成了一些交叉学科的研究对象。众所周知的学科是社会语言学，现在又有学者在提倡和发展文化语言学。因此在无形中，研究语言和心理的关系问题最终还是没有成为一种研究人的社会心理和行为的方法。在社会心理学内部，也出现了语言社会心理学的分支，其目的也是用社会心理学的方法来研究语言，而非用语言来研究社会心理。[②] 当然，也有学者还是在这一领域内做过一些话语分析方面的探讨，如荷兰的语言学家戴伊克（Van Dijk）在《话语·心理·社会》一书中辟专章来讨论"社会认知与社会话语"，正如该书的作者自己在该书的序言里所说的那样：

> ……传统社会心理学对一些社会认知（比如态度）做了大量研究。尽管早期的工作已具有一定的认知性，但是对态度的研究多数采取狭隘的行为主义观点。由于认知心理学和认知科学在七十年代和八十年代大获成功，社会心理学也日趋认知化。

---

① 在这一问题上，西方以乔姆斯基在《语言与心理》（中译本，北京：华夏出版社 1989 年版）一书中论述的最系统；中国以雷霆在《中国人的"自我"与"自己"：形上与形下，新理与心理》（载杨中芳主编：《中国人·中国心——人格与社会篇》，台北：远流出版公司 1991 年版）一文中的论述较深入。

② 参见 H. Giles，"social psychology of language" in *The Social Science Encyclopedia*. A.Kuper & J.Kuper(eds.) (London: Routledge & Kegan Paul, 1985), p. 783。

> ……在这一框架里，话语分析也起着重要作用。其实，社会心理学中许多传统和现代概念与话语交际有关：比如社会化、劝说、交往、印象形成、归咎（这里应译作“归因”——作者）；更一般地说，它们与人们相互之间社会认知的形成和变化有关。可是直到最近，在很大程度上社会心理学忽视了社会认知的话语因素。即使涉及话语时，社会心理学也是在有限的劝说试验中把话语作为理论上很肤浅的信息变量来处理。……[①]

作者的这一段论述表明了社会心理学长期以来对语言的忽视，但在作者看来这种忽视是社会认知研究忽视了语言，而不是忽视了通过语言的方法来研究社会认知，这就是语言社会心理学的局限。

我这里要提出来研究的问题是语言能不能成为社会学和社会心理学研究的一种方法，而如何来论证语言作为一种研究社会心理的工具，是本篇无力胜任的。如果有可能，需要写专门的论文或著作才能让它最终在社会心理学研究方法中占有一席之地。本篇的目的是就本土化而言只能做两点尝试：一是简单地讨论一下作为研究方法的语言可以做出哪些方向上的努力；二是我就其中的一种努力来研究一下中国人的印象整饰，以提供一种研究尝试。

我认为以语言来作为社会学和社会心理学上的研究方法可以有以下几种做法（有的方法可能只对中国语言合适）：

1. 通过文字或词语本身的起源变化来探讨社会心态、价值观和社会行为的变化。[②]

2. 通过对文字或词语的训诂法（不是去认识文字的含义）来诠

---

① ［荷］冯·戴伊克：《话语·心理·社会》，北京：中华书局 1993 年版，〈中译本序〉第 4 页。

② 有点相似的研究有黄德宽、常森的《汉字阐释与文化传统》（中国科学技术大学出版社 1995 年版）；刘翔的《中国传统价值观诠释学》（上海三联书店 1996 年版）；罗常培的《语言与文化》（语文出版社 1989 年版）等。

释心理含义（可参见下一部分第一篇中我对脸面含义的讨论）。[①]

3. 通过对日常语言的研究（如民谚、顺口溜、敬语、禁语等）来了解特定的社会、文化与心理。[②]

4. 通过人们在日常生活中的口语对话来理解人的关系与行为（如西方社会学中的常人方法学）。[③]

5. 通过对一种语系的整体研究来了解该社会的民族性格（这曾经是冯特的想法，后被人否定了）。[④]

6. 通过分析一社会中人的特定语言情境来研究人的社会行为。[⑤]

7. 通过人们对一些话语的习惯性话语反应来研究人的行为策略。

8. 通过收集整理一个社会中具有象征性的文字符号来研究该社会的文化心理。[⑥]

以上八种具体方法按照方法论上的划分，有的属于现象学的研究，有的属于实证主义的研究，有的还可能是对这两种研究的结合。

我认为以语言作为方法来研究人的社会活动的优点在于：

1. 可以把人作为人来研究，而非像行为主义那样把人作为动物来研究，因为从语言入手就假定了人和动物的本质区别。

---

① 参见翟学伟：《中国人的脸面观——社会心理学的一项本土研究》，台北：桂冠图书公司1995年版，第六章。

② 参见李庆善：《正直与圆滑：国人在做人问题上的冲突——汉语谚语的社会心理研究》，载《社会学研究》，1995年，第2期。

③ 参见H. Garfinkel, *Studies in Ethnomodology*（Englewood Cliffs Press，1967）。

④ 有点相似的研究有郭锦桴的《汉语与中国传统文化》（中国人民大学出版社1993年版）、沈锡伦的《中国传统文化和语言》（上海教育出版社1995年版）、陈克编著的《中国语言民俗》（天津人民出版社1993年版）、贾玉新的《跨文化交际学》（上海外语教育出版社1997年版）、田惠刚的《中西人际称谓系统》（外语教学与研究出版社1998年版）、常敬宇的《汉语词汇与文化》（北京大学出版社1995年版）等。

⑤ 参见翟学伟：《中国人的脸面观——社会心理学的一项本土研究》，台北：桂冠图书公司1995年版，第六章；又参见葛里高利和卡洛尔：《语言和情景》，北京：语文出版社1988年版。

⑥ 参见W.爱伯哈德：《中国文化象征词典》，长沙：湖南文艺出版社1990年版。

2. 可以回避归纳理论当中的个别如何上升到一般的问题，因为语言是一种文化符号，由某群体或社会成员所共享。言语既具有个别性，但又可转化为一般性来研究。这是索绪尔的所谓能指与所指的区分。在中国社会文化研究中，符号学大师巴特（R. Barthes）发现，中国社会文化中的能指和所指区分得并不清楚，[①] 我借题发挥一下这个意思，许多中国人在谈话时喜欢说“（你）他妈的”。这里的“你”和“妈”既可以表示对方（的），也可以泛指，关键看听话的一方怎么理解、双方之间的关系如何以及当时的语境怎样。

3. 可以在生活经验和作品中来收集所要的话语和语言，而无须对人进行控制或进行不太自然的书面的和口头的问答。[②]

4. 可以保持相当程度的活性。

缺点在于：

1. 语言表达能不能和心理活动或认知过程画等号，如果不能，有些心理现象无法通过语言来研究。

2. 当研究者对话语和语言进行心理与行为分析时，研究者的主观性，如价值判断和价值选择如何对待或避免。

以上这些问题还需要进一步研究。

下面我用我上面所列的第7种方法来粗略地研究一下中国人的印象整饰。

三、以中国人印象整饰研究为例

在社会心理学中，印象整饰又叫印象管理，有时也叫印象形成，

---

① 张石：《“中心空虚”的日本文化》，载《读书》，1992年，第10期。

② 语言资料的收集方法可参见佐伊基：《社会语言学讲演录》，北京：北京语言学院出版社1989年版，第六章“话语的定量研究”。

是指一个体在社会互动中为了给他人留下良好或正面的印象而表现出的一系列与此目的相符的行为。在社会学和社会心理学理论当中，戈夫曼（E. Goffman）曾通过将一整套戏剧术语移植到社会学和社会心理学中来的方法，很贴切地分析了人的社会生活就如同演员在演戏。但戈夫曼如何能证明人就是演员呢？他主要采用的是对社会（学）中的大量文献，包括研究报告、个人回忆录、文学作品、他自己的社区研究等来证明他的理论的解释力。接着，西方社会心理学家便开始在实验室里验证和修订这一理论，并从中延伸出了印象整饰理论。这就是我们上面提到的社会心理学研究过程的最常见做法，即先有一些学者在理论上提出一种模式或假设，然后由一些同行或追随者通过实验来验证这些假设。研究中国人的印象整饰当然也可以采用这一过程。但如果用本篇所提倡的语言分析法来研究这一社会现象，那我的做法是：

1. 先可以了解或知道西方的有关理论及研究现状，但不必照该理论或相关的实验来解释或测试中国人的有关行为。

2. 就此现象寻求或收集中国人在日常生活中的有关语言的表达习惯，并可以自己在社会互动中扮演一方来证明自己所遇见的各式各样的中国人是不是真的乐于做这样的表达。

3. 当中国人在这方面使用的最频繁的词语、话语或习惯表达被确定后，可以分析或试验一下如果不用此类语言会发生什么结果，或了解一下中国人在日常生活中是否有不照此语言表达的现象，并发生了什么结果。

4. 分析这种表达的语境或文化背景，也就是分析一种什么样的互动情境或社会规范使人们在语言上做这种表达，而没有做其他种表达。

5. 对这种语言的心理进行系统的或逻辑的诠释。

6. 建立中国人印象整饰模型或理论，并同西方的有关理论作比较，也可以提出一些假设，以便进一步验证（包括实验的、问卷的或语言的及其他的）。

在西方的戏剧理论当中，戈夫曼根据他所收集到的多方面研究资料提出，个体的印象整饰过程可分为两个不同的标记活动：一个人“给出的表达和他流露出来的表达。前者包括各种词语符号或它们的代替物，个体用这种公认的和唯一的方式，来传达他与他人都知道的附于这些符号中的信息。这是传统意义上的和狭义上的传达。后者包括了范围广泛的行动……”[①] 戈夫曼所关心的是对后者的研究，并认为这两种表达在个体身上被控制成对称性，以形成他表演的一个舞台。用表演的经验来讲，就是让台词引导动作，让动作符合台词。而本篇所提出的方法是对前者内部结构的关心，它要求研究者通过对词语本身的收集、解释来发现人的心理活动并对照这种心理活动所表现出来的行为和他同时表达出来的话语之间的关系，最后得出一种印象整饰的模式。

了解了西方的印象整饰理论的基本观点后，我们就可以收集中国人在印象整饰时常用的话语了。作为任何在中国有些生活经验的人都多少会发现，中国人在社会互动的过程中，如果一方对另一方的表现表示满意、夸奖、表扬、赞美或奉承等时，或个体也对自己的表现表示满意时，我们最常使用“哪里哪里”“不敢当”“过奖过奖”“惭愧惭愧”“没什么”“小意思”“谈不上”“别这么说”“小事一桩”“献丑献丑”“见笑见笑”“岂敢岂敢”“不行不行”“失礼了”“不好意思”“不值得一提”“哪里的话”等等话语来做应答。从字面上和表达的结构上看，这些表达有两个共同特点：（1）尽可能地重复或者说多重复些这些词语，以示强调；（2）大多数话语用的是含有否定之义的词。而我们又在生活经验中断定，这些词是不能

---

① 戈夫曼：《日常生活中的自我呈现》，杭州：浙江人民出版社1989年版，第2页。

做字面上的理解的。现在我们的工作就是把这些话语带到具体的语境中进行分析了。例如中国的家庭一般逢事有请亲朋好友或同事上司吃饭的习惯，而且为了让入席者产生很好的印象，请客的一方会忙上很长时间做准备，家庭主妇是这时的主角，从收拾屋子到采购、清理、烹饪直至上席，这时摆出来的菜不但味道好，而且花样多，因为这时是宁多不能少（这都可看作请客者的印象整饰），而被请者在这情境中也往往并不会一扫而光，而是多少留下一点残渣（这可看作被请者的印象整饰）。现在的问题是我们这里所描写的只是印象形成中的行为表达，如果注意一下家庭主妇出现时的言语表达就正好和上述事实相反，她会不停地说出“菜做得不好，多吃一点”“不会弄，不要笑话”“没买什么菜”“做不出什么可口菜”之类的话。而任何中国人这时都会说“好吃”“手艺不错”“辛苦了”“麻烦你了”之类的话。这时的家庭主妇就会说出我们上面列举的话语中的一种了，比如“哪里哪里”或“过奖过奖”等。从家庭主妇到他人的言语表达中，我们可以看出她的言语符号系统和行为符号系统是相反或相矛盾的。这就是中国人经常表达这种话语时的语境，它同中国文化中所强调的礼是分不开的，像孔子就认为人应具有“行重于言”和“谦逊”的品格（“君子欲讷于言而敏于行”）。理解了印象整饰者的语境和文化背景，我们就可以诠释这些话语的心理含义了。

在一种重视礼节的社会里，形式上的社会交换和人与人的交互性显得十分重要。其原则是礼在形式上是一种互换性的报答，它由行为上的互惠性和语言上的客套性所构成，而语言上的客气可能比行为上的互惠更重要。如果其中一方没有表现这种交互性原则，就会被互动的另一方理解为无礼了。这时，中国人为了证明自己很守礼，虽然有多种方法，但最常见的就是把“失礼失礼”经常挂在嘴上，其目的在于如果行为上没有失礼而口头上又表示失礼，就会引起一种很奏效的结果，即如果互动的一方认为对方并没有失礼，但对方又口口声声地讲自己失礼，就可得出对方是一个多么守礼节的人啊。因为，他不论做得如何好，他自己却总是认为做得不好，可见他对自己的要求有多高。这样就引起这一方认为这个人不但做得好，而且话也说得得体，结果是对方的印象整饰上获得了双重性（言与行）的成功；我们还可以假定，如果互动的对方在行为上确实已有了不周到或不礼貌之处，这时他连声说“失礼失礼”，按照礼节上的交互性原则，失礼的意思就是请对方原谅，这样，表达上的失礼和他的行为就又一致起来，仍然是对印象整饰失败的弥补，也能给对方以良好的印象，因为这说明他还是有自知之明的。反过来讲，在这样重视礼节的交互性的社会里，将上述方式颠倒过来，印象形成就不会成功。比如一个人听说某人要来做客，他出门迎接，但他不是说“有失远迎”之类，而是说“我已走出门来迎接你”之类，那这句话就等于抵消了他走出门来迎接客人的行为和客人的感激，因为按照形式上的交互性原则，这句话语给对方的反应是你没走多远迎接就急于表现你多热情似的，其实不就是在门口站了一下吗？这就意味着，负向上的言行一致是对印象整饰的弥补，但正向上的言行一致却会带来印象整饰的失败。通过以上的话语分析，我们就可以看出，中国人如果在行为上评定了自己的印象整饰成功后，在言语上使用反语和印象整饰不一致话语，恰恰是要在行为和语言的两重性上获得成功，以便给对方以最完美的印象。实际上，众所周知，每个地道的（即被社会化过的）中国人都会运用这种方法来建立自己的形象。而上例中的家庭主妇当然是很精通此道的。归纳中国人印象整饰的这一特征，我们可以得出以下图式（见图 1-1）。

从以上的分析中我们可以看出，中国人在印象形成中的正向一致法会产生整饰过程中言与行的相互抵消，形成不了良好的结果；而正向不一致法是一种夸口和说大话的手法，中国人在社会互动中非常否定这种印象整饰法，尽管有人在有时出于某种需要仍然使用

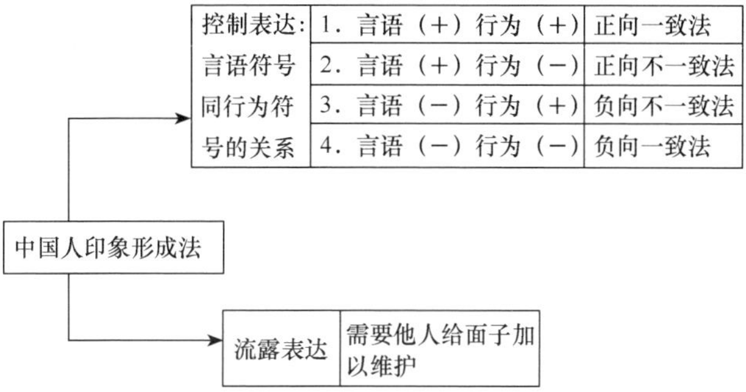

图 1-1　中国人印象整饰取舍模式

这种方法；负向不一致法和负向一致法是其整饰成功的手法，无论一个体在行为上成功还是失败，最终都能达到他印象整饰的成功，当然能做到前者最为理想。中国人在印象形成中的另一个重要方面是他虽然尽量控制流露表达，但也不太在乎流露表达的信息会成为他人识破给出表达信息的凭证，因为在讲形式上的交互性的社会里，对方即使对流露表达中的失误一清二楚，也会佯装不知，或睁一只眼，闭一只眼，这就是中国人的给面子行为。

通过我们以上所建立的中国人印象整饰模式，我们可以看出中国人的印象形成过程同西方人不同。首先，在一个重视“来而不往非礼也”的社会里，一个体在给出表达中既可以控制他的语言又可控制他的行动，真正的流露表达只表现在他的失误上，这时由于对方会考虑给他面子而使得流露表达上的失误并不一定会让自己丢脸；其次，由于言与行都在个体的控制之下，个体往往选择言行负向上的不一致（不对称）来反衬他的双重成功；再次，如果个体担心他的行为表达不成功，他仍然可以用这样的不对称性来弥补他的过失，以使他整饰失败后仍占主动地位；最后，只要个体选择了负向的不一致法和负向的一致法，礼节上的交互性原则将控制住双方期待中的印象形成，而达到良好的关系状态。由此可见，中国人的印象整饰在一般性上具有“避实就虚”的特点，其戏的成分很浓，且具有策略上的考虑（如不失面子或给他人面子）。西方有不少学人、传教士及同中国打交道的人都认为中国人好说谎，[①] 乃是由于他们不知道中国人印象整饰中的这种务虚的特征。由于西方人在印象整饰中倾向采取的是正向一致法，因此其印象整饰理论不过是对这一取向的解释而已。

四、结　论

通过本篇的尝试性研究及其论述，我提出了社会学和社会心理学研究可以做另一种方向的努力，即从对行为的研究转向对语言的研究。这种研究的特点是，它既可以避开我们对哪种方法是社会学的、心理学的还是人类学的争论，也可以克服归纳理论中从个别推断总体结论时所潜伏的危险，甚至这一方向还可能将实证主义和解释学做一次嫁接。中国谚语“说话听声，锣鼓听音”是中国的老百姓在日常生活中对他人心理做话语分析及寻找其弦外之音的一种经验之谈，如果我们以为了解中国可以像西方学者和西方人那样通过看看、问问、听听、写写等就可以了解人及社会，那我们就犯了常识性错误。本书第三部分中的“耻感文化的狡黠之处”即是我对这类错误的批评，而在本书的最后，我将对这种形式性的社会交换，提出一个理论框架。当然，我们现在首先要涉及的是同此问题相关的本土的概念问题。

---

① 参见傅红春：《另一类看法——西方人谈中国传统文化》，载《读书》，1996 年，第 1 期，第 53 页；也可参见沙莲香编：《中国民族性（一）》，北京：中国人民大学出版社 1989 年版。

第二部分　本土概念研究与讨论

概念是学科研究的基础。当一种社会现象被学者发现和注意到后，能不能用一个恰当的概念来表达或概括这种现象，成为这一现象能不能被研究的关键。与此同时，一旦一个概念被提出来后，现象的类型、类型的比较或涵盖的相似现象以及建立起来的有关命题等也会随之浮现出来。在目前的社会学、社会心理学、文化研究等学科中，西方学者已提供了相当多的概念。由于概念所具有的抽象性及普遍性，使我们一般情况下没有必要对什么样的概念都重起炉灶，以示本土。所谓本土的概念是指如果我们发现了一种本土现象和问题，而使用西方的概念又不能揭示这样的现象和问题时，我们最好就寻求一个本土的词语来说明。比如人际关系是一个西方概念，但它在说明中国人与人的互动情况时就没有“人情”表达得贴切（最后一部分，我将集中讨论这些问题）。在这一部分，我主要涉及以下一些问题。1. 现有的西方概念能不能反映中国社会现象，如果不能，那么我们在中国社会现象中能够抽象出哪些概念（无论抽象出来后仅用于概括中国社会某一现象，还是用它来涵盖更广泛的社会）。如果能，那么它所反映的内涵和外延是否契合自己的社会，有没有把本土中的重要现象忽略掉。2. 借助东西方概念的比较，我们可以看一看，是由西方概念及其分类来解释中国人与中国社会合理，还是由本土的概念来解释中国人与中国社会合理。3. 人文社会科学的概念背后都有一定的社会和文化的支撑，这个社会和文化的内涵是什么，而一个概念是在一种什么样的社会情境基础上运作的。

具体而言，本部分涉及对两个本土概念和一个本土概念划分上的讨论：一个是中国人的面子问题。这个问题已经被许多海内外学者多次研究过。我关心的问题是“面子”作为一个概念，其涵盖面有多大。如果我们一定要说任何社会或西方人也有面子观的话，那么它是中国人所讲究的面子吗？这里既有一个如何定义面子的问题，也有一个探讨面子在中国社会中的运作类型的问题。我将通过对中国人脸面观的“同质性”和“异质性”的划分及其逻辑关系来表示其脸面观在中国本土的意蕴。附在后面的一篇论文是我试图用我建立的脸面观的同质性和异质性来解释《围城》小说的主题所在。我认为，就“围城”的本土含义而言，这座“城堡”其实指的正是中国人的脸面观。钱锺书在书中通过对留洋博士方鸿渐的遭遇描写，生动而形象地刻画了中国知识分子在脸和面子之间所处的紧张性和困境，并以讽刺的笔调描写了一群学者对前者的放弃和对后者的追逐。而这一分析正合钱锺书本人在学术上对中国人做人中的“方圆”问题所做的精辟论述。第二个概念是中国社会普遍存在的“土政策”问题。我将通过对这一概念的研究来对帕森斯在社会行为模式变量中所提出的特殊主义与普遍主义二元划分提出挑战，因为中国社会一般是被放在特殊主义一边来同西方社会相对立的。若将帕氏的这一对概念用于分析土政策，我们就可以看出中国的土政策在制定与实施过程中含有特殊主义与普遍主义两种成分。由于这两种成分的作用，它的显功能主要是针对地方和组织的实际状况差异而制定的相应管理措施，但其潜功能则朝着对策和计策的方向转化。它上可以对付上级部门，下可以对付个体成员，从而造成政策掌握者自身权力的扩张与泛化，形成被其管辖成员的人情式的或忍从性的人格。而中国土政策体现出的这些功能需求同当前中国的社会格局存在着相当的契合关系。最后一个概念问题是我对中国人的价值取向类型所做的本土分类。我一反以往这方面的研究一向以西方学者提供类型做标准或做修订的研究理路，试图从中国历史的发展脉络中找到中国人价值取向的概念类型与转型以及一些稳定不变的价值取向，以此引发中国社会的人的现代化的问题在哪里。

中国人脸面观的同质性与异质性

人格（personality）英文一词的拉丁文本义是面具（persona），但西方人格上的诸多研究已越来越远离了它的原义。当我们重新把这一一脉相承的概念用于研究中国人的人格特征时，便可以发现它在中国还有一个更恰如其分的表达词——“脸面”。20世纪初，鲁迅曾用这一概念概括过中国人的国民性格特征，[①] 但这一词的确切含义却一直让人捉摸不透。

一、共识中的困惑

“面子”是任何一个在中国生活过的人或接触过中国人的人都能感受到的一种文化心理现象。这一重要现象自然会引发学者（主要是海外学者）的高度重视。19世纪末，美国传教士明恩溥（A. Smith）在其轰动西方一时的《中国人的特性》一书中把它看作中国人性格上的第一特征，[②] 关于面子的研究可谓就此正式拉开了序幕。鲁迅当时就因为受此书的影响而认为中国人的“重要的国民性所成的复合关键，便是这‘体面’”。[③] 10年之后，林语堂在他的成

---

① 鲁迅：《说“面子”》，见《鲁迅全集》，第6卷，北京：人民文学出版社1991年版。

② A. H. Smith, *Chinese Characteristics* (New York: Fleming H.Revel Company.1894), p. 16.

③ 鲁迅：《马上支日记》，见《鲁迅全集》，第3卷。

名作《吾国与吾民》(1935)一书中以极为相似的观点认为,"面子"是统治中国人的三位女神(three Muses)中最有力量的一个,中国人正是为它而活着云云。[①] 在西方学术界,德国社会学家马克斯·韦伯也早已对此提出过重要见解,他在《儒教和道教》(1915)一书的结论中指出:儒家所强调的面子会导致人们缺乏普遍的信任感和所有的企业活动,[②] 这一观点促使美国社会学家帕森斯在《社会行动的结构》中认为,儒学只关心现世行为和一个好名声。[③] 20世纪70年代以降,斯多弗(L. Stover)在《中国文明的文化生态学》中进一步体会到,"面子"是解释中国人诸多行为的关键。[④] 而美国社会学家赛林(M. Thelin)又在研究中指出,中国人的价值观包含六个方面,即家族主义、尊老、人情主义、礼貌、脸面、男性中心,他认为其中的脸面居于核心(the most central)。[⑤] 就连美国的心理学家多米诺(G. Domino)等在总结中国社区心理学发展历史和现状时也要指出,在控制中国社会的五种社会力量(扩大家庭、政府职能、孝、脸面和道)中,脸面规定了中国人的社会及人际行为。[⑥] 至此,我们也不难理解为什么何友晖在提出亚洲文化特有的六个关键概念中,中国所占的三个概念里面就有一个是面子。[⑦] 近来,金耀基再次强调:"关系、人情、面子是理解中国社会结构的关键性的社会—文化概念。"[⑧] 可见,研究中国社会—文化—心

---

① Lin Yutang, *My Country and My People* (New York: John Day Press, 1935).

② M. Weber, *The Religion of China* (New York: Free Press. 1951).

③ T. Parsons, *The Structure of Social Action* (New York: Free Press. 1961), p. 248.

④ L. E. Stover, *The Cultural Ecology of Chinese Civilization* (New York: Mentor. 1974).

⑤ M. C. Thelin, "Chinese Values: A Sociologist's View", in A. T. Tymieniecka (ed.) *Analecta Husserliana*, Vol. 20(1986), pp. 393-405.

⑥ G. Domino, D. Affonso & M. Slobin, "Community Psychology in the People's Republic of China", in *Psychologia*, Vol. 30 (1987), pp. 1-11.

⑦ D. Y. F. Ho, "Asian Concepts in Behavioral Science", *Psychologia*, Vol. 25 (1982), pp. 228-235.

⑧ 金耀基:《关系和网络的建构:一个社会学的诠释》,载《二十一世纪》,1992年,第12期。

理的海外学者可能在许多看法上不甚一致，但在面子对中国人心理与行为之重要性的问题上却相当一致。雷丁（S. Redding）和恩格（M. Ng）在实证研究基础上曾得出过这样的结论："在考虑东方社会和脸面相关的价值观时，重要的一点是，每一个案都表明它是核心要素，通常也是最重要的，而不是什么边缘的或附带的对行为的影响"。[①]

然而，对其重要性上达成的共识并不等于对其理解上的一致。面对这一如此关键的概念，中外学者一向显得有些力不从心。最早企图解释这一概念的明恩溥，认为它很像南太平洋岛上的土著禁忌，具有一种神奇的力量，可以将之归结为中国人具有很强的表演天性（dramatic instinct）。[②] 鲁迅承续这一观点，认为它不愧为中国人的一种做戏的本领。[③] 轮到林语堂界定时，他却一再声称举例容易，下定义太难，只能说它是中国人社会交往中最细腻的标准。[④] 直至40年代，中国早期留美的人类学家胡先缙（Hu，Hsien-Chin）才开始从学理上对脸面分别施予了学术上的定义，认为脸和面子应该指两种不同的心理和行为，其中脸涉及的是中国人的道德品质，面子指的是由社会成就而获得的声誉。[⑤] 在此之后，美国著名社会学家戈夫曼在《论面子的运作》一文中对这两种含义做了合并，认为胡氏等人所说的中国人的面子是人类一种共有的心理现象，它是指在某一特定的交往中，个人对他人也认可的一种共同行为准则的遵循。如果一个人遵循了这一原则，他就会得到自己和他人的肯定，这时他就可以说有了面

① S. G. Redding & Michael Ng, "The Role of 'Face' in the Organizational Perceptions of Chinese Managers", in *Organization Studies*, Vol.33 (1982), pp. 201-219.

② A. H. Smith, *Chinese Characteristics* (New York: Fleming H. Revel Company. 1984), p. 16.

③ 鲁迅：《马上支日记》，见《鲁迅全集》，第3卷。

④ Lin Yutang, *My Country and My People*.

⑤ Hu, Hsien-Chin, "The Chinese Concepts of 'Face'", in *American Anthropologist*, Vol. 46 (1944), pp. 45-64.

子。① 戈夫曼的这一定义在西方社会心理学界产生了较大的影响，不少西方社会心理学家都按照这一定义来设计他们的实证研究，也出现了后来的印象整饰理论。时至20世纪70年代，香港心理学家何友晖在《美国社会学杂志》上发表了《论“面子”观》一文。作为一个对中国人的面子内涵深有体会的华人学者，他否认了上面的定义，例如他对胡先晋的定义提出的批评是，脸和面子不应该以有无道德来区分，也就是说，脸和面子两者都含有道德和声誉。面子也不是行为准则，因为它的获得和失去不是能通过一致性的行为标准来衡量的，而带有较大的灵活性，为此他还否定了很多日常的说法，诸如面子不是人格、地位、尊严、荣誉及威望等。最后他提出面子是个人要求他人对自己表示尊重和顺从而得到的相应评价。② 本篇在此无法对上述定义做逐一评议，只想强调的是，从目前研究上看，已少有人再沿循胡先晋的思路在概念上对脸和面子做区分，只有金耀基在面子中区分了“道德面”和“社会面”。③ 因此，尽管上述的研究对深入理解面子的含义具有重要意义，但从根本上看，把脸面合并，甚至混为一谈将会给理解中国人的脸面观带来误区。目前已有实证研究显示出中国人对脸和面子的理解上的区别，④ 只是这些研究并没有解释清楚这种区别在哪里。

二、脸面观的同质性结构

我认为，要解释清楚脸面的内涵，得先从分析脸面的语义着

---

① F. Goffman, “On Face-work”, in *Psychiatry*, Vol. 18 (1955).

② D. Y. F. Ho, “On the Concept of Face”, *American Journal of Sociology*. Vol.81 (1974), pp. 867-884.

③ 金耀基:《“面”“耻”与中国人行为之分析》，载杨国枢主编:《中国人的心理》，台北：桂冠图书公司1988年版。

④ 朱瑞玲:《面子心理及其因应行为》，载杨国枢、黄光国主编:《中国人的心理与行为(1989)》，台北：桂冠图书公司1991年版。

手。其实，“脸面”不过是中国人对某一重要心理与行为的一种隐喻说法。如果单从字面上看，就可以发现中国人所谓的“脸”或“面子”的含义是从人的面孔意义上引申出来的，引申之后，它们已不再指人的面孔本身。由此，我们要做的第一步工作就是先找出汉语中和脸面引申含义的相同表达法，以便能从侧面看出其中的含义。众所周知，在日常表达中，“争脸”“争面子”和“争光”“争气”同义；“丢脸”“丢面子”和“丢人”“丢丑”“失体统”“失礼”等义相近；“看在……的面子上”和“看在……的分上”同义；“无脸见……”“无颜见……”和“羞见……”词义相同；脸面又可以说成“情面”和“情分”；“不要脸”等于说“无耻”；“赏脸”“给面子”等于说“抬举”或“捧场”。结果可以大致得出：中国人所谓的“脸”通“光”“气”“人”“丑”“体统”“羞”“耻”等；“面子”含有“分”“情”“捧”“举”之义。由此一来，“脸”和个体的行为关系较大，它所集中体现的是人自身的形象或表现；而“面子”和社会互动关系较大，它所偏向的是互动的双方所处的关系状况。这点正符合汉字“脸”和“面”本身的常用法。在汉语中，“脸”在字义上只表示人的身体的一部分，而“面”除了此义外，还表示关系，即有当面或面对的意思。可以说，面在汉语中可以包含脸的含义，但脸不包含面的含义，这就是脸和面子既有区别又有联系的实质。如果将这一语义分析带入心理与行为层次，脸和面子的关系正如同社会行为和社会互动的关系一样，有社会行为，才会有社会互动，有了社会互动就包含了社会行为。但包含并不能取代，既然两者之间有所区别，就应该对其分别加以界定，并深入理解这一区别对中国人心理与行为的意义何在。

为此，本篇提出如下定义：脸是个体为了迎合某一社会圈认同的形象，经过印象整饰后表现出的认同性的心理与行为，而面子是这一业已形成的心理及其行为在他人心目中产生的序列地位，也就是心理地位。这两个定义的要点是：（1）脸是指个人的形象和表现方式。（2）这种形象以其所处的社会圈为依托，即脸的争取和失去由该社会圈来认定。（3）一旦对脸的评定出现，也就是面子的出现。（4）正向的评定就是有面子，负向的评定就是没面子，给面子是指无论个体是什么形象，都给予正向评价。（5）一单位体无论有无面子，都存在程度的差别，如很有面子，有点面子，没什么面子及很没面子，由此在他人的心目中产生地位上的排列。从上述这两种定义中，可以进一步发现，脸和面子的资源略有不同。作为个体印象整饰的资源，所拥有的是气质、性格、能力、知识、道德、风度、外貌、装束、言辞等，而作为由关系产生的心理地位资源，则包含家世、身份、地位、名气、职务、权力、金钱、世故、关系网等。从这一定义出发，我们就可以看出西方的印象整饰理论是在脸和面子被译成英语中的 face 的基础上来加以建构的。它在该理论中既指个人的印象整饰，又指在他人心目中建立起的心理地位。这两者隐含的是一个一致性心理与行为方式。这一假设实际上和西方个人主义（individualism）价值观相吻合，因为在西方个人主义的价值系统中，个人对自己形象的塑造和具有脸的资源的多寡直接关系到他和他人关系的建立和获得面子资源的多寡（见图 2–1）。

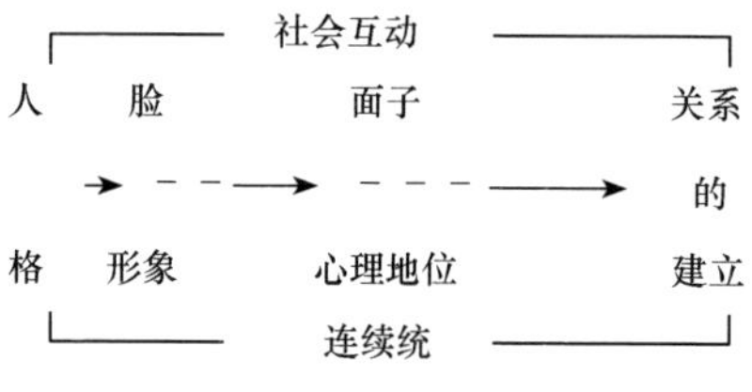

图 2–1　脸和面子的统一体关系

这是西方人做人和做事的出发点，表明如果一个体自己先获得脸的资源，他就能在社会上获得成功，具有了面子资源；如果他自己不具备脸的资源，也就相应地得不到面子上的资源。

三、"关系"对脸面同质性的影响

脸和面子既然是一个同质的概念，也就无须分开讨论。事实上，戈夫曼对面子的研究及赖以建立的戏剧理论（dramaturgical theory）都是把这两者合在一起讨论的。但这种分析框架对中国人与中国社会而言就很缺乏解释力。中国社会从价值层面直至现实层面都是一个重视和讲究关系的社会。[①] 由于中国人的做人重心落在了关系上，我们就会进一步发现中国人的脸面观也相应地落在面子上。这在一定程度上可以解释为什么中国人把面子和人情相提并论，而不把脸和人情相联系。

这一发现将引出一个关键的问题：中国人重视"关系"会造成原先统一的脸面观上的异质化。那么这种异质倾向是如何产生的呢？我认为这一问题可以从三个方面来讨论：一是中国人在交往特征中的重情轻理倾向；二是中国人在关系格局上所采取的特殊主义；三是前文提到的中国人礼尚往来中的形式主义。下面我对此做分别的分析。

我会在本书后面的"中国人际关系模式"中详细指出，中国人际关系的基本样式就是人情，也就是在血缘关系基础上和儒家伦理的规范下发展出来的一种带有社会交换性的社会行为。由于农业社会的土地不能移以及以家庭为单位的自给自足经济，造成中国人在社会生活中的第一要务是要考虑怎样来保证人际关系的稳定和和谐。而这一保证又因人情中的血缘关系和儒家伦理的影响而倒向重情抑理。因为"情"的内涵是义而非利，而"理"往往包含利益、是非、章程、真假和道理等，这些显然都有违这一目标的实现，正如韦政通所说的：

---

① 参见金耀基：《人际关系中的人情分析》和乔健：《"关系"刍议》，载杨国枢主编：《中国人的心理》。

> ……以家族为中心的伦理，特别重视的是“情”，情是维系伦理关系的核心，“家和万事兴”“和生于情”“清官难断家务事”“因在家庭范围之内用讲理的方式是不适宜的”“父为子隐，子为父隐”。隐，是为了怕破坏父子之情。在中国文化里，情与理不但非对立，理就在情中，说某人不近情，就是不通理，不通情又远比不通理严重。儒家坚持爱由亲始的等差之爱，就是因为这种爱最近情。人与人之间，若能“动之以情”，可以无往而不胜，若坚欲“说之以理”，那就是跟自己找麻烦。这种情形到现在我们的社会里仍很普遍。到现在仍可以常听到“国法不外人情”。这样特别重情的伦理，如果不是长期生活在狭小而孤立的环境里，是产生不出来的。[①]

从这里，我们还可以看出，中国人不仅在人际关系中偏重“情”，而且还把情建立在家的基础上，即以“亲亲”为中心，故中国人不但讲人情，而且还把人情分成亲疏远近，构成了人情上的特殊主义。众所周知，中国人的家并非一个小家，而是一个可以用亲属关系表明的大家。传统社会中的“五服”虽是一个重要的界线，但人们在实际生活中往往并不以此为限制，一个家族、一个村庄、一个乡里、一个地区甚至一个国家都可以被称为一家人，所谓“一表三千里”“五百年前是一家”等都是中国人喜欢用来拉近人情关系的用语。费孝通用“差序格局”概括了这一特点，指出中国的这个“家”字最能伸缩自如了，可以包罗任何要拉入自己的圈子、表示亲热的人物。自家人的范围是因时因地可伸缩的，大到数不清，不但是天下可成一家，还可从生育和婚姻所结成的网络，一直推出去包括无穷的人，过去的、现

---

① 韦政通：《伦理思想的突破》，成都：四川人民出版社 1988 年版。

在的和未来的人物。[①] 这种由人情建立起来的网络对面子的影响就在于一个人必须时时注意他和每一个交往者的特定关系，以决定其情面施与的范围，鲁迅在《说“面子”》中举了这样一个例子：

> 沪西有业木匠大包作头之罗立鸿，为其母亲出殡，邀开“贳器店之王树宝夫妇帮忙，因来宾众多，所备白衣，不敷分配，其时适有名王道才，绰号三喜子，亦到来送殡，争穿白衣不遂，以为有失体面，心中怀恨……邀集徒党数十人，各执铁棍，据说尚有持手枪者多人，将王树宝家人乱打，一时双方有剧烈之战争，头破血流，多人受有重伤。……”。

鲁迅评价说：“白衣是亲族有服者所穿的，现在必须‘争穿’而又‘不遂’，足见并非亲族，但竟以为‘有失体面’，演成这样的大战了。这时候，好像只要和普通有些不同便是‘有面子’，而自己成了什么却可以完全不管。”[②] 从我在上面的定义来看，中国人看重了面子就会出现不管自己是什么的可能，这时的要不要脸的问题已无足轻重，关键是证明自己有没有面子。这同时也说明，自家人不但具有亲缘性而且还具有认同性，只有亲缘性，也就不会有这样的麻烦，足可见情面操作上的灵活性及其难度。

“情”的另一重要特点是它还受“礼”的引导和规范，这一特点带来的结果是人与人在礼貌客套上的相互牵制，并导致人情形式化，构成了中国特有的社会交换方式，如中国人常有“送人情”或“送礼”的说法。这里所谓的“人情”已不再含有“亲者之情”，所谓的“礼”也不带有“长者之尊”，而仅体现出中国人人际交往方式上

---

① 费孝通：《乡土中国》，北京：生活·读书·新知三联书店 1985 年版，第 23 页。

② 鲁迅：《说“面子”》，见《鲁迅全集》，第 6 卷。

的形式主义。因此，人情的形式化在本质上是因为礼的形式化。礼对情的规定导致了人情不再是真实的情义或心愿，而成为一种“表示”，一种象征，意即明恩溥所谓的“戏”。鲁迅对此更有感触，他在《马上支日记》里写道：

> 向来，我总不相信国粹家道德家之类的痛哭流涕是真心，即使眼角上确有珠泪横流，也须检查他手巾上可浸着辣椒水或生姜汁。……一做戏，则前台的架子，总与在后台的面目不相同。但看客虽然明知是戏，只要做得像，也仍然为它悲喜，于是这出戏就做下去了，有谁来揭穿的，他们反以为扫兴。[①]

人情的形式化使得交往的双方已不顾对方是真心还是假意，也只强调面子上是否过得去就行。这种意义上的面子已完全和脸的含义相分离了。

四、从脸面的同质性走向异质性

以上三点证明了中国社会中的人情对脸面同质性的分化作用。其影响表现在中国人不再倾向于通过自我的形象来获得他人的心理地位，从而导致中国人不但在脸面心理与行为中偏向面子，而且还造成了脸和面子的分裂。这意味着，中国人的做人重点已不落在自己的人格与品性的施展上，而是放在以他人为重或表面应酬上，即处处考虑情面。正如杨国枢所说：

> ……在他人取向下，传统中国人对别人对自己的批评意见

---

① 鲁迅：《马上支日记》，见《鲁迅全集》，第3卷。

特别敏感，老是要顾全“面子”，要有“脸”，希望在他人的心目中保有良好的印象。同时，也希望与其他的个人（不限于家族以内的家属）维持和谐而良好的关系，而不愿意得罪任何人，为了达到此一目的，同一个人可以在不同的社会情况下对不同的人讲不同的话，即使前后的交谈不相一致，甚或互相矛盾，也在所不惜。换句话说，为了在不同的情况下与不同的人都能保持和谐的关系，常不得不说有违自己真实意见或感受的话。[①]

这段话虽然没有区分脸和面子的含义，但实质上已表现了中国人在社会互动中对脸（自我形象）的放弃，或者说，在中国，一个人并非要以形象（脸）的建立为起点来获得心理地位（面子），反之，一个人获得心理地位也不一定要靠他形象上的建立。结果，中国人处事原则是形成心理地位重于树立自己的形象。由此，脸和面子也就不再是一个连续的统一体，而是分化成为两个向度（见图 2–2）

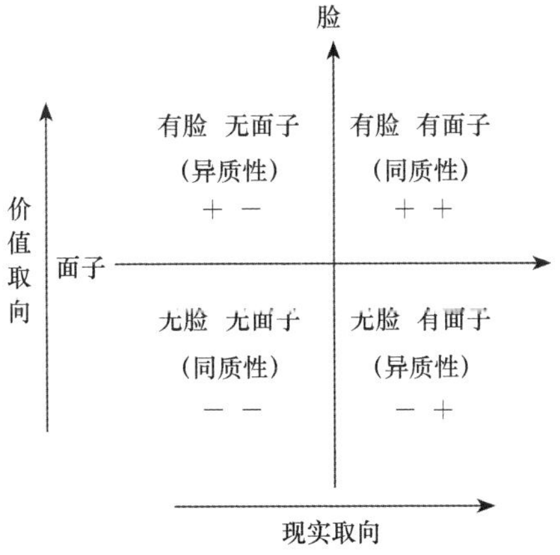

图 2–2　脸面四分图模式

① 杨国枢：《中国人的性格与行为：形成与蜕变》，载《中华心理学刊》，1981 年，第 23 期，第 39—56 页。

此时，图 2–1 的位置只成为图 2–2 上的第一种类型，也是儒家力图塑造的君子人格及其理想，它体现为“修身、齐家、治国、平天下”和“内圣外王”的统一以及对“人皆可以为尧舜”的希冀。但这一切不过是理想而已，诚如余英时所指出的：“两千三百年之间，只是架漏牵补过了时日，尧、舜、三王、周公、孔子所传之道，未尝一日得行于天地之间也。”① 而在实际中，更多的人处在第二、四类的异质性中。作为第二类人，他们属于那种刚正、铁面、讲原则、讲理想、讲骨气、“笃信好学，守死善道”之人（大陆语，正派人），但这样的人在他人心目中却并没有获得较高的地位，反而常被讥讽为“不通人情世故”“不通情理”“做人太认真”“太正经”或“不会做人”等。这类人在中国古代称为“方人”。桓宽的《盐铁论·论儒》中提及“孔子能方不能圆，故饥于黎丘”，王充在《论衡·状留篇》中也说：“贤儒，世之方物也。”可见，儒家在“脸”上下的功夫越多，反而越得不到面子。余英时曾在文中提及，“胡适在《日记》中曾引沈从文小说中的话，‘你要想成功，便得“痞”一点’，接着他说，‘我不能“痞。”所以不能弄政治（大意如此）’。”② 而第四类人恰恰是这种带有痞化的人，他们非但不讲究道德修养和社会规范，而且为人圆滑，有手腕，善于见风使舵，会要阴谋，会弄权术等（大陆语，“能混”）。但他们却一向受社会的青睐，并以极大的优势压倒或打击第二类，可相应谓“圆人”。钱锺书对这两类人进行了比较：

董仲舒《士不遇赋》：“孰若返身于素业兮，莫随世而轮

① 余英时：《反智论与中国政治传统》，见余英时：《中国思想传统的现代诠释》，南京：江苏人民出版社 1989 年版，第 104 页。

② 余英时：《中国知识分子的边缘化》，载《二十一世纪》，1991 年，第 6 期，第 21—22 页。

> 转。”按“轮转”喻圆滑，即《楚辞·卜居》：“将突梯滑稽，如脂如韦，以絜楹乎？”王逸注：“转随俗也，柔弱曲也，润滑泽也。”……巧宦曲学，媚世苟合；事不究是非，从之若流，言无论当否，应之如响；阿旨取容，希风承窍，此董仲舒所斥“随世而轮转”也。以转为用，必以圆为体，惟圆斯转矣。……
>
> ……当世俚谈亦乎古板不合时宜为“方”（square），皆类吾国唐宋之言“方头”，如陆龟蒙《奉酬袭美〈苦雨〉见寄》：“有头强方心强直”，又《全唐诗》辑陆氏段句：“头方不会王门事，尘土空缁白萱衣”；罗隐《堠子》：“未能惭面黑，只是恨头方”；朱熹《朱文公集》卷二《与宰执劄子》：“意广才疏，头方命薄”；《侯鲭录》卷八：“今人谓拙直者名‘方头’”；《辍耕录》卷一七：“‘方头’乃不通时宜之意”……[①]

又在其散文《谈教训》一文中借莎士比亚在《哈姆莱特》剧中的一句王子骂他恋人的话（God has given thou one face, but you make yourself another）来讽刺假道学（即第四类人）是“不要脸而偏爱面子”，而“假道学也就是美容的艺术”，[②] 但谁又能否认这种“美容术”在中国却很吃香呢？

当然，从现实生活的复杂性上看，脸和面子的异质性并不总是对立的关系。它们的不一致性可以体现在中国人在“脸”上所具有的资源被社会圈里给面子的人无限地夸张，致使“面子”无限制地膨胀，而远离或背离了同质性上的脸面观，如把曾获世界跳高冠军运动员的“一跳”说成是“中华的腾飞”，或把中国排球比赛的胜利者说成是

---

① 钱锺书：《管锥编》，第三册，北京：中华书局 1979 年版，第 921—925 页。

② 钱锺书：《人·兽·鬼　写在人生边上》，福州：海峡文艺出版社 1991 年版，第 166 页。

"中华之光"等。反之，一个体在获得"脸"资源时的失败或失误也不仅意味着自己不再有"脸"，而且关系到整个社会圈里给他面子的人是否也还有面子。于是任何一个欲图争脸的人都要有给面子意识，否则争到了脸也无意义。中国乒乓球女将何智丽在汉城（今首尔）奥运会上不顾这一点，结果争来了"脸"，但却丢掉了"面子"。

最后，再来看看第三类的同质性者，他们因脸面资源均不足而处在社会的底层，但追求脸面的欲望也最强烈。中国历史同中国人开的最大玩笑就是，很多未来面子最大的人是出自这些既没有脸也没有面子的人，这也许就是李宗吾发明的"厚黑学"[①]的意义所在。它在一定程度上可以表明为什么中国社会的无脸面者（边缘人物），反而能进入或占据社会重要地位，而原来在社会上具有文化品质的分子反而处于边缘地位。[②]

五、结　论

综上所述，中国人脸面观中的内在紧张性实质是儒家价值文化和中国现实文化之间的重大差距造成的。儒家在理想上想把人塑造成脸面观上的第一类人，但它在更大的程度上只成为一种人格理想，而其实际作用却造就了接受或固守这一价值体系的人在现实社会中成为第二类人，并造成了中国人在价值观上强烈排斥第三、四类人（如小人和伪君子）。由于中国人情关系结构上的影响，中国人对价值层次上的认同回到行为层次上后却转向了第四类人，以此来获得更多的社会资源。结果，从价值观上看中国人的脸面观，中国人对第二类人做正面评价，对第四类人做负面评价。但从现实社会上看

① 详见李宗吾:《厚黑学》，北京：求实出版社 1989 年版。

② 参见余英时:《待从头，收拾旧山河》，载《二十一世纪》，1990 年，第 2 期。

中国人的脸面观，中国人反而对第二类人做负面评价，对第四类人做正面评价，致使第二类人在社会行动中的失落或边缘化，进而也出现他们中间一些人的痞化的倾向，以图求得第四类人的社会优势，这同时也表明了第四类人是社会、政治、经济、文化及日常生活的最大受益者和食利者。而第三类人因无所顾忌，既不受脸的规范所累，也没有面子上的顾虑，而最有可能选择越轨行为来获得面子上的成功。

在我看来，中国人脸面观中所体现出的这种紧张性也许可以更真实地反映出中国人社会心理与行为的类型、价值和现实层面的差异及其变动方向；同时，用中国词语中的“脸面”作为涵盖和解释中国人心理和行为的关键性概念，的确是非常精当的。

附：从脸面的异质性看《围城》中的知识分子

一

《围城》所隐含的主题几乎快要被该书的研究者和偏爱者挖掘光了。但既然这个“鸡蛋”人人都吃得，本文则依然想品出它所富有中国风味的那一面。《围城》的书名虽出自法国成语，而且钱锺书也在《序》里说他要写出人类的根性，但我们也不该忘记该《序》的第一句话是：“在这本书里，我想写现代中国某一部分社会、某一类人物。”这就给了我们另一种思考的角度，即就中国社会而言，这类人物是谁，他们想冲进或逃出的“城堡”指的是什么？统观全书，我发现这座“城堡”并不神秘，其实就是中国人所熟悉的面子观，而这一类人物自然就是书中所刻画的形形色色的知识分子。因此，如果从普遍意义上来讨论这本书的主题，那么自然可以说成是当一座城堡被围时，里面的人想逃出来，外面的人想冲进去，但在中国现实的层面上也这样硬套，就未免有点笼统了。回到中国社会中来，我们发现，脸面观一向是中国文化人向往的一座城堡，而钱锺书通过文学的形式生动形象地刻画了中国的文化分子是如何为此而进出两难的——没有者欲获得之，获得者又为其所累。

在中国当代文学家当中，曾有过鲁迅和林语堂敏锐地注意到了面子在中国人性格中的关键地位，认为它对中国人的重要性是怎么强调都不过分的。如鲁迅认为它是中国精神的纲领，是中国国民性的复合关键，抓住了它就好比抓住了清朝男人头上的辫子一样。[①] 林语堂认为，面子是中国人心目中的一位女神，中国人正是为它而奋斗的。[②] 概而言之，借用殷海光的话讲，面子可谓是中国文化分子的第二生命。[③] 但面子究竟是什么，上述学者在理解上就见仁见智了。我已在上篇指出，在中国人的脸面观中，脸和面子的含义并不相同，[④] "脸"表现的是中国人的人格特征，其内涵为自尊和知耻，而"面子"可以说是中国人所讲究的一种关系，其内涵为自我掩饰或虚饰，以期得到他人的正面评价。在中国人的脸面观中做这样的区分是十分重要的，因为我们看到上述学者一般是对面子加以批判，这意味着中国文化人在对面子的刻意地讲究或追求中，已使要面子成为中国文化人的一种心理习性。这种习性导致了人们为了得到它，已经把对自己的人格、品质以及对知识的探求，异化于对于职位、名气和排场等的追求，可这一追求又正好是同脸的特质相对立的。《围城》正是想用文学形式来体现这一点。

从文学角度而不是学理角度来昭示这一主题，正是钱锺书本人所强调的学士不如文士。他认为，在学术上研究不清的哲理和心理可以在寓言、诗词、小说中形象生动地传达出来。[⑤]

二

我对书中出现的和面子有关的情节、对话、比喻、人物描写等

---

① 鲁迅：《说"面子"》，见《鲁迅全集》，第6卷，北京：人民文学出版社1991年版。

② 林语堂：《中国人》，杭州：浙江人民出版社1988年版，第175页。

③ 殷海光：《中国文化的展望》，北京：中国和平出版社1988年版，第145页。

④ 参见翟学伟：《中国人的脸面观——向度及其假设》，载《本土心理学研究》，总第2期，台北：桂冠图书公司1994年版。

⑤ 钱锺书：《管锥编》，北京：中华书局1979年版，第568页。

做了一个统计，全书中共有 80 处之多与此有关，也就是说，平均每 5 页就有一处涉及面子问题。这不能算是一种偶然现象。当然，对一词语在书中出现的频率做统计并不能武断地得出该书所隐含的主题，但它至少可以表明书里各式各样的人物在相当程度上是通过“面子”来体现的。如果我们先能肯定这一点，接下来就可以再从定性上阐明这一点。

方鸿渐的人格及其所作所为可以说是揭示该书主题思想的关键。依我之见，书中对方鸿渐的经历描写体现的是中国知识分子长期以来有待澄清的一个重大问题，即作为中国知识分子的目的是重在“为学”还是“为人”。这是中西学术上的一个重要区别。这一区别多少使中国文化人相信要做学问就要先学会做人，但做人是去做儒家倡导的“修齐治平”吗？中国文化分子所恪守的价值观固然如此，但关键是他们在现实中是如何做的。这是书中所要阐明的一个核心问题。

从书的一开场，读者可以发现，方鸿渐出国留学，学的不是什么别的科目，而是中文，这就已经暗示了当时在中国读书人中普遍存在的一种面子心理，因为这时唯有“外国招牌，方可维持地位”。[①]这是一种时尚，处于这一环境下的方鸿渐自然也受到了影响。但就钱锺书对这一人物的处理上来看，他并没有把方鸿渐描绘成一个非常世故的人。在他身上，我们始终可以看到他的人格特质和中国社会之间存在的紧张和矛盾，也逐渐看出他面对中国社会做出的身不由己的选择。就其人格而言，方鸿渐显得有点随意、自得与清高，这时常使他不会做人，但在另一方面，他又不得不克制自己的个性，学点混世本领。前者如他在国外四年时间换了三所大学，随便听几门课，兴趣颇广，心得全无，生活尤其懒散，这些特点都表明他在

---

① 钱锺书：《围城》，北京：人民文学出版社 1979 年版，第 9 页。

人格上是一个凭兴趣出发、缺少自我约束和压力的人，而后者反映的是他身上所受的中国文化的熏陶的特点，诸如父母之命、光宗耀祖、出人头地等。结果他的人格和中国文化所发生的第一次重大心理冲突就是他被迫做了一件他本人不怎么看重却又必须要考虑的事，即在回国前搞了一张假文凭。因为“这一张文凭，仿佛有亚当、夏娃下身那片树叶的功用，可以遮羞包丑；小小一方纸能把一个人的空疏、寡陋、愚笨都掩盖起来”。[①] 如果仅从他本人的人格出发，我们可以假定，他索性不会对文凭之事做认真考虑或对待，但事实上他为此颇费心神却是因为中国社会对他提出的要求，也是父母之命不可违的结果。然而从这一件事开始，他的后半生一直为此所困扰，他的脸面观（即要脸还是要面子的矛盾）也随之突显出来。

由于方鸿渐本性诚实，或曰知耻，他回国途中的心态就和拿到真文凭的人，如苏文纨，不一样，处处不敢以此炫耀。尤其是当他在他丈人家发现他丈人为了面子将其获得博士文凭登在报纸上时，他当即感到无脸见人。这种感受一方面预示着方鸿渐在本质上还是一个老实人，但另一方面也预示他将为此付出代价。所以接下来在国立县中演讲时他又遇到了相似的情况。该县中因他是本乡出洋留学的大博士而邀请他去演讲，但却无疑对他是一个讽刺。不过依其学问和见识，尽管他因忘记带讲稿而“只有大胆老脸胡扯一阵”，[②] 但这一番发挥却不无精彩之处。只是方鸿渐忘记了当他依其人格特征对中国近代文化妄加评论时，正是在给一个要面子的社会脸上抹黑，因此，他的讲演越有几分精彩，就越使他丢面子。这时，方鸿渐的人格和社会的矛盾又一次表现出来。方鸿渐的这种困惑心理所面临的最严重打击是他在三间大学的遭遇。方因假文凭事件而形成的内疚感使他不敢在升教授

---

① 钱锺书：《围城》，北京：人民文学出版社 1979 年版，第 10 页。

② 同上，第 37 页。

问题上和他人一争高低，可是，当他发现一个和他文凭一样假的教师竟然能伪证他的可信性而荣升为教授和系主任时，他终于强烈地感受到“撒了谎还要讲良心，真是个大傻瓜。……老实人吃的亏，骗子被揭破的耻辱，这两种相反的痛苦，自己居然一箭双雕地兼备了”。[①] 到此为止，方鸿渐终于发现，无论“要脸”也好，“丢脸”也罢，都不如“厚脸”或“不要脸”。这一体会给他的做人方式带来了一次最沉重的打击。

方鸿渐的这种矛盾心理当然也反映在他的爱情问题上。他爱苏文纨是来自他社会体面的那一面，而他爱唐晓芙是来自他自然感情的那一面。而当他和孙柔嘉恋爱之后，则再不是表现哪一面的问题，而是孙柔嘉的人格迫使方鸿渐力图展示哪一面的问题了。孙柔嘉是中国文化塑造出的那种典型的文化女性。其特点是一心想嫁一个出人头地的丈夫，以使自己的一生可以处处沾光，处处以其丈夫为荣。书中在前面曾经交代，方鸿渐之所以没有看上美国洋行买办张吉民的女儿，是因为她有意要把丈夫当成女人的职业，而方鸿渐偏偏不愿自己在婚姻上成为女人的饭碗。但他怎么也没想到自己最后看上的女人正是这样一种女人。孙柔嘉把自己的命运之宝完全压在方鸿渐身上。当她发现方鸿渐不能为她争面子时，她频繁地抱怨起方鸿渐来。诸如，当方鸿渐不得志而想让赵辛楣给他另谋生路时，她说：“求他荐事，太丢脸了……三闾大学的事，就是辛楣荐的，‘替各系打杂，教授都没爬到，连副教授也保不住……’”[②] 当他们回到香港准备一同去看赵辛楣时，她说：“告诉你罢，他请客的馆子准阔得很，我衣服都没有，去了丢脸。”[③] 当他俩准备就地完成终身大事时，她却说：“我本来不想

---

① 钱锺书：《围城》，北京：人民文学出版社 1979 年版，第 209 页。

② 同上，第 284 页。

③ 同上，第 288 页。

在这儿结婚，这是你的主意，你要我那天打扮得像叫化婆么？”[①] 当他们终于成婚后，她的斥责更加直露，如：“我看见自己的丈夫给人笑骂，倒实在受不住，觉得我的脸都被剥光了。”[②]“像我这样一个又丑又穷的老婆，虽然讨你的厌，可是安安分分，不会出你的丑的；你娶了那位小姐，保不住只替赵辛楣养个外室了。”[③]“你为什么不早说？我还有脸到你家去做人么？”[④]“你不但本领没有，连志气都没有，别跟我讲什么气节了。小心别讨了那位女朋友的厌，一脚踢你出来……看你有什么脸见人。”[⑤] 这些话对一个越发感到面子重要性的方鸿渐来说，也变得越来越不能容忍，他开始还有所让步，说：“你说话留点体面，好不好？”[⑥] 但后来在和她分手之前说道：“你新学会泼赖不要面子，我还想做人，倒要面子，我走了。”[⑦] 因此可以说，书中的最后结局是方鸿渐的人格和社会冲突造成的。

三

其实，方鸿渐的这种人格两面性特征及其所具有的矛盾在书中一个不引人注意的地方有所暗示。它之所以不引人注意是因为这段文字是以方鸿渐的角度看别人，而非别人看他：

……鸿渐……跳上电车，看见邻座一对青年男女喁喁情话。

① 钱锺书：《围城》，北京：人民文学出版社 1979 年版，第 299 页。
② 同上，第 306 页。
③ 同上，第 308 页。
④ 同上，第 333 页。
⑤ 同上，第 356 页。
⑥ 同上，第 284 页。
⑦ 同上，第 358 页。

> 男孩子身上放着一堆中学教科书，女孩子的书都用电影明星照相的包书纸包着。那女孩子不过十六七岁，脸化妆得就像搓油摘粉调胭脂捏出来的假面具。鸿渐想上海不愧是文明先进之区，中学女孩子已经把门面油漆粉刷，招徕男人了，这是外国也少有的。[①]

方鸿渐的人物特征正和这段里描写的女孩子一样。在这个中学女孩身上，我们看到了她的自身属性和她化了妆的模样之间的不相称和对立，因此钱锺书说："这女孩的脸假得老实，因为决没人相信贴在她脸上的那张脂粉薄饼会是她的本来面目。"[②] 方鸿渐从为学中文出国，到搞假文凭，到被邀请演讲及在三间大学争教授等，也正如同中学女孩"搓油摘粉调胭脂捏出来的假面具"，有虚伪之嫌，但这个人物终究不会令读者把他和三闾大学的李梅亭之流相提并论，原因就在于方鸿渐的一身兼有的这两种格格不入的人格特点，还能部分地保存其诚实可爱之处，因此他的面子观还假得老实，还显示出方鸿渐自身有一种自然的、天真的及知耻的品格。但无论怎样也在中国社会中被无形地牵引到其人格的另一面上（父母的荣耀、丈人的体面、女性的追求、教授的光环）。方鸿渐夹在这两种对立面之中，正如钱锺书本人在谈起对这个人物的塑造时所说，方鸿渐是个"被动的主角"（things happen to him）。[③]

可是在书中的其他人物那里，这种人格上的对立和冲突却看不到了，换句话说，在他们身上更显著地体现出中国文化人的单面人格，即没有脸而要面子的人格。虽然书中的这些人物的性格及表现

---

① 钱锺书:《围城》，北京：人民文学出版社 1979 年版，第 59 页。

② 同上。

③ 见孙雄飞:《我们选择了艰难——谈〈围城〉的改编》，见解玺璋主编:《围城内外——从小说到电视剧》，北京：世界知识出版社 1991 年版，第 75 页。

并不相同，但作为一类，追求面子，而丧失其独立的个性和自然性是其共同特征。如方鸿渐之父（方遯翁）的光宗耀祖思想；方鸿渐丈人（周经理）对文凭地位的重视；张吉民对家世、头衔和排场的追求和一口的洋泾浜英语；曹元朗喜挂牛津、剑桥牌子；褚慎明喜谈和西方哲学家的无聊信件来唬人；董斜川的自负地卖弄；赵辛楣虽对人情世故圆熟，却仍然因和有夫之妇的散步而落得斯文扫地的下场；高松年的世故和假正经；李梅亭的西装革履和半箱文学卡片掩盖下的男盗女娼；顾尔谦的永久微笑；韩学愈的假文凭、假学问和用白俄妻子来做的伪装；汪处厚的不学无术却会做人的本领（诸如娶美女、做悼词、做媒、拉帮结伙）；陆子萧念念不忘在桌上放着寄给他的左下角印有“行政院”三个字的信封等等。这些言行的背后都受中国文化中的面子观的支配。这一层面上的面子观的含义就是这些“学者”用以证明学识的方式是名牌大学、学历文凭、留洋、职务头衔、职称地位、名气、资料卡片、名人书信、人际关系、家世、娶妻等，可所有这些恰恰体现出他们对自己某种缺陷的掩饰，以至于读书人的目的不在也不必在学识本身，而在于设法用其他方式来加以炫耀，以示体面。

四

用“搓油摘粉调胭脂捏出来的假面具”来暗喻中国文化人的面子观并非偶然，它同钱锺书《管锥编》中的这样一段文字相吻合：

> 《涣》：“忍丑少羞，无面有头。”按《泰》之《观》同；《剥》之《鼎》又曰：“泥面乱头，忍耻少羞。”今以抱愧含羞，为“无面见人”，古语亦然。……《易林》以“无面”承“少羞”，则意适相反，乃指无耻，不认羞，如《儿女英雄传》第七回之

> 言“没脸妇人”，即今语“不要脸”也。“少羞”而亦曰“泥面”。则如《西游记》第七九回之“泥脸子”，亦尤“泥壁”之“泥”，涂垩增附，即今语“厚脸皮”也。[①]

钱锺书的这一段文字正好说出了两种类型的人：一类是心中知耻而在行动上抱愧含羞，一类是心中不认羞而在行动上涂垩增附。以我们前面已经区分过的脸面观点来分析其中的区别，那么前者为要脸者，后者为要面子者。要脸即所谓要自己的本色，处处体现自己的本来面目，而要面子则是要一个本来自己没有，但一旦营造起来又能取悦他人的面具。钱锺书在《谈教训》一文中曾谓假道学是“不要脸而偏爱面子”[②]，正表明相当一批文化分子在中国社会情境的影响下，对前者的放弃而对后者的追逐。

脸和面子的区别是一种中国人在做人取向上的区别，即是行为层面上的。若站在哲学的角度来小心翼翼地分辨其差异，它们又可以理解成是钱锺书着力分析的方和圆的区别。有学者在分析“围城”的主题时指出，钱锺书让书里的主角方鸿渐姓“方”是暗示他能方不能圆。[③] 若将这一说法深入一步，就应该说方鸿渐的悲剧是体现在他本质上是方的却又不得不想圆的困境。如果说他名字中的“鸿渐”的“鸿”字在《周易正义》中表示他像一只水鸟，问题也并不在水鸟本身如何，而在它逐“渐”想变为陆地动物。这种意义上的“想”，先是他父母想，然后是他女朋友想，接着是他所处的社会想，最后是他妻子想，结果连他自己也想。这一步步的转变意味着中国现实社会不认同其性格中的“方”，而是认同其“圆”。那么钱锺书

---

① 钱锺书：《管锥编》，北京：中华书局 1979 年版，第 565 页。

② 钱锺书：《写在人生边上》，北京：中国社会科学出版社 1990 年版，第 57 页。

③ 赵一凡：《〈围城〉的隐喻及主题》，载《读书》，1991 年，第 5 期。

是如何论述方和圆的呢？所谓“方”者，“直立而不挠，素白而不污”。《荀子·礼论》：“法礼足礼，谓之有方之士。”《盐铁论·论儒》：“孔子能方不能圆，故饥于黎丘。”王充《论衡·状留篇》：“贤儒，世之方物也。”可以这样说，用儒家的理想人格来做人，就是在做方人。

方鸿渐在本质上的“方”，造成他在工作、事业、社交、恋爱、婚姻以及家庭生活上的失败。但这也不是说他一点也学不来“圆”。他在国外时迫于家乡父老的压力而骗取文凭就显示出他有几分圆的本领。再看他给县中演讲的开场白，也不得不让人觉得他有点滑头。他在一片掌声中这样开场：“现在鄙人还没开口，诸位已经满意得鼓掌，鄙人何必再讲什么呢？请诸位应该先听演讲，然后随意鼓几下掌，让鄙人有面子下台。现在鼓掌在先，鄙人的演讲当不起那样热烈的掌声，反觉到一种收了款子交不出货色的惶恐。”[①] 当然，他的这一点圆滑本领远不能和三闾大学学者“随世而转”的世侩相提并论，结果其命运必定还是“意广才疏，头方命薄”。可见这种矛盾人格及其转化正是方鸿渐的悲剧所在。而这种转化的完成则是中国文化塑造出的文化人格的悲剧所在，其意义表现为其主体性和批判理性的丧失而成为被动的文人。

面子观对中国知识者来说太平常，也太平淡了。正因为此，人们就像忽略空气一样无视它，但它对中国文化人的重要性恰也如同空气对人的意义一样。中国某部分社会、某类人正是在对它的追求中失去了自我，留下一副面具，不知这副面具的获得者什么时候又会意识到它的累赘，还自己一个本来的面目。

---

① 钱锺书：《围城》，北京：人民文学出版社 1979 年版，第 37 页。

“土政策”的功能分析：中国地方与组织领导的权力游戏

以上关于脸与面子的探讨是从中国人的做人策略方面来看中国社会的运作特征的。如果把中国人的这一行事理路放在中国人的优势群体上，则可以发现，由该群体所建立的制度背后，也充满着一些复杂的行事谋略。为了说明这一点，我这里选择土政策作为研究对象，来发现中国人的行动与制度之间的互动关系，即先以西方社会学中的特殊主义和普遍主义这一对概念为关照，来分析土政策在中国社会中的运作方式及其结果。

一、土政策的含义及其显功能

虽然土政策概念经常出现在报刊上和人们的言谈之中，但其含义却不很清楚。查阅有关的工具书，上面并没有这样的条目及界定。为了搞清它的来龙去脉，我们只能先回到“政策”本身的含义上来。政策，在中国的政治、经济、文化、劳动、人事、教育、日常生活等各个社会领域中起着相当重要的作用，乃至于我们怎么估价它在中国社会的意义都不过分。特别是当法制本身还不健全以及人们对现有的法的意识还没有增强，或者人们尚不习惯对其加以遵从时，人们主要按现有的政策办事，或期盼一些新的政策出台。

“政策”在多数工具书上一般指“政党或国家在一定历史时期为实现一定的纲领和任务而做出的关于行为方向和准则的指导性、规范性的规定，是遵循一定的政治路线和思想路线，根据国内外政治、经济、文化等各方面形势及其变化而制定的”。[①] 但关于它的体现形式，说法略有不同，如上述词条接着认为它“以决定、决议、规章制度、国家法律、法令、条例等为体现形式”。[②] 而其他词条解释认为“一些政策是法律的渊源之一”。[③] 我认为后者的观点更接近中国的实情，因为政策和法律分属两个不同的概念，其中一个并不能包含另一个，由于政策具有相当的阶段性、针对性和灵活性，因此它在一定程度上正好同法律的特性相对。只有当政策能被长期地稳定下来之后，它才有可能成为法律的一种来源。在西方社会科学词典中，政策（policy）可以有三层含义：“一是指人们在社区里交往时的意图，二是审时度势和决定采取适当行动，三是获取和投放资源。”[④] 中国的政策定义比较接近于西方定义中的第二层意思，而且带有国家总政策的含义。但从社会学的角度看，我认为第三层意思更符合中国一般政策的含义，因为任何政策的制定和实施在根本上都是同特定的利益相联系的，尤其是某一领域、某一方面的具体政策总是意味着对某一类社会资源的控制与分配。故在社会学意义上，所谓落实政策总能意味着相关人员可以按照一种规定来对照自己是否为其中的资源获得者。

政策之前加上“土”字，从政策的分类上看，在学理上或许表示它同公共政策相对，也就是说，它通常不具有广泛的适用性。从上层机构来看，“土”字的含义也可以表示最高机构下达的政策在一定意义上只是一个方针性的政策，由于考虑到下层单位的复杂性，

---

① 彭克宏主编：《社会科学大词典》，北京：中国国际广播出版社 1989 年版，第 415 页。

② 张光博主编：《行政学词典》，长春：吉林人民出版社 1988 年版，第 685 页。

③ 同上。

④ A. Kuper & J. Kuper, *The Social Science Encyclopedia* (London: Routledge & Kegan Paul, 1985), pp. 605-606.

一般不可能给出一套非常具体的、明确的和可直接操作的政策。而当它被传达到地方性机构时，方针也好，政策也好，开始在这里进行细则化，以便于个体成员实际执行。而从地方上看，无论是对上级的政策，还是因为本地区某一方面的需要（包括合理和不合理），都必须要有一套结合本地情况的规范性策略，而任何一种适合于当地情况而制定的政策，就能称得上是土政策。由此我们可以看出，虽然土政策种类繁多，制定和实施范围非常广泛，但其共有特点是：（1）它不是上面传达的政策的本身，而是相应于这些政策派生出来的且针对本地实情而形成的政策；（2）土表示了它只用于本单位，对其他单位不起作用（但可以参考借鉴）；（3）这一层面上的政策是可以灵活掌握的，并随时可以根据本地区或组织的实际状况增减或取消，而非规章制度那么固定或必不可少；（4）如果需要的话，可以在没有上级政策下达的情况下根据自己的需要而制定。总之，土政策可以说是在上级政策不具体或无法具体或还没有形成的情形下应运而生的。

这时，如果我们要给“土政策”下个定义的话，那它是指地方或组织根据上级的方针性政策或根据自己的需要，结合本地区或组织的实际状况和利益而制定的一套灵活、可变、可操作的社会资源的再控制与再分配准则，而这套准则对其他地方或组织没有效果。

从以上的定义中，我们可以看出中国地方上制定土政策的目的是十分明确的，其社会功能表现在：（1）它是最高一层的方针和政策在地方上的具体化和操作化，其制定的起因通常是为了同高层次的政策相适应。正如我国工具书上在提及政策与具体政策的关系时所说的：“政策有总政策和具体政策之分，具体政策是适用于某一领域或某一地方的行动准则，它受总政策制约并服务于总政策。”[①]（2）更

① 张光博主编：《行政学词典》，长春：吉林人民出版社 1988 年版，第 685 页。

好地指导或调整地方或组织内部的利益需要，具有引导、改善和维护当地或组织中成员的工作和生活的作用。（3）对个体的行为具有一定程度的规范作用，以调动他们的积极性，或改善他们的待遇，实现其地方或组织目标。（4）补法规和没有出台的政策之不足。

土政策的这四个功能是显而易见的。由于它体现了土政策决策者和被管辖成员所期望达到的目标，因此被看成是它的显功能（manifest function）。但功能分析方法的倡导者、美国著名的社会学家默顿（R. K. Merton）明确指出："如果社会学家只限于研究显性功能，他的工作算是什么呢？如果正是如此，他所要做的就是看看为了某种目的而建立的行为模式，实际上有没有达到这个目的。……如果社会学家只限于研究显性功能，他们的研究就被从事实际事务的人（工厂管理员、工会领袖，或纳瓦若的酋长，等等）所左右，而不是为理论问题所引导。但理论问题却是社会学的核心。如果社会学家的主要工作是研究显性功能，其关键问题则是：人们有意设立的行为方式或组织有没有达到它的目标？那么社会学家就变成一个日常行为模式的记录者。'评估'一词的意义就被从事实际事务的人和不懂理论的人所提出的问题所限定。"[①] 由此可见，社会学研究不能不注意显功能，但不能局限于对显功能的分析，其更为重要的任务是发现和探讨不为目标制定者和执行者所发觉，而事实上已产生结果或客观效果的潜功能（latent function），即研究社会行为的非预期的后果。

二、土政策：普遍主义抑或特殊主义

如果说土政策意味着决策者根据上级指示和本地的情况而对社会资源重新加以控制和分配的话，那么它就存在着用什么方式和标

---

① 伯特·金·默顿：《论理论社会学》，北京：华夏出版社 1990 年版，第 157 页。

准来加以制定实施的问题。这就自然会涉及土政策在特殊主义和普遍主义这对概念中的定位问题。依照这对概念的建构者帕森斯的观点：前者“凭借的是与行为者之属性的特殊关系而认定对象身上的价值的至上性”，而后者是“独立于行为者与对象在身份上的特殊关系而制定的规则”。[①] 由于帕森斯受到滕尼斯（F. Tonnies）关于乡土社会（Gesmeinschaft）和法理社会（Gesellschaft）之划分的影响，将这对概念放在社会系统的模式变量中来看待，因此这对概念也意味着是对传统社会与现代社会的划分。其中，特殊主义构成了传统社会的特点，而普遍主义构成了现代社会的特点。受此划分的影响，美国现代化研究专家莱维（M. J. Levy）对这对概念做了更细致的划分，他认为在普遍主义—特殊主义的范畴中包含了两个要素。一是切合性：指某个标准定得是否切合该成员关系的基本目的或这种关系所要协调的那种活动？二是社会排斥：指某人被拒绝参与某种成员关系是因为一些与他能力和成就毫不相干的社会分类原因。[②] 在许多西方社会学家眼里，中国社会是一个特殊主义的社会，因为从切合性上看，中国规范制度的标准定得同其组织成员没有什么对应关系，如评工资的标准是工作年限或岁数等，而非工作表现与成绩；从社会排斥上讲，中国社会的家族取向会阻碍人们对能力和成就的重视，如以亲缘关系或人情关系对成员进行分类。

但西方社会学家的这些观点遭到了一些中国学者的反对。其中较具代表性观点由余英时提出。他想证明的是这对概念不适于用来划分传统与现代或中国与西方，因为它们在任何社会都是并存的。他说：“以实际情形言‘特殊主义’和‘普遍主义’是任何社会中都

① T. Parsons and E. Shils, “*Toward a General Theory of Action*” (Cambridge: Harvard University Press,1950), p. 82.

② 丁学良：《现代化和不同社会的结构》，载《读书》，1985 年，第 8 期，第 109 页。

同时存在的现象，美国、英国同样有个人关系发生决定性作用的实例。以文化价值言，中国和西方都有最高的普遍原则，适用于一切个人。这在西方可以'公平'（justice）为代表，在中国则是'仁'（后来是'理'）的概念。"[①] 其实从学理上讲，余英时的实例并不能驳倒一种模式或取向，因为在价值层面上来看，以中国的仁来对应西方的公平，我们看到的恰恰是仁字的理念是特殊主义的，即是要求人讲究等差序列的。另一种较有影响的观点是由郑也夫提出的，他接受帕森斯的这种二分法，但对特殊主义的内涵进行了挖掘和辩护。[②] 不过上述这些争论均是思辨性的，而特殊主义和普遍主义在帕森斯那里指的是社会行为模式变量，因此它更宜于在制度和行为规范的层面加以识别。中国社会的中基层单位如此地热衷于制定土政策，就是一种很好的识别方法。

土政策再"土"，它也是一种政策，是根据上级方针政策或指示具体化和操作化的结果，这就决定了它含有超越行动个体之上的形式性特征，因此我们有理由认为土政策中所具有的普遍主义特征。但是，土政策之所以"土"，也有它的另一层含义。因为土政策在它的决策过程中总是根据当地的或某些人的特殊性而制定的，总是当地的领导层把上面所传达下来的政策和本地实际相结合的产物或根据本地需要的产物，所以其中就起了一种很重要的变化，即当他们把某种经过他们之手的政策，变成一种根据其自身需要制定时，它同时就具有了特殊主义的含义。基于这一认识，我们大致可以按照它们各自所含的成分把中国中基层的土政策分为三类：

一、基本贯彻型。它是指地方或组织的决策者以上级下达的政策为主，根据本地区或组织的情况，而将其具体化和操作化，以便

---

① 余英时：《从价值系统看中国文化的现代意义》，载《文化：中国与世界》，第 67 页。

② 郑也夫：《代价论》，北京：生活·读书·新知三联书店 1995 年版，第 41—56 页。

让其管辖下的成员对照执行。由于它不大考虑本地区和单位的具体情况，故土的成分不够，政策性很强，因而普遍主义的成分较强。

二、混合型。它是指决策者在制定政策时既不违反政策的基本精神或含义，也要照顾到他们要考虑进去的那些人，这里的考虑对象既可以包含他们自己，也可以是工作中的那些被其器重的人员，或者是不敢得罪的人员，或者是有靠山的人员，或者是同决策者有特殊关系的人员，或者是给予决策者好处的人员等等。在这一类型中，如果决策者一定要让政策照顾到一部分特殊人的利益，他们可以从这些人身上找到更多的特点来当作条例，这样的条例越多，带进来的人就越少。还有另一种考虑是决策者有意识地照顾那些社会资源相对匮乏的人，或对他们表示同情，而在符合政策含义的条件下，将政策向其倾斜。

三、自得利益型。它是指中基层的决策者在贯彻上级的或制定地方政策时，按照自己的或特定个人的切身利益来规定条例，而政策的变化也是随着其自身条件的变化而变化。这种类型的特殊主义成分很强。

在分析土政策的类型时，不宜用政策中是否有硬性条件来衡量上述两种成分所有的程度，因为无论哪种类型的土政策，通常都要有一些硬性的标准，而这些硬性标准的设定也都会有两种可能：一是如果这个标准是切合性的，那它是普遍主义；二是如果这个标准不切合，那它是特殊主义。如学校评职称时，用教学科研成果质量评估就是切合性的，用年龄或工作年限评估就是不切合性的。但在中国，通常的做法是这些标准既有特殊主义成分的先赋性的（ascribed）特征，也有普遍主义成分的获得性的（achieved）特征，如在上面评职称的例子中，这两个特征都重要。故无所谓看它的标准的切合性和社会排斥性的问题，也无法看出特殊主义和普遍主义的成分大小。再者，大凡有硬杠杠的地方，就会配有另一套特别条例，有通用的，就会加上例外的，以便把被切出去的但又不能切出去的人员作为特殊考虑的对象。

更值得注意的是，在现实社会中，当土政策开始实施时，它所设定的条件和标准在包含了既得利益者的同时总会带进另一部分条件相当的成员，进而让人们无法判断出决策者的动机是利己的，还是利他的，使得该土政策在实施中难以明显地表现出它属于哪种类型。因此，我认为土政策作为一个完整的制度所体现的特点既非特殊主义，也不是普遍主义，而是把两者巧妙地糅合在了一起。它避开了西方社会学家对中国与西方社会做的特殊主义和普遍主义二分法比较，成为很具中国特点的一种你中有我我中有你的（圆通）模式。

三、土政策的潜功能

从上面的分析中，我们可以看出，中国的地方性政策如果按照普遍主义和特殊主义的二元划分，在理论上讲本是可以有两种倾向的，一是基本上按照普遍主义的原则进行，形成第一种类型。这种类型在功能上也最有可能和上级政策保持一致，导致显功能中的一些主要特征。但这一类型在现实上会受到地方和组织排斥，因为这种宁缺毋滥做法既不符合结合本地实际的宗旨，也会对本单位利益有所损害；另一种是基本按照特殊主义原则进行的，形成第二类，但这又是同政策的本质和上级的政策完全相违背的，并极易造成上级的查处和下属的反抗。因此中国的土政策从制定的过程到实施是尽可能地体现出混合类型，它们或相辅相成，或名实分离，或貌合神离，或以特殊主义始、以普遍主义终。更重要的是混合型还具有包含另外两种类型的特征。这意味着，土政策中所体现的特殊主义和普遍主义不是在它的切合性和社会排斥上，而是它们在糅合之后所表现的不同作用上。这种类型的特征将表现为从普遍主义（参照上级政策）→特殊主义（本位主义的考虑）→普遍主义（表面公正）的一个完整过程。

这一过程首先是指地方或组织决策者从上级那里或从本地的需要出发，获得建立土政策的机会，并且在方向上不同这一出发点相违背，然后在这种普遍主义的保护下根据决策者所圈定的那些人的特点制定政策。这就造成该政策总是对团体中的少部分人或特定范围内的人有利。它使那些同决策者意图相关的人从中获得资源的同时，使另一部分人产生相对剥夺感。但无利可享的成员也并不会因此而不满，因为他们认为既然是一种政策，又不是哪一个人说了算，那就必须承认它的合理性、公正性和至高无上性。最后产生了形式上、表面上的公正，即形式主义。

如果我们上面的分析可以成立的话，那么就会引出一个权力限度的问题。因为只要上级下达的一种方针政策不必直接贯彻，而需要经过中基层组织领导之手重新制定才能操作，或者他们可以直接制定政策，那么其权力就会扩大。根据布劳的社会交换理论，权力的形成依赖于如果甲方拥有乙方需要的资源，而这些资源是乙方获取的唯一渠道[①]，就会导致甲方对乙方拥有权力。假如地方或组织在处理政策问题上的功能是以贯彻和执行为主的，那么这种权力就会被限制。现因上面政策不够具体或无法具体或没有产生，要求各地方或组织结合本单位的实际情况来制定和落实，这便导致了上级的政策只能提供资源，却由地方或组织决策者来控制资源，结果便是地方或组织的权力急剧扩张。这里产生的一个重要命题：政策制定中的普遍主义原则导致权力的有限性，而特殊主义原则导致权力的扩张。也就是说当上面的一种政策需要让他来重新界定时，他的权

---

① 彼得·布劳:《社会生活中的交换与权力》，北京：华夏出版社 1988 年版，第 140—146 页。

力就会上升，而当上面的一种政策只需要地方或组织的领导传达执行时，其权力就会下降。因此，一旦地方或组织领导希望能强化和提升其权力，他们就会倾向于尽可能多地使用土政策中的特殊主义成分，而减少普遍主义的成分。再者，就土政策的含义而言，其可变性、临时性等都使它在操作上不像法规那么清晰，即土政策允许存在一定的模糊性，或出现一些模糊的边界。但这种模糊性对决策者来说是相当有利的，这样一来他们就拥有了对他们自己制定的政策的解释权，从而表现为文字上的普遍主义和解释上的特殊主义。他们可以面对不同的对象做不同的解释，而他们越解释，他们的权力也随之越大。结果，土政策造就的通常是一手遮天的"土皇帝"。

随着这种地方威权主义的扩张，土政策的性质开始发生变化，其特点是它已经从无论如何都是所谓的"政策"转移到了无论如何都是"土的"上来。这时的"土"字含义也更加丰富，它除了前面的意思外，还有三层意思：一是表示土政策在形式上可以是贯彻上面的指示和精神，但在实际上是运用自己的权力对社会资源做灵活的处置。二是当土政策在形式上和实质上发生分离后，它对上已成为一种只求可以交代过关的东西，而事实上成为一种对应于上面政策的对策，即所谓"上有政策，下有对策"。三是就下属成员而言，其内涵均由政策的掌握者来加以诠释，诠释的结果便是"说你行，不行也行，说你不行，行也不行"。

土政策在制定和实施过程中导致的权力的形成或上升，会引起下属的反抗心理或行为，因此这种无限扩大的权力仍需要合法化。布劳认为，权力的合法化主要是通过社会赞同来实现的。[①] 但我这里提出的地方性权力扩张同社会赞许关系不大，因为这种权力是自上而下的，而非自下而上的。因此，地方或组织权力的合法化可以在

---

① 彼得·布劳：《社会生活中的交换与权力》，北京：华夏出版社1988年版，第26页。

土政策制定与实施过程中，通过三种策略得以实现：（1）用土政策具有的形式上的普遍主义成分来确立权力上的合法性；（2）用政策里含有的特殊主义成分让那些具有反抗或不满倾向的人获得资源；（3）用平衡性原则[①]让没有获得资源的人感到资源人人有份，不过是个时间问题，或资源的种类略有差异的问题，而不是得到得不到的问题。由此造成处于土政策管理之下的成员要么形成巴结权威、搞好关系式的人格，要么形成逆来顺受性的人格。[②]

由此可见，土政策的潜功能可以表现为：（1）对政策中涉及的相关资源施以有力的再控制和再分配，使原有的政策含义发生变化，社会资源的流向可能和政策的本身要求不符，只同制定土政策者的意图相符，导致地方或组织权力的扩张。（2）形成和上面政策相对立的"对策"，即成为一种地方性策略，它既能对上级部门交代过关（形式主义），也能对自己有利（本位主义和地方保护主义）。（3）地方或组织决策者在当地具有至高无上的权威性，而成员也认识到只有无条件地顺从权威者，或同他们达成良好的人际关系，他才可能获得一定的利益。在土政策中产生相对剥夺感的成员一般只认为自己先赋性或获得性方面的条件不够，而不怀疑该政策中具有的特殊主义策略，形成认倒霉性的或忍从性的人格。（4）造成许多社会成员曲解国家政策，导致个人同国家政策之间的对立情绪。

我可以毫不夸张地说，在当今中国社会，凡是最高决策层有方针政策出台，就会即刻在各个地方或组织中产生相应的五花八门的土政策，计划生育、结婚登记、办理城镇户口、农民工进城打工、住房分配、离退休待遇、教师工资待遇、入党提干、选拔人才、报

---

① 翟学伟：《中国人际关系网络中的平衡性问题：一项个案研究》，载《社会学研究》，1996年，第3期。或参见本书第三部分的第一篇。

② 参见翟学伟：《中国人的面具人格模式》，载《二十一世纪》，1995年，12月号。或参见本书第二部分的第一篇。

考研究生、出国进修、就近入学、毕业填报志愿、生老病死、设路卡、摊派等等，就不用说一些上级还没有出台而下面已经定出的土政策了。如果我们假定土政策对社会资源的控制和日常生活的制约是全方位的，那么也就意味着地方和组织上的权威是扩张的、泛化的、无处不在的，它为决策者提供了各种社会交换的可能性。[①]

四、土政策功能需求的社会类型

中国的土政策能够如此大行其道，从政策的出台方式来看，由于中国需要治理、调整、完善的地方太多，而且法律又不健全，所以不但暂时需要政策来补充法律，而且需要众多的政策来解决许多当务之急。但各领域的最上层决策者在决策过程中又会感到中国的中基层社会太复杂，把政策搞得过细恐怕会适得其反，因此倾向于宜粗不宜细，希望中基层单位根据本地的实际情况来落实执行。但这不过是土政策形成的一个契机，并不是出现这一现象的根本所在。

从宏观的社会控制力角度看，土政策盛行的根本原因在于目前的中国人生活处于两头小、中间大的格局之中，即国家政府和个人小，地方或基层组织大。也就是说中国人基本上是依赖于他的单位或地区来维持生计的，而非依赖于国家和自己来维持生计的。国家制定的各项法律、法规、法令、方针、指示，哪怕是具体的规定等对中国的老百姓均有“天高皇帝远”的感觉，人们可以借助于各种大众传媒获悉它们。但这除了表示自己关心国家大事或大政方针外，人们并不能直接依此行动，更何况，中国人这时更相信的是“县官不如现管”，并认为自己如果没有了基层组织单位，那就意味着他一

① 参见张宛丽：《非制度因素与地位获得——兼论现阶段中国社会分层结构》，载《社会学研究》，1996 年，第 1 期，第 67 页。

无所有。因此对中国人现代生活而言，最为重要的就是他所要依赖终生的地区和工作单位对他的各种待遇如何。在这种社会格局中生活的人，土政策的作用是怎么强调都不过分的。

如果我们用此社会格局来同计划经济体制下的社会格局相比较，就可以发现计划经济体制的社会格局是中央集权性的，这种格局对社会成员生活的影响方式是一头大，两边小。大的一头是中央政府，它基本上将所有的一切社会和生产资源都控制在手中，然后根据计划分配给个人，从口粮到布匹，这时的地方组织基本上只起一个二传手的作用，它本身是没有什么力量来控制资源或产生自己的土政策的，所以它的职能是完全地贯彻和执行上级的各项指示、路线、方针及政策等。同时，人们的思考方式也是由大到小：国家→集体→个人。而在一个完全市场化的社会，其社会控制力对人生活的影响方式则是两头大、中间小的格局。小的一处是地方机构和工作单位，大的两头是国家和个人。在这种社会里，当国家制定出法律或政策后，个人的活动空间非常大，具有很强的自主性和流动性。他们依据的是政府条文（法律或公共政策），依赖的是他自己能力，而非他所在的单位，没有了这种对地方或组织的依赖性，土政策也就没有了意义。

可见，当中国社会由计划经济向市场经济转型的过程出现后，社会格局对其成员的影响方式开始由一头大，两边小的模式转变为两头小中间大的模式。后面这种社会结构在形式上有点接近于梁漱溟曾经对传统中国社会所做的分析。梁漱溟认为中国传统社会重视家庭生活，而缺乏团体生活，个人因此也融入到家庭生活中去，形成一种两头小，中间大的图式，而西洋社会重视集团生活，个人在其中有和集团相对立，却不重视家庭生活，因此是一种两头大，中间小的图式。[①] 见下图：

---

① 梁漱溟：《中国文化要义》，见《梁漱溟全集》，第3卷，济南：山东人民出版社1990年版，第80页。

图例说明：

1. 以字体大小表示其位置之轻重
2. 以箭形线一往一复表示其直接互相关系
3. 虚线则表示其关系不甚明确

图 2–3

如果以梁漱溟的这一观点来看今天中国社会与中国人的变化，那么中国人的生活的单位结构虽然在形式上与梁氏的图式很相像，但在内容上却有了本质的变化。此时的家庭单位经过新中国成立以来的改造与发展，已没有了过去那么多的重要功能，但这些功能却让给了基层机构和工作单位，而原先在传统社会相当重要而发达的乡规、宗规、族规、家法等也相应地变成了地方和组织中的土政策。总之，当中国人的生活单位由家庭转变成街道、乡镇、工作单位后，原先农耕社会中家族规矩也就相应地转化为了土政策。而由于这样一种转变在文化的深层结构上是同中国传统生活方式存在着相当程度的吻合性，因此中国人也能适应这样一种社会构成方式，反倒是不太能适应"一头大，两边小"的计划经济模式或"两头大，中间小"的市场经济模式。

很多中国人在价值判断上把土政策看作一种不好的社会现象，是因为他们在此政策下产生的相对剥夺感造成的。但由于它在深层结构上体现了框定在这种社会格局中的人反过来对现实社会的需要，结果人们在事实上并不能离不开这种随意性、灵活性、临时性较显著的行为准则。因此土政策，无论其功能上的显性和潜性等，都将同传统的道德观念和现代的法律意识一起，各自对地方和组织生活与工作秩序起着规范、控制与维系的作用，而就目前的社会格局而言，土政策在此方面作用或许还会超过另外两者。

五、结　论

通过以上的分析，我认为，土政策本源于对最高政策的具体化和补充，但由于它在制定和实施的过程中采取了将特殊主义和普遍主义两种成分相混合的策略，使得地方或组织的政策制定者在形成其权力合法化的同时，非但没有受到限定，反而随之无限地扩张。结果，地方或单位的权力越大，国家政府和个人的能力就越小。在这种权力的控制下，土政策在内涵上可以被转化为一种对策，具有上对付上级，下对付下属或百姓的功能，并能消解掉由此引起的反抗心理或行为，形成社会成员的人情式的和忍从性的人格。而这一切又同我国经济体制转型时所发生的宏观社会背景相契合，它显现了个人对处于一种两头小中间大的社会格局中的社会需要。总之，土政策的制定和贯彻的过程就是一个地方或组织的领导者扩大或滥用权力的合法化过程。

最高层的政策在任何时候都是为完成特定的目标而确立的，它需要具体的政策将其贯彻落实。但如果它造成地方、部门、组织能依此无限扩大自身的权力，形成种种对策，就会在相当的程度上偏离或破坏上述目标的实现，在产生表面繁荣的同时，引起社会整体性的失范。当然，由于土政策作为政策中的一种类型，本身又对本地区或组织具有控制力，因此这种失范也具有长期的潜在性，它只有在一定的机会中才会表现出来。这或许是土政策诸种社会功能中所隐含的但又最值得我们重视的问题。

中国人的价值取向：历史性的分类及其转型中的问题

本土的概念研究不但可以是寻求一个日常概念来进入本土社会，而且还可以在中国社会历史或文化背景中来寻求一种本土概念的分类，而这种分类本身也可以同西方相关的分类做比较，以此发现两者分类逻辑的差异以及概念的形式性和内容性之间所存在的诠释性差异。

一、价值、价值取向及其研究

价值是人的社会才具有的一种社会心理现象，它是人们在社会生活中对各种事物、现象、活动等所做出的认识、理解和解释，也就是它们的意义所在。价值在最基础的层面上表现为人对主观或客观所下的一种定义，比如红色原本不过是自然色谱中的一种，但当我们说红色是喜庆的意思时，这里的红色就被赋予了欢快热闹的价值；再比如人性是人对自身本性的假定，但如果我们说人性本善（恶），那就等于我们给这个假定赋予了一种良好（罪恶）的价值。以上这一层面的价值所反映的是人的社会同动物世界的本质区别，也就是社会具有动物界所没有的文化（价值）特征。但就人的社会本身而言，价值集中体现的是人们在认知、看法、观点、态度、信仰中所透露出来的倾向性及其特征。比如虽然人都有认识能力，但这个地方的人为什么要这样认为，而不那样认为？他们为什么相信这个，而不相信那个？这里就引出了一个问题，什么事物对什么人来说是值得的或不值得的。文化人类学家克拉克洪（C. K. M. Kluckhohn）由此认为，价值是一种外显的或内隐的，有关什么是“值得的”看法。[①] 值得与不值得意味着人们在认识上面对各种事物现象所做的抉择或所寻求的行动方向，这就是所谓的价值取向。可见价值取向往往是通过选择或比较来确定的。

虽然价值取向同个人的选择有关，但这并不表示价值取向具有非常丰富的个别性。众多的研究显示，影响一个人做出什么样的价值选择，更多的因素是同他所处的社会文化体系有直接关联。这里的一个相关问题是，要想研究人的价值取向，必须涉及这个人所处的社会文化是什么。历史的经验告诉我们，任何一种社会在一特定时代都存在着某种主流文化。主流文化的形成同当时的统治者的重视、大众的心理认同、社会的风气及人的信仰等有复杂的关系。无论何种原因，当一种主流文化在帮助和引导人们做出自己的价值判断和选择时，这种价值取向就可以称为价值导向。

价值内涵上的丰富性、多面性和系统性构成了社会上的一种价值观，它成为人文和社会科学家们关注的一个重要问题，有学者指出，价值观中最核心的问题就是人怎样活才能幸福的问题，[②] 即人的幸福观。但显然不同的社会文化中的人对幸福的认识和解释完全可以不同。可见，任何有关价值取向和价值观问题的研究都将从一个侧面反映出一个社会、民族的思想观念、文明状况、国民性格等一系列重大问题。

关于价值取向和价值观的探讨，最早的经验性研究出自文化人类

---

① C. K. M. Kluckhohn, “Value and Value Orientation in the Theory of Action: An Exploration in Definition and Classification”, In *Personality in Nature, Society, and Culture*. T. Parsons & E. A. Shils (Eds.) (Cambridge, MA: Harvard University 1951).

② [加]克里夫·贝克：《学会过美好生活》，北京：中央编译出版社 1997 年版，第 6 页。

学中的文化与人格学派，但当时的研究比较关注那些未开化的民族和部落。从 20 世纪 60 年代起，不但这一类研究的学科领域有所拓展，如社会学、心理学、社会心理学等都开始关注这一问题，而且许多学者开始将研究目光转向了现代文明社会，诸如许烺光对中国、美国、日本、印度等进行的文化比较研究，[①] 英克尔斯（A. Inkeles）开展的跨国性的人的现代化研究，[②] 法国学者斯托策尔（J. Stoetzel）等人实施的欧洲九国价值观念的研究，[③] 日本学者千石保对当代日本青年价值观念，即“新人类”的研究[④] 等。中国的价值取向和价值观研究最早是在 20 世纪初一些思想家、哲学家那里进行的，他们的这些研究往往是在较抽象的层次上来讨论中西文化的根本差异，而非经验研究，这种现象一直持续到改革开放后的 80 年代再一次掀起的东西方文化大讨论。但进入 80 年代中期特别是 90 年代，中国的社会学家和社会心理学家开始了这方面的实证研究，比较大型的研究有：沙莲香主持的“中国人民族性格和中国社会改革”（1986），[⑤] 黄希庭等进行的“我国五城市青少年学生价值观调查”（1989），[⑥] 中国社科院社会学研究所主持的“当代中国青年价值观演变”（1993），[⑦] 景怀斌主持的“中国城市人的居民文化素质研究”（1995），[⑧] 国家体改委定期做的“社会心理调查”，[⑨] 中国

---

① 参见许烺光：《美国人与中国人》，北京：华夏出版社 1989 年版；《宗族·种姓·俱乐部》，薛刚译，北京：华夏出版社 1990 年版。

② 阿列克斯·英克尔斯：《从传统人到现代人》，北京：中国人民大学出版社 1992 年版；《人的现代化素质探索》，天津：天津社会科学院出版社 1995 年版。

③ [法] 让·斯托策尔：《当代欧洲人的价值观念》，北京：社会科学文献出版社 1988 年版。

④ [日] 千石保：《日本的“新人类”》，上海：上海社会科学院出版社 1989 年版。

⑤ 沙莲香：《中国国民性（二）》，北京：中国人民大学出版社 1992 年版。

⑥ 黄希庭等：《我国五城市青少年学生价值观的调查》，载《心理学报》1989 年，第 3 期。

⑦ 中国社会科学院社会学研究所“当代中国青年价值观演变”课题组：《中国青年大透视：关于一代人的价值观演变研究》，北京：北京出版社 1993 年版。

⑧ 景怀斌等：《人的文化素质与现代化》，北京：人民出版社 1995 年版。

⑨ 孙立主编：《转型期的中国社会》，北京：改革出版社 1997 年版。

社科院社会学研究所社会心理研究室的“转型时期社会心态研究”等。另一方面，台湾学者的讨论主要是伴随着80年代以来社会科学本土化的研究而逐渐深入的，他们的主要研究成果分别收集在杨国枢主编的《中国人的性格》《中国人的价值观——社会科学观点》《本土心理学研究》[①] 和杨中芳、高尚仁主编的《中国人·中国心》[②] 等书中。

在中国人的价值取向研究开展得越来越多、越来越精细之际，随之而来的问题是我们已有必要对中国价值取向做一种宏观上的历史性梳理，因为一来目前的研究尚缺乏一种历史的角度，进而使我们对中国人价值取向也缺乏一种脉络性的了解，二来中国人在历史过程中形成的价值类型及其转移也具有相当的清晰性。出于这一点考虑，本篇在此想对中国人的价值取向中的类型和转型问题做一番粗线条的勾勒，以期我们能从历史的角度看到中国人价值取向变化的轨迹及其历史所留给我们的问题。

二、划分中国人价值取向类型的缘由

在西方价值观研究中，大约有两大方面的类型划分对中国学者有比较大的影响，一类是维度上的划分，例如英克尔斯首先将人分成传统人与现代人两个维度，然后通过对新经验、变革取向、意见的增长、信息、时间性、效能、计划、信任感、专门技术、教育与职业意愿、了解生产等12个变量的测量来衡量人的现代化程度。[③] 又如豪斯塔德（G. Hofstede）通过对40个国家的研究，确定出四个

---

① 杨国枢主编：《中国人的性格》，台北：桂冠图书公司1988年版；《中国人的价值观》，桂冠图书公司1993年版；《本土心理学研究》，桂冠图书公司1993—1996年，共6期。

② 杨中芳、高尚仁主编：《中国人·中国心》，台北：远流出版公司1991年版。

③ 阿列克斯·英克尔斯：《从传统人到现代人》，北京：中国人民大学出版社1992年版；《人的现代化素质探索》，天津：天津社会科学院出版社1995年版。

价值观的维度。它们是权力距离、避免不确定性、个人主义与集体主义、男性或女性气质。[①] 还有一个被广泛使用的维度划分是借鉴了帕森斯的社会行为模式变量而形成的，即普遍主义或特殊主义、分析或整合、个人主义或集体主义、内部导向或外部导向、依序处理或同时处理、赢得的地位或赋予的地位、平等或阶层等七个向度。[②] 这样的一些划分对中国或东方社会学者的影响主要是，要么在传统和现代二维中寻找中国人的价值取向，要么集中在个人主义与集体主义维度上对中国人的价值取向做最后的归因。如许多中国学者都认为中国人的价值取向处在传统或集体主义的一端上，以此同西方社会价值观相对立（关于这一点，我将在本书第四部分第二篇“中国人在社会行为取向上的抉择”中详加讨论）。

另一类是内容上的划分，一般比较典型的分类是将价值观分成六种，如认知的、道德的、经济的、政治的、审美的和宗教的；也有经济的、道德的、审美的、工艺的、仪式的和社团的；还有一种比较流行的划分是经济的、理论的、审美的、社会的、政治的和宗教的。特别是最后这种划分不但对西方价值观的量表设计产生了广泛的影响，而且对中国学者的价值观测量取向也具有不可忽视的影响，后者的影响不但表现在中国学者为符合国情时在修订中所造成的类型混乱上，还表现在中国学者是不知不觉地在西方学者设定的价值观念框架中来认识中国人的价值观的。[③]

我不否认中国学者借用西方分类所做的研究具有同西方价值观上的可比性和可以探求一些人的基本价值取向上的共同特点。但这样研究的不足之处是它们多少同中国历史相脱节，或者说关系不大，

---

① 参见杨宜音：《社会心理领域的价值观研究述要》，载《中国社会科学》，1998 年，第 2 期。

② 查尔斯・汉普登－特纳等：《国家竞争力——创造财富的价值体系》，海口：海南出版社 1997 年版，第 12—13 页。

③ 参见杨宜音：《社会心理领域的价值观研究述要》，载《中国社会科学》，1998 年，第 2 期。

结果想通过这样的价值观念研究来看中国社会的政治、文化、教育、经济等方面的问题在哪里，也就变得比较模糊，例如中国人的价值取向在不在集体主义这个向度上，本身就是个问题；[①] 再比如，中国人的价值取向是不是六种？如果是六种的话（无论是上述的哪六种），那么中国人的价值取向是不是同它们相吻合？因此我认为，与其用西方价值取向的分类来解决中国人价值观类型划分，不如从中国历史的脉络中来实际地寻找，这样会使我们发现中国人价值取向类型的特点和变化的轨迹。

三、中国人价值取向的类型及其转型

根据中国社会历史发生与发展所走过的上古、中古、近代、现代和改革开放以来，我初步将中国社会的价值取向现实地分为：宗教意识取向、伦理取向、文化取向、政治取向及经济取向。这样的划分并不是要获得一种价值观外延上的逻辑关系，而是说中国人在价值取向上客观地经历过这些类型上的转变。

（一）宗教意识取向。宗教意识取向并非上面的宗教取向。宗教取向在较严格的意义上是指某一宗教的信仰者依照该宗教组织的教义和要求所表现出来的心理和行为倾向。但中国人的宗教意识取向更多地具有迷信的含义，它是由于人们面对自然变换、动物与人的关系、灵魂现象等所表现出的困惑和敬畏，而在一般的大众心理上产生的类似于宗教的那些思想、感情与行为。中国人的宗教意识可以追溯到中国有文字记载的年代，也就是殷商时代，其决定性影响一直持续到春秋时代。在这一时期，中国的先民产生了各式各样的原始崇拜。在这一取向的指导和推动下，中国人当时形成的最为重

① 参见翟学伟：《中国人社会行动的结构》，载《南京大学学报》，1998 年，第 1 期。

要的两种价值体系是占卜和天命说。前者主要在中国日常社会中流行，像什么生老病死、婚丧嫁娶、出门建房都要问卜，若想预知自己的祸福情况时也要了解先兆；而后者为统治者所重视，统治者最早的天命思想是把天当作人格神，即把天作为对人实行统治的帝来看的。西周之后，统治者更多地开始寻求自己的成败同天命之间的关系。他们通常在观念上希望把自己合理化为受天的指令来实行统治的人，反之，自己的灭亡也是天意，这时的天的含义已经从天帝转向了天运和命运。由于占卜和天命本身在内在逻辑上的相通性，因此那时的中国人在价值取向上都有命定、认命、算命的倾向。

（二）伦理取向。伦理取向的出现大概要从春秋时代开始一直持续到1840年的鸦片战争前。这样划分的理由是虽然周朝时期社会制度已经有了重大的变革，周礼的出现和完备也具有了伦理的倾向，但真正将中国社会引向伦理方向的应是处于春秋时代的孔子及其学说，另外，我们也有理由认为所谓持续到鸦片战争之前不是说伦理问题在鸦片战争后就不重要了，但我们在下面的讨论中将会发现，鸦片战争之后中国人所面临的问题已同这一时期大不相同。

从当时的情况看，孔子是为了恢复周礼而建立了他的学说，但从历史的角度来看，这套学说为中国文化和中国社会开辟出了一条新路。就儒家当时面对中国人已有的宗教意识取向问题，孔子一方面采取了对怪、力、乱、神等存而不论和对天命观敬而远之的态度，另一方面将其重点转向了人的本身。孔子认为人是通过“仁”的概念来体现的，其重点就是对礼的强调。如果一个人在实践中做到了这一点，他就是一个君子，如果做不到，就是小人。虽然区分君子和小人的标准很多，但一个被反复强调的问题就是君子喻于义，小人喻于利的观点。当然，义利观不是孔子思想的全部，不过后来的儒家学者们看到，对这个问题的讨论将是解决中国人价值取向的关键，如二程说：“天下之事，惟义利而已。”（《遗书》卷十一）朱熹

也说："义利之说，乃儒者第一义。"（《与延平李先生书》）

在中国历史上，义利之争既表现为学派之争，也体现为概念之辩。早在先秦时期，主要的争辩焦点是义利的对立或统一，儒家是对立派，认为义即是道义，是孝顺、敬长和等级规范，也就是他们所说的仁、礼等伦常，而利是人的私欲、私心。因此在儒家看来，一个人如果追求自己的私利就会违背或断送他们建立起来的大义，因此义的问题是人之所以为人的问题，无论何时何地，人都应重义轻利。墨家是统一派，其基本思想是义利并不矛盾，义就是利，这个利是天下之利，是公利，因此实现了利，也就实现了义。由于这一思想是基于墨子的兼爱思想提出来的，实际上就同儒家强调的伦常秩序发生对立，因而受到儒家的斥责。但单从利义关系上来看，儒家和墨家是貌离神合的。另一个同儒家的义利观较为冲突的学派是法家，他们直接用"重利贱义"来同儒家思想对立，但仔细辨认法家的义利观，我们发现法家所重的利主要是指功利中的公利，这点又同儒家具有了内在的一致性。特别是当儒家在汉代取得了独尊地位之后，以后的历朝中已少有观点能够与此抗衡，[①] 所以我们可以做出这样的一个结论，中国人在相当长的时期里在价值取向上有倡导义、压制利的倾向。

（三）文化取向。我在上面提到，文化即是价值，它涵盖了一切各种不同的价值取向，因而将文化本身作为一种价值取向来分类是不太合理的。不过，这种观点是从文化的含义上来说的。从中国的历史发展进程来看，鸦片战争以后，由于西方文化的侵入及其在科技和制度等方面所表现出来的强大优势，中国文化进入了一个整体危机的阶段，这时中国人在价值上面临的选择已不再是要中国传统文化中的哪一家、哪一派或是哪个人的观点的问题，而是要中国文

---

① 详见张国钧：《儒墨道法义利论的历史命运》，载《学术论坛》，1992 年，第 4 期。

化还是西方文化的问题，这就是文化取向在中国人的价值转型中能够成立的理由。这种选择一直伴随着西方的马克思主义进入中国并在1949年取得了革命的胜利才告一段落。

中国的门户被迫打开后，中国人在东西文化冲突上的认识走过了一个从技术、制度到思想的过程，这相当于我们在文化分类上的物质文化、规范文化和精神文化的划分。中国历史上的洋务运动代表了第一阶段，这一阶段中国人普遍接受的口号是“中学为体，西学为用”，即冯桂芬提出的“以中国之伦常名教为原本，辅之以诸国富强之术”。中法战争和中日战争的失败，使中国先进的知识分子看到中国传统制度上的弊端，在康有为为首的一批维新志士的推进下，维新运动在中国主要省市普遍展开，报纸、杂志、学堂、学会等都鼓吹维新变法，使之成为当时最重要的社会思潮。虽然戊戌变法最后还是以失败而告终，但西方文化对中国知识分子的重大影响已经不可能消除，可以说辛亥革命正是中国知识分子用西方的政治制度融合中国实际来改造中国的一场革命。然而西方政治体制在中国的确立并没有挽救中国，时至“五四”新文化运动的到来，中国知识分子最终开始了一场最彻底的反传统思想的新文化运动，李大钊、胡适、陈独秀、鲁迅等中国新文化运动的代表高举科学和民主两面大旗，对中国传统思想进行了最猛烈的抨击和否定，与此同时，诞生于西方的马克思主义通过俄国传入中国，许多知识分子在多次的文化论战中最终接受了马克思主义。

还有一点值得注意的是，我这里所说的文化价值取向还不仅反映在当时先进知识分子的言论与行动，国家的科技进步、制度建设和社会上新学堂的出现、新闻舆论的传播等方面，也反映在西方宗教对中国民间的渗透与冲突这一问题上，当时不但众多的西方传教士进入中国传教，办教会学校、教堂和搞一些慈善事业，而且中国民间的许多社会和政治革命也同此有关，如太平天国运动就是在基督教思想影响下产生的，又如义和团运动则是中国人利用中国文化中原有的宗教意识来反对和抵制基督教文化直至整个西方文化的一次大规模武装运动。

（四）政治取向。马克思主义在中国的胜利意味着中国人将用其作为一种指导性思想文化来衡量任何其他的思想文化，这就导致了另一种价值取向在中国社会中的全面展开，即政治取向。政治取向在当时的中国就是“以阶级斗争为纲”的价值取向。作为一种价值观念，它主要是指人们在一切社会领域都要突出政治，人们的一切生活都要被笼罩在政治的气氛中，以及社会、经济、文化、教育、卫生乃至日常生活的一切都要用政治标准来衡量。这一时期的政治运动一个接着一个，将中国人的“政治思想”和“政治觉悟”推到了顶峰，也普及到了极至。当时的中国人被要求力图用政治方向来思考和解决一切，用领袖的话来诠释一切，用当时的流行语言来说，也就是“政治挂帅”。这一过程可以从1949年后土改中的阶级成分划分开始，中间历经的小运动不算，大运动大致有三反五反、反右运动、“大跃进”、人民公社、“文化大革命”、“批林批孔”、粉碎“四人帮”，直至十一届三中全会结束。

在这30年间政治环境中，中国人政治取向上的表现是多种多样的：如有一家人因政治见解不同而划清界限或离婚的，有每天都要对领袖像早请示晚汇报的，有要表达什么得先背诵红宝书的，有说话不慎就成了现行反革命的，有半夜起来欢呼最高指示发表的，有忙于刷标语搞大批判的；下放劳动、抄家、武斗、大串联、贴大字报、开批斗会、忆苦思甜等是人们多少都参与过的政治活动；人民公社、革命委员会、红卫兵、红小兵、插队落户、五七干校、宣传队、向阳院等是不同年龄、不同职业的人所投身过的地方。作为政治取向的确立，当时的政治标准也很多，主要有两条路线的问题、唯物和唯心的问题、左派和右派的问题、无产阶级和资产阶级的问题、社会主义和修正主义的问题、革命和反革命的问题、家庭是什么出身的问题、政治履历上是否清白的问题、“四旧”和“四新”的问题、“红”与“专”的问题，乃至政治上积极不积极的问题等等。政治取向带来的后果是中国人要将所有心理和行为都拿到政治上来上纲上线，阶级斗争被要求年年讲、月月讲和天天讲。

（五）经济取向。1978年底，十一届三中全会的召开宣告了中国政治运动的结束和党和国家的工作重点向经济建设上的转移。中国经济体制改革最先是从农村开始的，家庭联产承包责任制首先让广大的农民得到了实际利益，相当一批农民率先成为中国富起来的人。伴随着农村经济体制改革的成功，城市经济体制改革也开始启动，政府机关、国有厂矿企业、国营公司、大专院校等都在这一改革过程中以经济建设为中心进行着体制上的转轨。特别是当社会主义市场经济的提法在中国确立后，中国社会开始用市场运行规律来促进经济建设的发展。对外开放，对内搞活已成为实现中国经济持续发展的基本原则，也创造了世界经济发展史上的一个又一个奇迹。经济发展带来的结果是个人经济利益的觉醒和人们对经济现象和经济行为的关注与投入。① 第二职业、下海、经商、打工、开公司、房地产、搞股份制、当经纪人、纳税、拉赞助、做个体经营者等，都是人们热衷谈论的话题或参与的事业；特区、开发区、新区、沿海城市、证券股市、三资企业、国际贸易等都是许多人想投身的地方或领域。由于经济取向的作用，机关事业单位的人利用业余时间搞第二职业，大学里的学生利用课余时间打工挣钱，而农民则利用农闲时间或因人多地少原因进城当农民工；同样也因为经济取向的作用，单位里公款吃喝、市场上的假冒伪劣、社会上的黄毒嫖赌、政府机

① 参见王奋宇、李路路：《当代中国制度化结构体系下的社会心理特征》，载《社会学研究》，1993年，第3期。

构中的贪污腐败、乡村里的拦路抢劫、路边上的偷盗欺诈、生态中的环境污染等严重的社会问题也在滋长蔓延。

经济取向伴随而来的是人们对金钱越来越看重。据《中国新时期社会发展报告》中的“中国社会成员的社会心态和行为取向”一文所做的统计，金钱在90年代以来有成为社会成员行为的主导支配力量的趋势。不少人认为“人生信仰是金钱”“最高理想是金钱”“一切为人民币服务”“先富口袋，后富脑袋”“金钱比理想更重要”“50年代讲奉献，90年代侃赚钱”等等。[①]

在我划分的中国人的价值取向类型中并没有社会取向这一类。所谓社会取向即指社会成员对社会交往的重视，或者在价值上认定通过社会交往可以更容易地获得人们所追求的社会资源。而从中国社会的价值取向和实情来看，这点是相当符合中国人的价值观念的。我在中国历史发展中不分出这一类并不是意味着忽略了中国人的这一价值取向，而是因为这一取向在中国历史转型上没有一定的显著性。为什么它既那么重要却又没有显著性呢？我认为，社会取向是中国人赖以生存的价值基础，这个基础在几千年的社会文化变迁中没有发生多大的改变。在中国漫长的历史演变中，分封制的解体、西方文化的入侵、阶级斗争、人民公社化、“文化大革命”、改革开放等一系列历史浪潮一再对它的存在构成了严重的威胁，但中国人的其他价值取向可以发生转变，而唯有社会取向难以发生太大的改变，人情、面子、关系网是中国人一向不能忽视的价值定位。[②]因此，我认为作为讨论中国人价值取向的转型，我们可以做上述五种分类，但如果要讨论中国人较为根本的价值取向，我倾向于中国人

---

① 陆学艺、李培林主编：《中国新时期社会发展报告》，沈阳：辽宁人民出版社1997年版，第589页。

② 参见翟学伟：《面子·人情·关系网》，郑州：河南人民出版社1994年版；《中国人在社会行为取向上的抉择》，载《中国社会科学季刊》，1995年，冬季卷。

的价值取向主要就是社会取向或任何接近于强调“关系”方面的提法，关于这一点，请详见本书的第四部分中的各篇内容。[①]

四、中国人价值取向转型中的问题

以上我是从上古、中古、近代、现代、改革开放以来几个阶段对中国人价值取向进行的简短回顾与梳理。虽然这种大跨度的讨论非常粗略，肯定遗漏了中国历史文化变迁中的许多枝节或细节，但我认为将中国人的价值取向做这样的划分在大体上应该是合理的，因为它们基本符合中国人在历史演进中所经历过的主要价值关怀。假如这样的划分符合中国社会实情，那么我们需要讨论的问题是中国人价值取向的这几次重大转型有哪些问题，以及这些问题所带给我们的启示是什么。我认为这几次重要的价值转换有三个比较突出的问题：

1. 社会结构对价值观念的制约性。从历史的经验来看，人的价值观念或价值取向一般先于社会结构，布劳也认为文化价值是社会结构合法化的基础，[②] 而我们可以认为在中国人的宗教意识取向没有进入当时的社会结构前，它肯定已经出现；儒家价值体系的建立也依赖于周朝的周礼；中国面临的东西文化冲突最先也是在西方国家要求与中国通商而因中国礼仪之争所发端的；中国 1949 年以后的政治运动早在延安时期就进行过几次；而现在进行的经济体制改革从三项指示为纲、实践标准讨论及安徽省凤阳县梨园公社小岗村 18 户农民的“分田到户”契约中已显端倪，但中国社会结构基本上一直

---

① 杨国枢直接用“社会取向”；许烺光用“情境中心”；梁漱溟用“伦理本位”；费孝通用“差序格局”来表示中国人的这种根深蒂固的心理与行为。

② 彼得·布劳：《社会生活中的交换与权力》，北京：华夏出版社 1988 年版，第 293 页。

采取限制价值产生或更新的方式。无论是考察原先同新价值取向相左的社会结构，还是考察被社会结构接纳之后新价值取向，中国社会结构所显示的一贯作用一直是对一种不相容的价值观进行压制或禁止，也就是说社会结构在同新价值取向的关系上具有相当的封闭性，因而由新价值取向所带动的社会结构转型总是在抗争中获得结果的。

2. 价值观念上的导向性。上述这一问题导致了中国人在价值取向上更多地不是表现为选择，而是社会结构性的引导。我认为中国历史所显露的中国人价值取向在各历史阶段中是相当清晰的，这种清晰度正是社会在一定阶段用一种价值取向来指导人们去做选择的结果。因此中国人的价值取向在某一特定时期总具有一元化的倾向，横向比较中的价值多元很少出现（改革开放后这一特征正在减弱）。价值导向性的优点是社会的稳定性和凝聚力显著增强，但问题是因导向性而造成的偏差很难纠正，社会结构中缺乏价值取向上的制衡力，这可能是有学者热衷于讨论“市民社会”的缘由。[①]

3. 积淀下的冲突性和多元。中国人的价值取向虽然在横向上没有制衡性，但在纵向上却有因原有价值观的积淀而表现出的冲突现象。由于任何一个特定时期的社会结构只偏重于接受一种价值取向，进而使这种冲突在很多情况下是潜伏的、含混的。例如当中国社会进入伦理取向后，孔子的伦理思想同原先的宗教意识取向存在着冲突。在《论语》一书中，孔子不但调整了天与人的关系，也对伦理之外的宗教意识保持着距离；又如当中国进入文化取向后，儒家的伦常同西方文化形成了强烈的对抗，“五四”新文化运动就是这一对抗的具体反应；再如中华人民共和国成立后，中国面临着对旧的思想文化的改造，尤其是对知识分子思想文化的改造，反右运动和

---

① 参见邓正来：《国家与社会：中国市民社会研究》，成都：四川人民出版社 1997 年版。

“文化大革命”等都是这种冲突的最激烈表现。而如今的改革开放也一直存在着价值取向上的争论，因此有“三次思想解放”之说。积淀下的多元的意思是，只要一种价值取向在中国历史上站稳了脚跟，并产生了广泛的影响后，它们总是在转型后潜伏下来。结果转型的次数越多，积淀下来的价值取向也就越多，它们在某些时机会再次成为社会关注的热点。就拿改革开放的今天来说，中国人的宗教意识取向，如求神拜佛、算命、占卜、看风水、看相、人体特异功能等现象非常流行；伦理取向，如伴随“亚洲四小龙”的经济发展而引发了儒家文化圈的复兴，而新儒学、传统道德伦理等在中国仍具有很大的感召力；文化取向，如80年代的“文化热”、90年代的“人文精神讨论”等也掀起过几次高潮；而经济取向中遇到的种种问题和重重阻力也让人们回想起五六十年代的社会风气以及“毛泽东热”的一度兴起。由于这些价值取向积淀的作用，中国人的价值取向虽始终具有同社会结构相一致的导向性，但也有潜在的多元性，[①] 这一点已在今天的经济价值导向中越发明显地显现。

结语：现代中国人价值取向的走向

毫无疑问，中国人的价值观念正在发生着深刻的变革和转型，尽管每一次社会转型都意味着 次利益格局的调整，但它的规模、幅度都不可能有现在的改革开放这么大、这么剧烈。由于改革开放在相当程度上调整的是所有制结构，即从较为单一的公有制向多种所有制的方向发展，因此中国社会的利益格局则必然也朝着多元化和分化迈进。利益格局的分化导致的结果之一是利益主体的觉醒，

---

① 参见郑杭生、洪大用：《当代中国社会结构转型的主要内涵》，载《社会学研究》，1996年，第1期。

因此在中国人价值取向的走向上再出现一种较为统一的、导向性的价值取向已很困难，这就意味着经济转型时期已具有了各社会群体都有自己的价值取向的问题。可见，未来的价值取向不在于寻求一个什么价值向度或内容做导向，而是如何能实现价值整合，以作为社会稳定的基础。

也正是由于利益格局的分化加上历史价值观念的积淀，原先在中国历史中所形成的各种价值取向将在现代社会中继续保持下去，新的价值取向，无论是中国自生的，还是引进的，也将进一步出现，但这将是一种并存的局面。导向性价值的减弱会导致冲突的局面减少，但人们在价值取向上分化得或许会更加严重（有后现代的含义），不过价值多元性中的可理解性、容忍度也会随之增强。

如果我们希望提出一套现代性的标准来衡量中国人价值取向的现代性程度的话，那我认为，宗教意识取向往科学意识、伦理取向往法制化、文化取向往多元化、政治取向往民主化、经济取向往市场化及社会取向往契约化上的迈进。作为一个研究框架，将有助于我们看出中国人价值取向的发展方向。

本篇最后要做的一个简要结论是：关于中国人的价值取向类型，若是探讨一种较为长久稳定的指向，应该从社会取向类型中去寻找；而如果要探讨中国人价值取向类型的转型，则应该从宗教意识、伦理、文化、政治及经济等类型入手，从中国历史和国情出发来看，并研究它们发生转换的内在动力、机制和在社会结构上的制约性和适应性等问题，这样才能看出中国人价值取向中的问题所在。

附：价值缺失的年代与中国人需要什么样的价值

随着中国经济的高速发展、成功地举办奥运会及中国在应对世界金融危机中的表现，无论是在国外还是在国内都出现了一种声音，这就是中国的崛起，而且是和平的崛起。崛起的中国在全球一体化的过程中表现出来的姿态，是中国在世界上日渐显现的重要地位。无论在政治、军事、能源，还是在市场、消费、环境等方面，目前世界上的很多事情要看中国怎么做。这也是为什么时任美国总统的奥巴马在访华中说，美国不但不遏止中国的崛起，而且欢迎中国成为强大、繁荣且成功的国际成员；而在国内，单看书店目前摆放在最显眼位置上的书，就可以知道中国人良好的自我感觉。因为话题大多是关于中国“高兴不高兴”的，其潜台词是中国现在已经完全可以在世界上表露自己的情绪了，不需要看其他人的脸色。

但我强烈地感受到，我们现在讨论中国问题，需要把中国崛起与中国人的状态区分开来。打一个不太恰当的比方，如果一个家庭的境况好起来或成了暴发户，不意味着我们想当然地认为该家庭成员一定很勤快，反之，一个家庭情况不好或贫困潦倒，也不意味着这个家庭的成员如何懒惰。一个家庭的兴衰是由多种复杂的原因导致的。当然在众多的因素中，人的因素最为重要。但是，即使人的因素最重要，也未必就是勤快重要。还有一种可能涉及评价的时机，也就是说，当该家庭处于上升时，正好是他人在做评价之际，而其间潜伏的或未爆发的问题在以后才会逐渐显露出来。可见，虽然一个家庭发达同家庭成员有关，但未必一定要做正相关的推论。总之，我希望我们讨论中国人价值观的话题最好同中国目前的大国崛起区分开来，否则一说中国之崛起就会想到中国人很了不起，然后就沾沾自喜，再然后就讨论高兴不高兴了。虽然我看到有网友的“中国崛起了，老百姓趴下了”说法未必妥当，大多数老百姓还是过上了好日子，但这种说法符合我说的分开来讨论的思路。当然，分开来谈，不是说它们之间是不相关。其实，当中国引起世界的关注后，接下来的话题很可能就是中国人的话题，因为想来观光、学习、研究、合作或者竞争以及搞垮我们的人会思考，此一崛起的中国之国民心理、精神上是什么样子的。回想起中国的近代化历程，中国人对西方世界的了解，也是先从国家概貌到物质文明，再到社会制度最后到精神文明这样一步步深入下去的。

应该肯定地说，就中国目前发展的势头和已经取得的成就来看，讨论中国人的价值观已经是当务之急了。但客观上的急需是一回事，主观上的感受是另一回事。我觉得现在讨论这个话题已相当地奢侈。如果说这个话题对于许多平平淡淡、养家糊口过日子的老百姓来说似乎过于遥远，那么它对知识分子（士）来说，本是其应有的特质。可如今，即使就知识分子而言，谈起它，也有点远了。什么意思呢，就是说，它曾经离我们很近过，乃至于我们可以认为，价值观的有无及其导向性本是用来定义、衡量一个社会中的知识分子的要素之一，但这个要素现在已经没有了。知识分子在现代社会越来越变成这样一群人，他们是技术干部、公务员、专家、工程师、教师、管理者或所谓中间阶层。他们只是在做他们的（脑力）工作，拿他们该拿的工资。我不知道这些群体还能不能被称为知识分子，说他们不像知识分子，是因为他们没有价值上的倡导和坚守；说他们像知识分子，是因为他们仍是社会的精英，是社会的中坚力量。

为什么讨论社会精英一定要涉及价值观呢？因为一个社会的良

心是由社会精英打造与守护的。如果他们自己也很冷漠、漠不关心或放弃操守，那么这个社会的问题就非常严重了。我们这里可以从价值观意味着什么来看出它的重要性。虽说目前学界对价值观并无统一的认识，但大体而言，价值是指社会成员在一特定社会的道德、伦理、审美、信仰的影响下构成的一套是非评价体系。这套体系可以指导人们的行动，可以作为社会现象与问题的判断标准，并维持了一个社会文化的基本认同。当然，价值观本身也会随着社会变迁、不同文化的融合或冲突而发生改变。从历史的角度来看，一种社会形态延续的时间越长，价值观也就相对越稳定；社会越是动荡、变革或转型，价值观也就越不稳定。反过来说，不稳定的价值观也会导致社会的动荡，有的时候社会冲突或转型在一定程度上也是价值观的斗争引起的。再从地域的角度来看，无论是大型社会还是小型社会，无论是未开化社会还是文明社会，无论在丛林、沙漠、岛屿还是山区、平原，只要有人群聚居的地方，就需要有一个是非评判的标准体系，否则社会成员便会失序、越轨乃至消亡。

中国长久以来本是很看重价值观的建立与维持的，即使朝代更迭，也基本上维持着较为一致的价值观。就中国漫长而曲折的历史来看，中国人的价值观从传统到现代，大致形成过：（1）原始宗教性的价值观，即以敬天命和问卜算卦为主要导向；（2）天人合一的价值观，即以提升人性、性善，关注人伦为导向；（3）中体西用的价值观，体现了中国进入世界体系时的文化选择的态度；（4）政治主导的价值观，也就是一切以革命与专政，资产阶级与无产阶级斗争为最高标准来判断是非；（5）上述这些价值积淀下来后在当下所表现出的多元化倾向等。可是，我们又发现，即使多元化正在面临前所未有的需要探讨的问题，但发展至今，也在碎片化了，或许不久就会烟消云散。回首我们一路走来的历程，我们看到西方式的宗教价值在中国是没有的，这点导致了东西方价值观的差异。而就目前经济发展导向而言，我认为与其说它是一种价值观，不如说它是对不断增长的人的基本（物质）需求（物欲）的满足。它不算一种价值观，可以看作一种人性的假设（理性、唯利是图）以及市场行为（精打细算、斤斤计较），因为大多数人（不单是中国人）都会承认，发展经济是最符合人类的基本乃至社会需求的道路。发展经济不能算成一种价值观，但会引发一些同价值观相关的问题，比如我们从原先倡导的“为人民服务”，变成了“为人民币服务”。为人民币服务就是“金钱至上”的意思，它想表达这个世界上没有比钱更重要的东西。当然，钱的重要性是如何强调也不过分的，上述的任何价值观的实现也会涉及费用的问题，但这只能说明钱不是目的，而是人们实现目标、交易、消费或服务的重要手段。金钱同价值观的关系在于我们考察一个社会中的人们用什么手段得到钱并用它来做什么。或许有人会认为，金钱万能论是否是一种价值观？我以为，万能的意思是怎么都行的意思，却没说到底“能在哪里”，比如是享乐、利己还是利他、慈善，所以尚看不出它的价值取向。

通过上述的讨论，我想说的是，价值观在金钱问题上是具有超越性的。固然，我们在批判金钱至上而导致价值缺失的同时，也有太多的理由批评历史上的一些价值观同样造成过严重的乃至毁灭性的后果，但无论如何，我们不能因此就否定一个社会成员可以放弃任何价值观而只讨论金钱。就一社会内部成员或民族来说，价值观的存在，起码起到了维系自身文化、维护社会秩序、升华幸福感和追求理想的作用，其中有许多问题乃至于严重的问题是在一个时代之后的反省时发现的。但发现的目的不是说可以不要价值观，而是说应该寻求更加合理的价值观。价值观是一套观念体系，其本身是精神，却往往通过制度、习俗、行为、文字来表达，也可以以物质形式作为载体，比如礼仪、民俗、音乐、舞蹈、建筑、字画、工艺品、日用品及民间活动等，它们都可以体现一个社会或民族的价值追求。从中国传统价值观的实现来看，几乎所有的物质形态都在透露着中国人的价值导向，比如建筑格局、家庭摆设以及桌椅的形制与图案等。可是今日从建筑物到日用品，我们看到的就是商品本身，除了冠以所谓含混的“现代”或“后现代”以外，我们看不到价值导向，甚至连设计者自己也没有价值理念。

无论什么东西，一涉及价值，就有一个共性，就是尽可能摆脱以金钱论价的倾向。比如，就精神层面来讲，我们不能问人格、良心、气节、诚信、名誉、羞辱、奉献、献身等值多少钱。当然，作为价值观的物质载体是可以用金钱来衡量的。但一个人如果知道了自己一件物品的市场价格，还是舍不得出售，就说明了这些东西对他而言不是值多少钱的问题，而是在非卖中体现了一种纪念、相思、情感、怀旧、信仰、象征等意义，所有这些就是该物品体现出来的价值。好了，说到这里，我想说什么呢，我想说现代中国颇为严重的问题是，以上的所有东西都可以定价了。当我们问良心值多少钱，或者一个人的荣誉只要花钱就可以买到，又或者一些人拿钱出来就可以摆平公正、正义的时候，我们讨论价值观难道不是一件奢侈的事情吗？现在问题已经发展到了我们已没法谈什么价值观了，能谈谈规矩问题就足够了。规矩是什么，是价值观的最低级形式，是道德的底线。食品当中不能放毒，总没有错吧，但竟然防不胜防，一直到三鹿奶粉事件的发生；喝了酒不要开车，应该的吧，但太多的人做不到，直至醉酒开车撞死几个才开始严查起来；外出旅游特别是出国旅游不要随地吐痰、乱写乱画、大声喧哗，能做到吗？做不到，中央为此还要下发通知；医院护士值班不要上网打游戏，起码的吧，但是竟然发生了儿童死在这一过程中；大学生交作业要自己完成，考试不要作弊，最基本的要求吧，最后闹到外国大学也查出中国学生的作假；老师教书育人，为人师表，是常识吧，但抄袭剽窃的事件层出不穷；管理的人不守规矩，被管理的人也不守规矩，诸如华南虎事件、俯卧撑事件、躲猫猫事件等等。这里面没有文化层次的问题，这些人里面高学历者多得是。他们一讲起大道理来，一考起试来，一做起文章来，人类的崇高价值理想一套一套的，但一回到现实中，起码的规矩都做不到。我们不要总是说这是个别的，要看大多数。可我认为，现在的问题是被曝光的倒是个别的，大多数没有被曝光。

中国人价值观为什么会缺失得如此厉害，有着较为复杂的原因。归纳起来，大概有以下几个方面：首先，我认为在中国传统价值中影响最大的儒家思想对人的要求太高了。人皆可以为尧舜；大丈夫顶天立地；大丈夫富贵不能淫，贫贱不能移，威武不能屈；修身齐家治国平天下；立德、立言、立功等等，都对人的要求太高，以此理想延续下来的劳动模范和先进分子也是极为个别的优秀，一般人做不到。事实上做不到而要求人人都要做到，就会在社会机制上形成一种“口号”“形式”“表象”“伪”和“面子”问题。形象工程有很多只是要形象，不考虑质量和内容。其次，中国近代以来发生了西学东渐，西方文明用他们的实力打入了中国的领地，引发了中国价值观的激烈争论。争论的结果是中国人应当抛弃自己的传统价值，而接受一种社会进化论的思想。这个思想本质是把所有国家和地区各自的生态和文化及其成长道路统统放在一条轨迹上来衡量，然后根据物质文明的进程划分出落后和先进、发展中与发达、农业和工业及后工业等等。而这个时候，我们的价值观就是哪个最先进，哪个最发达，哪个最后现代，就接受哪个，进而造成了价值观的持续和稳定性出现了严重的问题。第三，中国历史上经历的价值观没有一个不被批判过：原始宗教价值是封建迷信；儒家的礼教是吃人；中学为体让中国落后挨打；“政治挂帅”有严重的错误；西方的价值观是资产阶级的等等，我这里不讨论这些批判对不对，我只想说，当我们把价值观统统批判完了之后，我们的价值观是什么？我看结果就是什么都没有。今日中国，只有一波一波的思潮，但很快就过去了，学者们大多数也就在赶思潮，过去了就再赶下一波。当然，中国社会也有较为长期的意识形态，但意识形态同价值观有关，却不是价值观本身。想通过意识形态来建立价值观，在有的历史特定时期可能，在有的时期不可能。最后我能想到的原因，是来自现代技术的冲击。以往价值观的培育通常有一种自圆其说的文化环境，在这种文化环境中，我们不知道人还有其他的活法，还可以有这样那样的玩意儿，有这等事情发生或那种奇怪的想法。中国人对许多今天习以为常的事物都好奇过，但这种好奇早已成为过去。因为互联网、电视、电影、手机、电子游戏、数码复制技术等，让文化环境发生了彻底的改变。有些价值观上的争论，争来争去没有结果，却被技术突破了，比如生孩子要不要先结婚，涉及伦理问题，但克隆技术在未来会让这个伦理问题发生改变；比如女子的贞节观是中国历史上非常重要的价值观，但避孕技术和修复技术让此失掉了意义。比如中国功夫需要汇集许多中国文化价值精华，但枪炮的出现使得几千年的文化积淀变成了一种个人的业余爱好。在我以上给出的种种理由中，有的原因是阻挡不住的，但有的原因是我们没有应对、没有传承，没有建立起自己的观念体系。

无论我们赞不赞同亨廷顿的文明冲突论，我们应该承认，迄今为止，文化尚没有被全球化与技术化消灭，说不定全球化本身也是一种价值观。由此我们还有机会来思考，物质上的、技术上的相同是否就意味着文化上一定相同？我很好奇的是，亚洲其他一些国家是如何在全球化时代建立自己的价值观的，比如日本、韩国、印度、新加坡等。我们今天手上用的许多电子产品是他们制造的，有的亚洲国家的电子产品、通信技术和未来技术在世界处于领先地位，那么他们失去了他们的价值观吗？

我个人以为，今天中国人要想建立自己的价值观，必须要有一个基本前提，就是文化的积淀与定型，但条件是这样的定型需要对时代、对意识形态有超越性。我们不要认为只要变就是好的，也不要认为一种符合眼前利益的、对自己有利的就是好的。中国过去老是不变固然很糟，但变来变去恐怕更有问题，而尤为严重的是短期与短视会将一种价值体系摧毁掉。我们从千年不变到十年一变，然后再到一天一个样，一年大变样，这就叫好？以前城市的变化给多少人带来过喜悦，但没有想到现在是没完没了了，刚铺好的路，刚盖好的房子又要拆掉，这究竟是建设还是折腾？再有，我们的口号不断翻新，花样百出，到处都是轰轰烈烈，到处都在走过场，我们怎么会有价值观？

基于以上的种种认识，我想今日中国人的价值观不应是高调的，而是低调的。所谓高调是儒家思想的一个传统，也是革命时代的一个传统，它们虽有不同，但共同点都是太高了，高到了它们基本上是一堆口号，无法落实；所谓低调就是我们需要踏踏实实、日积月累地建立起一种大多数人可以接纳的、可以实现的，又符合现代社会正义原则的价值观。这样的价值观是什么呢？我个人的看法，它们是“真实”“公平”“信仰”。其中，“真实”看似平淡无奇，但它是针对做假来的，也是针对面子来的。如果中国社会不能回到真实上来，纵使有再美妙的词藻堆砌出来的精神体系，也最终是形式主义与表面文章，是弄虚作假，是浮夸和浮躁。“公平”是针对关系来的，关系使制度形同虚设，也造成了有法不依，执法不严，其目的只有一个，就是人为地制造特权与社会的不公正。而“信仰”是针对金钱来的，一个社会失掉了信仰，自然就会把金钱作为衡量一切的标准，也会认定金钱可以解决一切问题。

其实，每一个中国人都知道，就是这些平实无华的价值观，要做起来是何等的不易，甚至也有人会认为，它们不可能被做到。但平心而论，我反复思考第一代共产党人的创始、组织、发动与发展壮大，以及对当时中国政局的影响力，我认为它的确做到过，所以它赢了……

第三部分　本土经验研究及其问题

本土经验性研究比概念性的讨论难度要大。其问题在于虽然本土的经验研究可以做，但要找到一种从本土中产生的研究方法来对应这项研究，需要很长期的磨炼和试验。就目前的研究情况来看，这样的研究也的确很少见。本部分在这里所涉及的三个独立的题目是我对中国社会进行的经验研究，应该说方法上较有新意的研究是第一个题目，第二和第三个题目不过是按照社会学和人类学研究的一般方法对中国人的某种心理与行为的探讨。后面附上的一个题目是我对问卷法在调查中国人的一些敏感问题时，中国人能否回答或如何回答的文化思考。

在第一项研究中，我认为我这里提出的关于人际关系网络中的平衡性原则在方法上具有一定的创新性，因为这一原则的发现首先得益于我在个案研究中确立的一种新方法，即如果我们打算研究中国人际关系的原则，我们不一定要按照社会学和社会心理学所强调的互动论范式，研究个体与个体之间的角色、地位、互动、规范、期待等问题，而是可以通过一个社会个体身上所发生的关系事件，对所有参与此事件的人进行研究。这种个案延伸性的研究方法的优点是：1．可以由一个个案发展出多个个案来；2．可以通过经验研究中的完全归纳逻辑得出结论；3．事件的参与者是随机性的，不受研究者的挑选与控制，保证关系运作的真实性；4．具有对结论做更大范围推论的条件。这个事件是由一个病人进入医院动手术引起的，我在分别描述和分析了以该病人为中心的人际关系网络的建立及其运作过程后，指出中国人际关系网络的运作虽然很复杂，但它基本上受平衡性原则的支配。该原则表明中国人际关系的构成方式呈差序性，位于同一序列的人在同处于中心的个体互动时，为了保持关系上或形式上的和谐，倾向于用一种突生的标准来作为每一个体的行动规范，而互动中的个体也意识到唯有遵循这些标准，他才可能不被关系网中的他人所排斥，反之，一旦关系网中的这种平衡结构被打破，则会造成关系网被重新定义，引起人际关系的紧张和冲突。本篇就此还说明了这一平衡性模式同西方社会心理学中的认知平衡理论等的本质差异，以及它所具有的中国文化特点。第二项研究是关于中国农村家族主义的调查。依照马克斯·韦伯等西方学者的观点，儒家文化中的家族制是形成现代经济组织的一大障碍。我在对江苏昆山市周庄镇农户进行的家庭结构调查中发现，该地区存在着一种受到当地人普遍认可的入赘婚家庭模式。这种家庭模式可以和日本的招女婿婚俗相比较。日本家庭的招婿制曾对日本现代化进程中的经济组织结构起过重要的作用。而本研究通过对江村地区的这一招婚制的分析，也将阐明它是该地区乡镇企业这一类型的经济组织如此发达的一个前提条件，以此表明在传统和现代之间可以存在着一定的契合关系。虽然我的调查方式沿循的是社会调查中的入户访谈和问卷法，但我通过这项调查中所透露出的中国家庭结构变异，论证了中国真实社会在实践儒家思想时所做的调整和对工具理性的追求。第三项研究是关于中国人人情与制度的关系研究。人情是中国文化的核心概念，其含义似乎与规范制度相对，此文通过对大学里一件小事的描述，借助于功能现实主义的方法，将此事提升到公设、前提和推论上，对中国社会中的人情运作进行了比较系统的讨论，由此得出中国人情与制度的关系并非简单的一方压倒另一方，而是可以保持相安无事的动态平衡，进而导致社会运行中的“名实分离”。同时本文借此也讨论了个案研究的代表性问题。附录部分并不是我做的关于中国人对油画人体大展的态度调查，而是就当时北京一家调查机构对油画人体展事件所做的问卷设计和调查结果而阐发的一些议论。通过这些议论，我想说明在中国社会，想实证地研究中国人是要非常小心的，由于他们受中国文化特征的熏陶而造成的狡黠的一面会使研究者一不小心就落入他们的圈套，并由此引发出我们对中国文化究竟是一个什么样的文化的思考。

中国人际关系网络中的平衡性问题：一项个案研究

确立一种什么样的本土研究是我们是否能够做出本土研究成果的关键。我这里尝试用一种由问题意识引导的方法来对中国人际关系网络运作原则做一次经验性研究。

一、研究的目的和方法

研究中国人际关系是揭示中国人社会心理与行为的关键所在。在以往，有不少学者在较抽象的层次上对这一问题做过概括性的讨论，如梁漱溟的伦理本位[①]，费孝通的差序格局[②]，许烺光的情境中心[③]，杨国枢的社会取向等[④]；具体定性的研究也有一些，如金耀基的人情及面子研究[⑤]，乔健的关系研究[⑥]，黄光国的人情与面子模式[⑦]和我自己将

---

① 梁漱溟：《中国文化要义》，载《论中国传统文化》，北京：生活·读书·新知三联书店1988年版，第135页。

② 费孝通：《乡土中国》，北京：生活·读书·新知三联书店1985年版，第21—26页。

③ Francis L. K. Hsu, *Americans and Chinese: Reflections on Two Cultures and Their People* (New York: Garden City. 1970).

④ 杨国枢：《中国人的社会取向：社会互动的观点》，见杨国枢、余安邦主编：《中国人的心理与行为（1992）》，台北：桂冠图书公司1993年版，第87—142页。

⑤ 金耀基：《人际关系中人情之分析》，载杨国枢主编：《中国人的心理》，台北：桂冠图书公司1988年版，第74—104页。

⑥ 乔健：《"关系"刍议》，载杨国枢主编：《中国人的心理》，第105—122页。

⑦ 黄光国：《人情与面子：中国人的权力游戏》，载黄光国编：《中国人的权力游戏》，台北：巨流图书公司1988年版，第7—43页。

在本书第四部分中的第一篇里建构的人际关系三位一体模式等；其他还有一些是定量的研究，如杨中芳关于送礼的研究[①]，朱瑞玲关于面子的研究[②]，李美枝关于人己界限的研究[③]等。这些研究对我们了解中国人际关系的特征无疑具有相当的重要性。但随着研究的深入，不少学者都发现此类研究方式具有相当程度的"一般性"，而不具有"特殊性"。它们不是停留在一种思辨分析的层面上，就是提供给我们许多变量以及自变量和因变量之间的关系。其共同存在的问题都是不能解释一个现实情境中的中国人是如何表现其社会行为的，即不能反映一个中国个体是如何在具体的社会互动中来操作这些变量的。我们知道，中国人际关系表现在请客送礼、生死嫁娶、求医问药、逢年过节、毕业分配、拜师学艺、职务升迁、城乡流动、工作调动、搬家造房、购买商品、开会评奖、上幼儿园、求学、找工作、办理一系列手续等等方面，也存在于一个个体和其家庭、邻里、朋友、同学、老乡、战友、同事、路人等的交往方式之中。而唯有从这些方面来进行研究，我们才能做到不再去分析在现实社会中根本就不存在的一般人，而是能够解释一个个在生活中比比皆是的具体的人。这意味着，我们在研究中需要对目前业已形成的研究范式做一次突破。其不同点在于我们不必一定要用定量的方法来验证某种理论的正确与否，或操弄若干个变量，以求得彼此之间的相关性为目的，而是根据所研究问题之不同来寻求一种具有针对性的研究方法，换句话说，我们不必去用现成的方法来寻求问题，而是用问题来寻求研究方法，关键还在于问题解决得怎样。[④]

---

① 杨中芳：《价值变迁与送礼行为》，载杨国枢主编：《中国人的心理》，第383—414页。

② 朱瑞玲：《面子心理及其因应行为》，载杨国枢、黄光国主编：《中国人的心理与行为》，台北：桂冠图书公司1991年版，第177—212页。

③ 李美枝：《从有关公平判断的研究结果看中国人之人己关系的界限》，载杨国枢主编：《本土心理学研究》（创刊号），台北：桂冠图书公司1993年版，第267—300页。

④ 参见翟学伟：《走出本土化的两难困境》（《东方》，1994年，第6期）和《中国人的脸面观：有关其向度中的若干假设》（《本土心理学研究》，总第2期，1994年）。

本篇的研究是基于对上述方法论上的认识所做的一次尝试。在此，我通过在一个病人入院治疗事件里发现的一种人际互动现象的反复性，采用个案研究方法来建立起一种理论模式，以说明中国人在特定的人际关系中经常采取的规则是什么，而中国人又是如何在这一规则的支配下处理人与人之间的交往，稳定并加强乃至扩大彼此的社会关系的。关于医生和病人间的社会互动曾有过一些研究成果，如李沛良研究过病人和医生的医缘关系[①]，戈夫曼研究过医生在病人面前的印象整饰等[②]。本篇在这里要研究的重点是：（1）如何用问题意识来引导一种合适的研究方法；（2）建立一个中国人际关系中的平衡性原则；（3）推导这一原则在中国社会中的普遍性；（4）说明这一模式和西方社会心理学中有关人际关系平衡模式的差异。

我确定采用个案研究方法，受到这次事件的发生和进展的启发。其原因具体表现在两个方面：一是这种方法能较为深入完整地看清一个特定情境下中国人际交往的全过程。但此方法的困难在于中国人在人际交往中具有相当程度的敏感性，他们知道在什么场合对什么样的人做什么反应。如果他发现他自己身处一种被他人研究的境地，他的表现可能就是不真实的。关于后面这一问题，我在着手研究时，由于先是作为社会互动参与者，后作为研究者探究，因此尽可能地避免了这一难题，使得被研究者不存有任何戒心地把我当作一个生活中的个体来互动。二是出于本研究的需要，我不仅要探讨个案现象的自身，还希望能在此基础上提出一种一般性的交往模式。具体而言，个案研究的不足之处在于它的典型性和普遍性不

① 李沛良：《社会科学与本土概念：以医缘为例》，载杨国枢、文崇一主编：《社会及行为科学研究的中国化》，台北："中央研究院"民族学研究所 1982 年版，第 361—380 页。

② E. Goffman, *The Presentation of the Self in Everyday Life* (New York: Garden City, Doubleday, 1959).

得而知，但我使用个案研究是想尽可能以研究的对象为起点，逐步向同她发生社会交往的各种人身上转移（这里的各种人作为研究对象来说具有其自身的随机性）。由此一来，如果我们能发现与她交往的各类人普遍存在着一种较为一致的行为模式，那么，这种行为模式作为存在于中国人际关系中一个普遍原则的假定就可以成立。

但是，如果不是个案本身的进展中出现的种种现象，要事先确立这种方法进入研究是很困难的。首先，在研究者的研究方案确定后，他不知自己是否能够参与到他所要研究的人际关系当中去。其次，从保持一种最隐蔽和最自然的角度来看（即除了研究者本身以外，无第二者知道现场是一个研究情境），中国人所讲究的熟悉程度和机会可能是最重要的，如果此一方法确定而无熟悉程度或机会，我们就不能保证被研究者是否受到过暗示而表现出真实的行为。再次，我的研究假设是在事件的过程中提出的，因为它们在事前是未知的。

在本次个案的研究过程中，我首先作为日常生活的互动者获得了这样一次机会，即我的一个最熟悉的人要住院开刀，这使我先是以一个朋友的身份来关心这件事情的发展。但随着事件的展开，我开始把这件事作为一个个案来看待，并在对方不介意的情况下来了解我所研究的问题，同时又以一个探病者的身份进入医院病房来直接观察这些问题的可信程度，以此根据亲身经历来发现问题并补充病人谈话中的不足。具体地说，我做这项个案研究，正是因为我具备上述的所讨论的机会和熟悉等条件：

1. 我很了解这个病人的日常生活、她的家属和她单位的同事，这可以对病人谈话的可信性加以确认。

2. 我可以通过经常探望她而参与到医院的人际互动中去，通过观察实际的情境来对病人谈话的真实性进行证实和补充。

3. 我可以较随便地和病人进行访谈，并做详细的记录。

4. 我还可以通过该病人以聊天的方式对她同病房的病友进行访谈。

二、个案情况描述

个案中的病人 31 岁，1986 年随父母从外地调入某市，而不同于在本地长大的人那样有从小逐渐建立起来的关系网，如同学、邻里等，平时也不主动或经常与他人来往。现为重点中学初中部英语教师兼初一某班的班主任，随丈夫住其单位集体宿舍。1994 年 9 月底的一天夜里，她感到腹部疼痛，清早起来时实在难忍，便就近到医院去看急诊。医生查出她腹中有一个肿瘤，需要马上住院手术。我的研究就是从她住院开始的。当时她住的医院是某市一所相当有名的大医院，出于公共关系的需要，住院病房的大楼上悬挂着巨幅标语“树高尚医德，攀技术高峰”。在她所住的病区墙上则贴着入院病人须知和工作人员守则。引人注意的是手术室门上贴的一张告示，大意是天热期间，禁止病人家属在病人手术前后给医生送冷饮和其他礼品。

首先，我们先来看一看病人关于她入院和上手术台前的一段自述。她说：

> 当我丈夫去住院处办理住院手续时，那里的值班护士说，住院处没有空床位，于是我决定找关系住进去，因为我单位有一个同事的妻子在这所医院当护士，另外，学生的家长或家长的熟人也有可能是这医院的。第二天，我又试着去看了看，没想到当那个值班护士在我的病历上发现我是市重点中学的老师时，她很快给我安排进了一间三人住的病房，并在手术日程上安排了妇科主任给我做手术。无论怎么讲，这都是最好的待遇了。我开始不知这是为什么，等住进去后她才告诉我，她有一个好朋友的小孩

在一所普通中学上学，一直苦于搞不到重点中学的考试卷，希望我以后能给她弄些试卷，若有可能再给他找一个同年级的朋友，以便随时了解重点中学的信息。我住院的第三天，就轮到了我手术。那天一大早，一位负责送病人上手术台的护士喊我的床号，让我准备一元钱买一顶手术时要用的一次性帽子。我丈夫当时就从口袋里掏出了一元钱，谁知旁边一床的病友马上对我说："她要一元，你不能给一元，已出院的病友告诉我，每次她来要一元钱时，病人家属都是给的五元，人家都给的五元。"显然我如果不按这个数字给，就会担心她把我抬上抬下时的态度不好。这样，我马上叫我丈夫把一元换成了五元给了她，那个护士当时假装要找钱的样子，我一示意，她就把钱收下了。

下面是关于病人和她同病房病友的谈话以及对其病友与医生的观察，病人的汇报反映了一些重要问题。下面是部分记录：

在住院期间，我早已和病房里的病人无所不谈了，有一次，我问她，听说现在医院里都送红包（指私下给医生钱或礼物），她是否也送了？她说这个事互相都不讲的，我意识到她不愿意谈她本人，就问她，别人是怎么送的？她说，有的打听医生的家庭住址，有的在看病时把医生拉到边上，递一个信封。钱数一般至少在200元，主要给主刀医生和麻醉师，有时带上副主刀医生。几天后，当她也手术后，我发现麻醉师来找她，对她特别关心，详细地谈她的病情，临走时一再说谢谢，我推测她给这个麻醉师送了红包。后来，我又发现主刀的医生对她也很特别，手术后也对她很关心，有时给她做检查时，怕她刀口疼，还主动扶她，这样我猜测主刀医生也拿了她的红包，因为没有一个开刀医生对我这样的。但医生也不是不管我，当她关心过那个病友后，会到我这边来看一看，问一两句我的病情怎样。我知道，我们三个人的病房，其中有一床位又是空的，医生只关心她一人，显得太过分了。为此，我感到不自在。在我丈夫来送饭时，我和我丈夫讲，能不能补送红包。他说，既然手术做过了，就算了……虽然我最终没有送红包，但这事一直让我很不安。需要补充的是，我出院后在一家商店里碰到了两个人正好也在谈开刀住院的事，而且住的也是这所医院，我听到她们说，她们每人这次开刀都私下给了主刀医生和麻醉师各200元，还给了副主刀50元，她们还说，护士也要给，但不是给钱，而是发些小礼物。这能进一步证明现在病人住院开刀大都给红包，而且给主刀的价格一律都在200元。

探望病人的社交活动是理解病人的人际关系网络的重要环节，下面是一段病人对前来探望者的回忆：

我这次住院有不少人来看我。虽然主要是我丈夫陪护，但我母亲有时来替换我丈夫，我婆婆也从外地赶来帮我照顾孩子并为我做饭。我父亲、弟弟和妹妹虽然工作很忙，也都买了营养品来看过我几次，后来公公也来了。我单位的领导也来过一次，我所在的年级组的老师都来看过我，我们教研室的老师也来看过我，而且每个人来都带来了慰问品。我班上的学生知道我生病后，经临时班主任的叮嘱，只派班委会和组长作为代表来看我。为了表示心意，他们带来了一张签有全班人名字的贺卡，并发动全班每人从家里带一个苹果，并在每个苹果上贴上了祝福的话。再有就是一个在这医院工作的学生家长也来看我。看我的人里还有我以前教过的还在本校读高中的学生。当我出院后，我丈夫的朋友也送了一些礼物，并一再表示因某些原因，没有去看我。

出院后在家休息，学校给全校教职工发过两次苹果，每次一箱，他们通知我去拿，我不太能行走，只好叫我丈夫帮我代领。但想起上学期我们年级组长生病，学校发东西时年级组有人送到她家去的，觉得自己到底是个小人物。

根据上面的个案情况，我在病人出院后向她提出的几个有针对性的问题：

问：你当时已经开过刀了，为什么还想补送红包？

答：想到人家都送，我不送不好，别人会认为我小气。另外这样显得我不懂人情世故；还有一个考虑是以后我可能还要找她看病，这次不送，以后就不好再找她了。

问：你说领导来看你，是不是每个领导都来了？

答：来的是一位正书记、一位正校长和校办公室主任。他们说是代表学校全体领导来看我的。

问：和你工作有关的老师里是否有没来看你的？

答：因为我住的是妇科病房，年级组里的男教师一般没有来。再有就是教研室里两个出过国回来的教师没有来，还有一个快退休的教师没有来。

问：有没有人带话说他们因故不能来？

答：有两三个，他们带话说他们班上有事，不能来看望我，向我问个好。

问：学生送来的苹果你有没有数一下？

答：没有数，因为我班上是57个人，因此我不数也知道苹果一定是57个。

问：你认为学校既然有人把发给年级组长的福利品送到她家，

是不是也应该给你送？

答：那不一样。她是学校有地位有资格的人，而我不是，所以能给我打电话，叫我去拿就不错了。

上面的个案描述使我们大致可以看出在中国，当一个人生病后所发生的人际关系情况。令我感到有价值的问题是，该病人处于什么样的人际关系网络中以及她在这网络中面对不同的群体而共同存在的互动原则是什么。

三、个案中的关系网络及其平衡性

通过上面的描述，我们大概可以知道，个案中的主角在生病后，其社会关系类别大致如下：双方亲属、单位领导和同事、班级学生、医院医生及护士、病房病友、丈夫单位领导、丈夫的朋友、丈夫的远房亲属、学生家长、曾经教过的学生等。由于病人从外地调入和住在丈夫集体宿舍的原因，其邻居大多为未婚的单身，所以在我们上述病人的现实关系类别中没有邻居、朋友和原来的同学的关系。这样，我们说，该人生病时的人际关系类别在 10 种左右。

但是，病人并不同时直接面对这些关系，根据病人人际交往中的直接性和间接性关系，她的人际关系网格局参见图 3-1；

以上这种区分是很重要的，我们在后面会分析到直接关系和间接关系在其中的表现上所存在的差异。从上面的描述中，我们首先可以注意到 A、B、C 这三类关系中的（A1...An）、（B1...Bn）、（C1...Cn）基本上都前往医院去看望过病人（X）并有所表示（对于极个别没去的人我们在下面分析），而 X 和（D1...Dn）及（E1...En）之间又有一定的红包关系，这点不能不引起我们的注意。为了分析中国人际关系中的这种现象，我把它定义为人际关系中的平衡性。

- 病人（X）
  - 直接
    - A. 双方直系亲属（A=A1, A2, A3, ... An）
    - B. 单位领导和同事（B=B1, B2, B3, ... Bn）
    - C. 班级学生（C=C1, C2, C3, ... Cn）
    - D. 医院医生及护士（D=D1, D2, D3, ... Dn）
    - E. 病房病友（E=E1, E2, E3, ... En）
  - 间接
    - F. 丈夫单位领导（F=F1, F2, F3, ... Fn）
    - G. 丈夫的朋友（G=G1, G2, G3, ... Gn）
    - H. 丈夫的远房亲属（H=H1, H2, H3, ... Hn）
    - I. 学生家长（I=I1, I2, I3, ... In）
    - J. 曾经教过的学生（J=J1, J2, J3, ... Jn）

其他 An, Bn, Cn, Dn, En, Fn, Gn, Hn, In, Jn, Kn 等所具有的关系 An’, Bn’, Cn’, Dn’, En’, Fn’, Gn’, Hn’, In’, Jn’, Kn’ 等

图 3–1

所谓平衡性是指在三个人以上的互动中，个人必须依照一种根据特定的情境而确定的标准来行动。虽然这个标准具有突生性、暂时性和多变性，但它一旦出现总是给互动中的每一个体施加心理压力，让该个体不能自愿地或自主地或按照其他标准来决定他自己的所作所为。结果造成每一个体都意识到只有自己依照这一标准尽可能地在做法上和别人相同，彼此的关系才能和谐和稳定。依据这一界定，我假设：

当中国人际关系呈现于三个人以上的交往时，平衡性就成为三人以上的互动中的最重要原则。

结合上面病人的自述和对问题的回答，我们可以以病人为核心来逐一分析同病人发生人际关系中的每一类人的平衡性问题。

1. 病人（X）需要维持的平衡关系。在这一非常事件中，病人要维持的平衡是她能不能和她的病友（E1）在主刀医生（D1）和麻醉师（D2）的关系上保持相同的关系。当她发现她因没有送红包（一个标准）而不能受到相同的待遇时，她一方面认为这样做是错误的，另一方面认为这样做在维持平衡性上是必须的，结果为自己开

始没想到这一点或没有弥补成而感到不安。值得注意的是，我在该医院手术室的门上看到的那张通告是严禁病人家属在手术前后给医生送礼。这就是说这种行为在医院制度上是被禁止的，因而我们不能把红包当成通常的小费来看待。

2. 主刀医生（D1）需要维持的平衡关系。对于主刀医生而言，如果她没有收到红包或收到了却没有要，那么她和病人互动的标准只是医院制度或医德。当她接收了红包后，原有的和病人关系的平衡性就被打破，新的平衡标准变成了红包。作为医生，她这时再想维持住这种平衡性，便会期待她接触的每一个病人（En）都能给红包，以便她可以以相同的方式对待他们。所以当确实有病人没有给红包时，其表现方式就有了差别。但我们可以反过来看，如果她收了病人（E1）的红包，但在互动方式上对送的人（E1）和没送的人（如X）态度一样，这样就又打破了新的平衡标准。主刀医生的处理办法是坚持新旧两种标准，对不送红包的病人尽责尽力，对送红包的病人倍加关心。这样她自以为既不打破原来的平衡标准（医德），也不打破新的平衡标准（红包）。可是，我们从病人（X）的回答中看出，尽管主刀医生在极力维持两种标准下的平衡，但在病人看来，她已经感受到了不平衡关系，这促使她想补送红包来恢复平衡。

护士（D）需要维持的平衡关系。病人清楚地知道，他们住院期间的各个方面，从医疗到生活，都得靠护士，因此也备有小礼物送给他们。拿专职推送病人出入手术室的护士（D3）来说，如果没有病人在和她的互动中建立一个五元钱的标准，那么原来规定的一元钱就可以维持她和所有动手术病人（En）的平衡关系，但现在一元钱不但不再成为维持平衡的标准，而且变成一种拿不出手（小气）的行为。尽管这个标准是违反医院制度的，但它对维持现存的人际互动又是必须的。

在 Dn 和 En 的互动中，每种关系的构成都是隐蔽的或私下进行的，因此互动双方彼此心照不宣。它的好处是，即使出现不平衡的情况，有时只是各人心中有数，却在表面或形式上也能维持平衡的关系。

3. 病人单位（B）需要的平衡关系。病人单位的领导和同事在看望病人的行动中必须考虑两个标准，一个是他们以往是如何看望其他病人（Bn）的，那么他们就要按照前一次的标准去看这个病人（X）。如果看望的方式有明显的不同，结果就会使前一个病人（如 B1）或这个病人（X）有意见，因为单位对他们没有一视同仁。因此单位只有对他们的表示方式一样，这种关系才是平衡的。二是单位在这一次和病人的互动中也要寻求一个标准，也就是说，对和病人有关的教研室和年级组的各成员来说，如何和病人保持一种相处得都很好的平衡关系是很重要的。这一标准操作时最重要一点是在看望病人时不能有意地把什么人（如 B7）漏掉，无论谁去或谁没有去，只要有人没有去，就会打破这种关系上的平衡。这对单位同事来说是要力图避免的。

4. 班级学生（C）需要保持的平衡。病人作为班主任对她的班级来说是至关重要的，没有特殊情况，她要把这个班送到初三毕业。这意味着她要和学生相处三年。而初一是学生和老师建立初步感情的关键时期，这时学生们刚按照分数线标准从小学考入中学，彼此学习和表现还没有明显的区别，再加上中国儿童社会化的特点具有被动性，儿童好不好是由家长和老师来决定的，因此学生和老师保持良好的关系是他学习好的必要前提。当老师生病时，如果在慰问时不定下一个平衡的标准，就会造成老师在这次互动中对他们的印象不一样。但这里的一个难处是，医院不是其他地方，全班一起去看老师是不可能的，分批去也是不妥当的，结果只能是让班干部作为全班的代表去看望老师。但干部的优先性毕竟在此已经体现出来，这本身就不是平衡的原则，于是就有一个不漏的签名慰问活动和每人送一个苹果的活动。这些活动是对前一种优先的不平衡性的补救。

5. 家属（A）需要维持的平衡关系。一个已婚的病人住院，牵动的是其双方的家庭关系。任何一家在照顾上表现的怠慢行为都会影响夫妻关系和双方家庭之间的关系，因此双方的家属都在力所能及的范围内有所表示。病人丈夫的远房亲属（H1）当时不知道此事，后来听说后，责备了其丈夫，并买了重礼作为补救，可见这种平衡性是最为重要的。

6. 间接关系类型的平衡性表现。间接关系网络中的人对平衡性的需要显得比较随意，而不具有过多的强制性。在我的观察中，病人丈夫的单位有一领导（F1）表示要买点东西送去，但一位主要的领导（F2）只过问了一下，大概是因为毕竟隔了一层，结果他们和病人没有任何接触。也许在该单位领导看来，过问就是一种平衡，因为单位其他同事的妻子生病也是过问，而送东西则是在打破这个平衡关系。在该病人以前教过的目前还在该校高中部上学的部分学生（Jn）去看望了一次，但病人对没有去的学生也没有任何不好的看法。理由很明显，她现在不教他们了，这种平衡性是可有可无的。学生家长中有三人来看过，其中一人正好是这所医院药房的药剂师，碍于这一特殊性，她要是不去看，会说不过去［维持住她理解的她和病人（X）平衡性关系］。但另外的两人的到来，以我的假定原则，正是在打破所有家长和该病人保持的平衡关系。我在上面提到，这种平衡性如同医生和病人间的平衡性一样，有一定的隐蔽性，只有其他家长知道了，这种平衡性才会被打破。在这类关系里，大致坚持了平衡性原则的是病人丈夫的朋友（G），凡知道的人都做了表示，没有表示的人也打了招呼，说明了理由。

四、平衡性的模式

通过上面对各类关系的归纳，我们可以清楚地看出，平衡性是中国人际关系中的一项重要而又没有被提出过的原则。中国人际关系固然复杂，但在这复杂的关系背后可以由这一项原则来支配。现在，我想进一步来分析平衡性的构成要素以及它的运作。

从上面的个案分析中，可知平衡性必须具备以下几个要素：

1. 三个人或三个人以上。当两个人构成一种关系时，交往的方式是由这两个人来决定的。它可以参照其他人的互动方式，也可以不参照，但在结果上只要达成双方的满意就可以了，最明显的例子如夫妻关系。而在三人或三人以上的互动中，一种制衡性就开始出现，这时，由其中任何两人建立的互动方式很容易导致第三者因发现他和其中一方建立不起相同的互动方式而产生不满。如果这种不满持续下去，最终导致三人或三人以上互动的冲突或关系的瓦解。

2. 交往者的相同类型。一种平衡性的维持一般只在相同属性的人当中体现出来，如亲属间、同事间、朋友间等，不同的属性之间不应当是平衡的，如亲属和同学之间。

3. 一个或若干个标准。三人或三人以上的互动是否达到互相制衡，需要一个或数个标准来衡量。这种标准可以是有形的，如钱、礼品、奖励品等，也可以是无形的，如次数、言语、动作或感情等。依什么标准要根据不同的事件和不同的场合而定。如在我们上述个案中，礼物的标准就比较重要。但从病人的关系网来看，关系越近，无形的标准就越重要；关系越远，有形的标准越重要。标准的作用是互动的各方可以依此知道如何来具体达到平衡的关系。

4. 心理压力。当互动的各方都考虑如何来实现平衡性时，他们都会以是否尽可能和别人一样或相似来调整自己的行动，其思维方式是“别人都没有这样做，我也不好这样做”，或“别人都这样做，我也只好这样做”。由此，一个体的真实动机因平衡性作用的掩盖是很难判断的。如在我们的个案中，病人会想：“别人都送红包，我也只好送。”年级组老师会想：“别人都去探望病人，我也要去，不去不好。”

5. 行动上的一致。当平衡性成为人际交往的原则时，我们最能观察到的，就是互动者竭力在行动上表现得和他人一样。如学生每个人都给老师送一个苹果，没有多送的，也没有不送的。无论送多送少，只要不符合平衡的标准就会成为异端分子。由于以往的学者没有注意过这一问题，便简单地把中国人社会行为上的一致性看成是集体主义的行为方式。其实，它和集体主义的含义是有差异的，即是带有较强的明哲保身的倾向的。

根据上面的分析，用图 3-2 表示为：

在这一图式中，我们可以清楚地看出，当人际关系处于平衡状态时，它表现为两个互动者（X，Y）在互动中产生一种标准，并依此标准行动，而另一个体（Z）这时无论如何也接受这一标准，也做

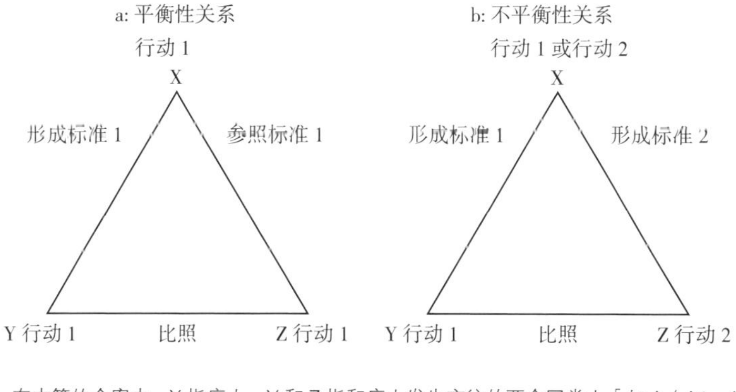

注：在本篇的个案中，X 指病人；Y 和 Z 指和病人发生交往的两个同类人［如 A（A1，A2）；B（B1，B2）；D（D1，D2）等］

图 3-2　中国人际关系中的平衡及失衡的模式

出和 X、Y 相同的行为，这时其人际关系为平衡状态；而后一种模式表现为两个互动者（X，Y）在互动中产生了一种标准，并按照这一标准行动，但另一个体（Z）在互动中没有按这一标准行动，或产生了自己的另一种标准，这时人际关系就处于不平衡状态。

现在，我们需要讨论的是，人际互动中的平衡性是如何实现的，或者说，当它处于不平衡时又是通过何种方式方法来恢复平衡的？

根据我上面对平衡状态的描述，我们发现，中国人在交往中尽可能地搞清楚平衡性的标准是非常重要的，但要达到一种理想的平衡状态也是不容易的（这种理想状态在个案中体现在病人和她的双方家属以及病人和班级学生的互动中）。在更多的情况下，可能会因为很多原因导致互动中的平衡关系处于一种不稳定的或紧张的状态，因为上述个案表明有的标准是在私下产生的，第三者可能不知道。但从理论上讲，平衡性终究还是被打破了。如果互动中的一方意识到了这一点，那他就会采取以下几种策略：

1. 补救。这点非常常见，也很有效。大致方法是一个人开始不知道群体中的平衡标准或先坚持己见，但后来最终还是回到这个标准上来。如病人丈夫的远房亲属和一些同事因种种原因没有去医院看望病人，就得去病人家里探望并补送一些礼品。

2. 隐蔽性。为了维持平衡关系，人们在互动中不公开不平衡的关系，这样就能维持住原先的平衡。例如，病友不愿谈自己是否送了红包，是怕公开后被认为是对医德标准的公然挑战，因为医院明文规定不许病人送红包，公开后，不但对医生有损害，而且对她自己也有损失。再者，公开送红包的标准会迫使没有送的病人去照办，这样对她或许是有意想造成不平衡状态（即希望医生对她和别人不一样）也是不利的。

3. 归因。指当人们处于一种不平衡的关系时，人们用归因的方法来恢复他对这种不平衡的理解，例如当我问病人是否有教师没有来看她时，她发现有些男教师没有来。这种行为本身对平衡性是有威胁的，但病人这时把这种行为归因为她住的是妇科病房，还有对另一没有去的女教师做快要退休的归因，这样就能恢复她所感受到的不平衡。再者，大凡没有去看望病人的单位同事在路上或学校遇到病人后会对自己的这一行为做归因，这样就可以维持原先的平衡关系。

通过上面的研究，我们可以发现中国人在社会互动中很讲究平衡性的维持，即使在很多场合下要达到一种高度的平衡性是很困难的，但人们也会力求采取某些策略来实现这一原则。

五、讨论：一种本土的解释

通过上面个案的研究，我们可以得出中国人社会互动中的六个重要的结论，它们同时也可以成为我今后进一步实证研究的假设。这六个结论是：

1. 中国人关系网络的建立方式是差序性的。差序格局是费孝通提出的一个关于中国人际关系结构的重要概念，它表示中国人在交往时以己为中心，逐渐地向外推移，以表明自己和他人的远近关系。[①] 在本篇的个案中，我们发现，病人所构成的关系网络正体现出这样一种格局。在传统社会，这一格局中最近的关系是家庭，但随着工业化的到来，人口流动的频繁，这一格局呈现出单位组织对个人的重要性。结果单位群体的出现取代了单一的家庭群体作为个体最近的关系，构成了城市个体对其单位的依赖，形成了中国人的“单位意识”。然而，在这种渐变的过程中，中国人的“家”意识依然是根深蒂固的，因此，组织中的人具有了双重依靠，而他们进一

① 费孝通：《乡土中国》，北京：生活·读书·新知三联书店 1985 年版，第 24 页。

步推出去的关系网又是建立在这双重性的基础上的。

2. 差序式的关系网络具有固定和流动的双重特点。从这一项的研究中，我们可以发现，现代中国人际关系网中的内群体并不排斥外群体，只是内群体有固定化倾向，外群体有流动化的倾向。这两点体现在当一个体在社会生活中遇有特别事情时，固守于他的内群体，会使他的特别需要无法得到满足，因为关系的范围和资源无论如何都是有限的，于是他会根据特定事件的属性以内群体为基础来临时构成他的关系网络。我们这里的临时事件是住院开刀，这时单靠内群体是解决不了问题的，所以病人要通过单位同事的妻子来扩大她的关系。可见，中国人力图在交往中以固定的关系来寻求流动的关系。

3. 其中每一序列尽可能通过平衡性原则来和位于中心的个体进行社会交换。当个体处在三人以上的某一序列群体中（如亲属群体、同事群体等）时，其社会交换以实现关系结构上平衡性为原则。虽然在三个人以上的社会互动中，互动的原则仍然可以是在两个人中产生，但这个原则将影响第三者。只要第三者想成为其中互动者之一，他就得按照这一原则进行交换，否则就会导致人际关系结构上的不平衡，产生互动者不希望出现的矛盾和冲突。在我们的个案中，每一不同情境中的互动个体都尽可能小心翼翼地避免不平衡现象的出现。

4. 关系越接近，平衡性越重要，平衡标准也越多。互动中的每一个体一般都会自我评估一下他和另一互动者的关系距离，这样，当他要考虑平衡性的问题时，他就可以在同类距离的关系中选择一种或数种平衡标准。作为遵从标准时的一种心理压力，在关系距离越近时，表现得越强烈，而且考虑到的平衡因素也越复杂，关系距离越远则越无所谓。在本个案中，亲属关系、同事关系、师生关系及医生与病人关系是临时关系网络中的近距离关系，因此平衡性相对显得十分重要，并且在平衡标准上要有认知、情感、礼物等多项标准。而其他关系距离较远，平衡性可以出现，也可以不出现。如个案中学生家长并不需要个个都去看望病人。

5. 平衡性的功能在于保持关系网络的稳定性。在建立起的比较固定的关系网络中，中国人在人际关系中重视平衡性原则是为了保证该群体的从众性、趋同性或一致性，以避免由此带来的冲突。结果，中国人在这一原则的支配下，一般不轻易表现自己的所思所想，而是按照既定的标准来行事。显然，除了这一标准在形成时可以无心理压力外，一般已经形成了的标准都会给交往者带来心理压力，迫使他放弃自己行动上的自主性而去附和他人。这是形成中国人大概率价值观①的一个原因。而在这种前提下，任何想不遵照这一标准的人和我行我素的人则会被看成是不合群的、搞不好关系的或难以相处的人。

6. 任何不平衡现象的发生都会造成关系网络被重新定义。当中国人际关系结构出现不平衡时，人际关系的结构会呈现以下三种状态：

（1）地位级别化。这种状态是指中国人在社会互动时一般都假定参与者彼此之间应当保持一种平衡，但事实上其中又有人没有维持大家遵循的平衡标准。这时，人际关系结构就会走向等级化，同类群体就会向异类分化，人与人之间的社会地位差别就会明显地表现出来。但值得注意的是，这种关系上的不平衡在被认可的前提下不导致个人心理上的不平衡。如果级别化一旦发生，人们对它的认可实际上是对它的合理化解释，以此达到心理上的平衡。虽然这时关系结构上的平衡性被打破了，但这种认可使人们在认知结构上仍然保持了协调性。如病人单位的同事在对待她和她的年级组长生病时的态度是不一样的，但病人并不对这种待遇上的不一样感到有什

① 李银河：《论中国人的大概率价值观》，载《中国社会科学季刊》，1994年，第一卷，第69—75页。

么不平之处。可见，级别化所产生的不是心理上的不平衡，而是关系结构上的不平衡。

（2）情感差距化。这一方式和上面并不相同。它指向的是互动者对关系距离的认可，而非地位的认可。前者是社会性的，而这里是心理性的。它通常出现在当人际关系结构不平衡而又不是因为地位差别造成时，人们倾向于认为这三者之间的关系密切程度是不一样的。如病人在没有送红包的情况下必须认可医生对她病友的特殊待遇。

（3）紧张或冲突产生。如果一种平衡结构被打破，而互动的参与者既不认可社会地位上的差距，也不认可情感上的差距，那么就会出现人际关系的紧张或冲突，这是中国人在人际关系中力图避免的。我们设想，如果病人坚持医生和护士等应依照医院的制度对病人一视同仁，而不认可红包的标准，那么他们之间的紧张乃至冲突就会产生。而事实上病人不这样做，也是害怕医生和病人之间的关系到达这种地步，因为结果只会对病人自己不利。

根据以上的几个结论，我将中国人际关系中的平衡性含义以图 3–3 表示为：

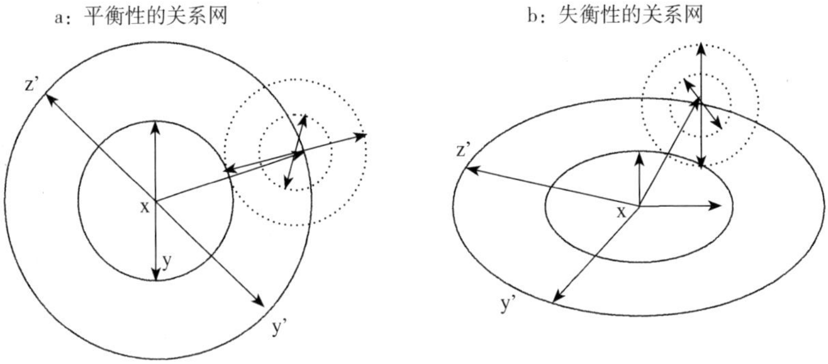

图示说明：• 表示个体；→表示互动；—表示固定；------表示流动

图 3-3　中国人际网络的平衡结构及不平衡结构

在这一图式中，我们可以看出中国人际关系网络的构成方式是以个体为中心而展开的一层层距离不等的关系。每一层关系就是一个互动的同类群体并相对于里面一层而言，构成外群体。所谓的平衡性正是表现在关系网和个体的关系是一个正圆形，位于中心的个体和它们的半径都是相等的；而违背这一相等性原则，或近或远都会导致该圆变成一个椭圆形，造成失衡现象的出现。但仅仅因为个别人的地位化或情感化出现时只会造成同类中的个体由其原先的那一层进入另一层，而不导致普遍的失衡现象。

从以往做过的不少关于中国人际关系的研究中，人情和面子一直是人们认识中国人际互动的核心概念。[①] 那么人情与面子和平衡性原理究竟是什么关系呢？通过本篇的研究，我认为，人情的实质正是在关系中对平衡性的维持，它表现为个体在某种标准压力下的要面子行为，同时也表现在关系结构上的给面子行为。维持住各人的面子正是维持住了平衡的关系，也就是讲了人情。而一旦出现了失衡现象，就会意味着其中有人丢了脸，或没有给面子，这同西方人所讲的感情有本质上的区别。例如这一个案中的病人就因自己没有给医生送红包而感到没有面子。因此，人情和面子的社会心理机制就在于人际关系中的平衡性模式。

在西方社会心理学理论当中，也出现过一系列关于社会互动的平衡性研究成果，如美国社会心理学家海德（F. Heider）的 P-X O 模式、纽卡姆（T. Newcomb）的 A-B-X 模式、费斯丁格（L. Festinger）的认知失调理论等。尽管这些理论观点各异，但和本模式相比较，其基本点都是从个体出发的。具体而言，个体的认知和态度就一直是他们研究人际关系的核心概念，相应来说，个体认知结构的协调和不协调则是影响人际关系的最重要因素，以至人与人关系的建立

① 翟学伟：《面子·人情·关系网》，郑州：河南人民出版社 1994 年版。

与是否和谐总是和个人的态度是否改变相联系。而我们上述的研究证明，在中国人际关系中，个人的态度不影响人与人之间的关系，并会因人际关系的需要而被隐藏起来。由于人际互动中的标准是外在于个体的，或者说，是超个体的，所以个人的态度如何并不重要，个人的认知结构是否协调也在其次，而重要的是人际关系结构上是否协调。由此，我们可以认为中国个体在社会互动中的表里不一或认知因素的不一致并不会引起认知上的不协调，也不会引起态度的改变，而真正严重的问题是人际关系上的平衡性被打破，才会引起其心理上的不平衡。可见西方社会心理学的理论假设是以个人主义为出发点的，而中国人社会行为的背后具有整体（与部分）性或关系性的色彩。

以中国的社会文化为背景来考察这一问题，我认为我们上面所提到的平衡性模式实际上是中国儒家所强调的“礼”的规范的结果。众所周知，礼作为行为规范在中国社会是泛化的，它包括待人接物时的一举一动和所送礼品时的分量轻重，它正好构成了平衡性中的标准多样化的重要原因。反之，平衡性也使“礼”这一较为抽象的概念变得可操作，最终达到儒家所强调的“和”的价值理想。但我们也应当注意到，从结论上看，结构平衡性模式所表现的不是儒家力图达到的那种内在的道德境界，而是对外在性的重视。再者，在中国家庭构成方式[①]的影响下，平衡性的操作过程很接近于一种平均性，而非公平性，也就是说，当中国人在社会互动中使用平衡性原则时，人们想表现的是群体中对从众性和一致性的需要，并企图抹杀人们彼此间存在的社会资源上的差异，尽管这种差异实际上是存在的。反之，任何公开的人际结构性的不平衡现象也是中国人对

① 翟学伟:《中国人群体意识的双重取向——“内聚”和“内耗”的社会学研究》，载《江海学刊》，1992年，第3期，第57—63页。

社会身份、地位、权威、名声等差异性或个体优越性的追求。而人际冲突就可能发生在关系网络中的人们没有或不愿表现这些社会资源的差异之际。

从目前所获得的多种实证资料来看，以上所建立的人际关系平衡模式存在于中国社会的各个方面，诸如评奖、评职称、请客送礼、发奖金、涨工资、提干、邀请名人、排会议座次、劳动分配等等。正因为此，它同时也是中国人做人和做群体领导的一项重要策略，又有学者认为它还对中国当今的市场经济起重要作用。[①] 至于中国人为什么会形成和如何讲究平衡性的一整套理念，我在本书第四部分中的第二篇“中国人在社会行为取向上的抉择”里有更详细而系统的阐述。

---

① 胡代光:《市场不能靠人际关系平衡》，载《公共关系导报》，1994年10月29日，第1版。

家族主义与工具理性：苏南农村的社会调查

当现代化成为全世界的一种思潮和社会运动时，一种相当流行的观点也随之产生，即“传统”与“现代”是一种对立的关系。如果一个社会要想走现代化之路，那么它就必须摒弃传统，从其物质文化（material culture）到非物质文化（nonmaterial culture）都进行一次巨大的社会转型。这种现代化的理论由来已久，它主要来自西方社会理论中对社会所做的二元对立分类的影响，诸如斯宾塞的军事（militant）对工业（industrial）、梅因（H. Maine）的身份（status）对契约（contract）、滕尼斯（F. Tonnies）的乡土社会（Gemeinschaft）对法理社会（Gesellschaft）、迪尔凯姆的机械团结（mechanical solidarity）对有机团结（organic solidarity）、拜克尔（H. Becker）的神圣（sacred）对世俗（secular）、雷德弗尔得（R. Redfield）的乡村（folk）对城市（urban）等。以上所有这些划分都表现为前者代表传统性与后者代表现代性以及后者在现代化的过程中会取代前者的关系。然而，从事实上看，中国社会在走向现代化的过程中所呈现出来的特征并非如此。其复杂性在于传统或许并不阻碍现代化，传统或许有助于现代化，传统和现代可以并行不悖，当然也包括传统严重地阻碍现代化。面对以上这些难题，我们不但需要对此做理论上的探讨，同时也需要进行大量的实证研究。鉴于这一考虑，本篇在此提出的问题是，中国传统社会的核心——家族制在潜功能上究竟有没有一种弹性，能够在其自身做些调整，以有利于现代经济组织的建立。这一论证是建立在我于1995年8月对周庄人的家庭结构进行的一项入户调查（问卷与访谈）基础之上的。但其中有些结论是初步的，仍然是一种理论假设，还有待进一步实证研究来验证。

一、问题的提出

关于中国文化传统与现代化的问题，我们最常见到的争议是儒家伦理与现代经济发展的关系问题。而争论的焦点往往是在儒家伦理能否产生资本主义精神这一点上。本篇不以这一命题作为研究的主线，是因为这种讨论带有很大程度上的事后解释。由于其中相当多的解释是假想的，即不能成为社会学研究中的检验因素（test factor）或解释性变量（explanatory variable），从而会引发出很多不真实的或误解性的争论。[1] 而本篇以家族主义作为研究现代化社会中的一个传统问题提出来，是因为马克斯·韦伯曾经直接对此提出过的一个重要命题：中国传统的家族制不利于现代经济组织的形成。[2] 在这一点上，美国研究中国现代化的最具影响的学者利维（M. J. Levy）颇有同感，他在论文中对中国家族特点进行了一番描述后，最后得出中国社会中压倒一切的"家族取向"阻碍了它的现代化进程。[3] 这种论调也集中地反映在许烺光对中国社会工业化是否可能的研究中。[4] 首先必须承认，家族主义或家庭本位是最能反映中国社会文化特征的一个主要概念。自辛亥革命及"五四"运动

---

① 参见杭之：《走出形式主义的迷雾——"韦伯伦理与东亚发展"的解析》，见杭之：《一苇集》，北京：生活·读书·新知三联书店1991年版，第169—192页。

② 详见马克斯·韦伯：《儒教与道教》，南京：江苏人民出版社1993版，第四章和第八章。

③ 利维：《中日现代化诸因素的比较研究》，载罗荣渠、牛大勇编：《中国现代化历程的探索》，北京：北京大学出版社1992年版，第436页。

④ 许烺光：《美国人与中国人》，北京：华夏出版社1989年版，第340页。

以来，许多知识分子常用这一概念来比较中西文化或批判中国传统文化。无论出于何种目的，学者们频繁地使用这一概念是因为它能成为解释中国人（主要是传统中国农民）社会行为的最后根据，同时也表明了家族主义在中国社会的普遍性和根本性。换句话讲，中国社会可谓以家族组织为其社会最基本单位，相应地，中国的文化也以家族主义为最基本的价值内容。而当学者们把它和现代化的特征联系起来看时，家族制的顽固、保守和僵化就会成为比较公认的结论。

尽管家族主义对于描述和解释中国社会来讲如此重要以及它在现代化中的负面性也被大多数中外学者所认可，但仔细体会它的用法，其内含并不确定。[①] 考察一下有关家族主义的各种观点，恐怕以冯友兰的见解较为典型。冯友兰认为中国的家族主义来自中国是个自然经济条件下的农业社会而未经过产业革命，因此中国社会：

> 有以家为本位底生产方法，即有以家为本位底生产制度。有以家为本位底生产制度，即有以家为本位底社会制度。在以家为本位底社会制度中，所有一切社会组织，均以家为中心。所有一切人与人底关系，都须套在家底关系中。[②]

从冯友兰的这段话里，我们不妨认为，如果一个社会把家庭生活看得最为重要，而且一切社会关系和社会制度都以家庭为样板，即可将其称为家族主义的社会。在这一点上，无论是中国传统文化的批判者，还是研究者，都无多少差别。但冯友兰的这种

---

① 翟学伟：《中国人群体意识的双重取向》，载《江海学刊》，1992 年，第 3 期。

② 参见冯友兰：《新事论》，见《冯友兰全集》，第 4 卷，郑州：河南人民出版社 1988 年版，第 253 页。

观点含有相当浓厚的社会进化论倾向，他无形中流露出来的一种思想观点和马克斯·韦伯是相吻合的，即如果中国要走工业化的道路，那么家族主义就会寿终正寝。而梁漱溟则对这一观点表示疑义，认为家庭本位不是一个历史差距上的问题，而是一个文化差异上的问题，这个差距不表明两个社会处于不同的发展阶段，而是表现为不同的社会有不同的文化路径。但有一点他还是承认的，那就是即使从文化比较上看，结论也是西方重视集团生活，而中国重视家庭生活。[①] 但有趣的是，梁氏的这一结论也和马克斯·韦伯的观点相一致，即他想说明的是中国人对家族组织过分依赖，不能像西方社会那样产生家族以外的社会组织。现代社会经济组织和血缘关系群体是水火不容的。马克斯·韦伯的这些观点可以用表 3–1 来表示。

表 3–1　马克斯·韦伯关于中西方血缘关系的比较 [②]

儒　教	清　教
1. 家庭孝道是规约人性关系的原则	1. 使一切人性关系侍服上帝
2. 亲属关系是商业事务、民间团体、法律和政治管理的基础	2. 理性法则和契约是商业事务、民间团体、法律和政治管理的基础
3. 不相信延伸了的家庭之外的任何人	3. 信任一切人，只要他们是“共信仰者”

中国学者对中国家族主义所持的结论跳不出马克斯·韦伯的命题框架，并非能证明韦氏命题的正确性，只是因为中国学者的假设前提同西方社会理论暗合，即传统和现代相对立或中国和西方相对立，而后者的对立也是对前者的反映，隐含着中国代表传

① 梁漱溟：《中国文化要义》，见《梁漱溟全集》，第 3 卷，济南：山东人民出版社 1990 年版，第 32—43 页。

② 参见丁学良：《韦伯的世界文明比较研究导论》，载《中国社会科学》，1987 年，第 1 期，第 91 页。

统，西方代表现代。而我在这里要提出的问题是，中国家族制和现代经济组织之间究竟是否存在一种契合的关系？或者说在中国家族制中是否能生成理性的、契约的及淡化血缘的关系呢？在对这一问题做出解答之前，有必要先来讨论一下中国家族主义的基本内涵。

二、中国家族主义的含义

较完整的家族主义定义产生于人类学家和社会学家那里，在有关众多的定义当中，美国社会学家 A. 奎因（S. A. Queen）和 W. 哈本斯坦（R. W. Hobstein）在《世界婚姻家庭史话》一书中合并的 D. 库尔普（D. Kulp）与李树青的观点具有一定的代表性，他们认为：

> 中国传统家庭的价值取向往往遵照近乎典型的家族主义模式。家族主义被视为“这样一种社会组织形式：其一切价值都是根据家族的生计、延续和功能而决定的”，其特点有：（1）强调父子关系；（2）具有家族自豪感；（3）鼓励大家庭；（4）敬奉祖宗；（5）财产归家族共有。而这些特点中，敬奉祖宗和孝敬长者是最基本的……
>
> ……尽孝的实质即提倡崇敬和告慰死去的祖先，尊敬和服从在世的父母，其中父子之间的联系尤为关键，因为家庭的世系必须通过它才得以永存。[①]

近来葛承雍等也提出构成家族的三个要素：“第一，必须是同一

---

① 斯图尔特·A. 奎因、罗伯特·W. 哈本斯坦：《世界婚姻家庭史话》，北京：宝文堂书店 1991 年版，第 111—112 页。

个男性祖先的子孙，从男系计算的血缘关系清楚。第二，必须有一定的规范、办法，作为处理族众之间的关系的准则。第三，必须有一定的组织系统，如族长之类，领导族众开展家族活动，管理族中的公共事务。”[①] 如果将这两个定义归结起来看，在家族主义的内涵上有两点值得注意：一是维持父子关系；二是为稳定这一关系而产生以及派生的一系列价值与规范及其活动。

所谓父子关系意味着中国人的家庭是一种父系的扩大式家庭形式，即是一种几代同堂，具有一定范围的血缘关系的成员组合。在这种家庭中，父子关系是最主要的成员关系。一个家庭因这种关系的存在而存在，也因这种关系的中断而消亡。它常被一个文化礼仪性象征词“续香火”来表示，表示一个家庭的生命因为有了儿子而可以世世代代永无止尽。所谓断了香火，意即断子绝孙，这点更具有的是社会或文化的意义，而非经济上的意义。对于这种关系强调的结果必然导致中国人在纵向上对共同祖宗、家谱的看重，在横向上对各种亲属关系的重视。所谓“认祖归宗”“五百年前是一家”“一表三千里”都是这一特征的最简捷而生动的表达。因此，血缘关系和地缘关系是中国社会结构和社会关系中的两个最重要关系。

但从中国实际生活中来看，父子关系虽为人类家庭关系中十分常见的关系，但却要比实现夫妻关系复杂得多。夫妻关系的实现只表现为一男一女的婚姻结合，无论是自愿或强迫，甚至不一定为成年。而父子关系却只是家庭生育上的一种概率，而这种概率不可能发生在每一对夫妻当中，更难发生在每一代家庭当中。显然，无论如何，它既自愿不来，也强迫不去。这就等于在说，它的不可能性也是普遍存在的。因此，中国社会为了保证父子关系的必然性和永

① 葛承雍等：《金色帝国的耕耘人——传统农民与中国社会》，天津：天津人民出版社1994年版，第63页。

久性，便相应地形成两种方式来加以保证，一种是在生育上做文章，形成多生、纳妾，乃至典妻等方式，另一种是在婚姻模式上做文章，形成过继、领养、入赘等方式。可以肯定，在中国传统社会，当一个家庭的父子关系无法确立时，以上两种方式上的努力多少都是存在的，关键是它被某一地区的人所接受和认可的程度如何。在我对周庄家庭问题的调查中发现，那里的农村人主要采取的是后一种方式。而这种应变方式所体现出来的意义可能是尤为重要的，但却被人所忽略。

三、周庄人的家族结构及其血缘观念

周庄是江苏省昆山市的一个古镇，与江苏的吴江市（今苏州市吴江区）、吴县（今苏州市吴中区、相城区）和上海市青浦县（今上海市青浦区）交界。该镇四面环水，素有“中国第一水乡”之称。据 1994 年统计，全镇总面积为 36.5 平方公里，其中耕地面积 2.6 万亩，总人口 2.3 万余人，农村人口 2 万多人。周庄的名称始于自从宋元祐年间，当时周迪功郎舍宅为寺，有了周庄的名谓，逐渐由村落形成了一个大镇，至今已有 900 多年的历史。周庄历史上以农业、蚕桑叶和小手工业为主，从 70 年代起，社队企业开始出现和兴起，1978 年以来，乡镇工业得到迅速发展，至 1994 年为止，全镇已有乡镇企业 120 多家，全年工业总产值 6.5 亿元。

为了便于同马克斯·韦伯关于中国家庭制的一些结论相对照，我们着重讨论周庄家庭中的两方面问题，一是中国家庭的亲子关系问题，二是财产的继承问题。所谓亲子关系问题是指中国人在家族主义的影响下，如何看待有或没有儿子的问题，进而引申出第二个问题，由此造成的家庭财产如何传递。关于这两点，费孝通在 30 年代所撰写的《江村经济》（他所调查的开弦弓村，紧挨在周庄边上）

里曾有过较详细的描述。[①]然而直至我调查时，周庄农村在这两方面所采取的办法同费孝通当年所调查的情况基本一样，该地区的继承制是按照中国儒家提倡的继嗣系统进行的。但问题的关键在于如果有的家庭没有儿子，财产如何传递？家庭没有儿子一般有两种情况较为多见：一是有的家庭因生理或其他原因而无子女，该家庭可以自由选择一个养子，并成为该家庭的财产继承人。二是如果一个家庭仅有女而无子，他们便在女儿到了结婚年龄之际，给她找一个愿意上门的女婿。费孝通在五访江南时也写道：

> 如果一家有女无儿怎么办？按传统的宗法制度，女儿还是出嫁，另外从自己的兄弟的儿子中，按长幼亲疏差序的规定择一立嗣。但是在江村并不如此。他们公认为正当的习惯是为女儿招一个丈夫上门称赘婿，住到自己家里来。在江村，这样上门的赘婿在1936年有12人，目前有36人。过去赘婿在社会上地位较低，现在由于实行了工分制的集体经济，他在家庭里的经济地位提高了，社会地位也相应提高了。凡是招赘的女儿都是既有赡养父母的义务，也有继承父母财产的权利。[②]

在周庄，有儿子的家庭愿意让其儿子到女方家做上门女婿，通常有两方面的原因，一是家里生有两个或两个以上的儿子，二是家庭条件较差，生活上有困难。周庄人的这种入赘现象具有两方面的功能，一来是可以由此解决女方家自己没有儿子的问题，因此入赘的男子要改姓女方家的姓，二来是出于为女方家传宗接代的需要，因此生下的儿子应随女方家姓。由于这一根本因素的置换，男人反

① 费孝通：《江村经济》，南京：江苏人民出版社1986年版，第50—51页。
② 费孝通：《社会学的探索》，天津：天津人民出版社1984年版，第93页。

而是“出嫁”，女人则为“娶”，因此准备“嫁妆”的成了男方家。但通常情况是由于男方家生活条件不好，男方家准备的“嫁妆”有相当一部分也是女方家买的，不过在形式上由男方带到女方家罢了。儿子过门之后不再和自己的父母保持过密的关系，或者说，这时他已是女方家的人了。在女方的父母眼里，他就是自己的儿子，由此解决养儿防老的后顾之忧。如果生下男孩后，自然也就是他们的孙子，这样香火就又续上了。上门的女婿在女方家的地位是相当高的，因为他已被当作亲生儿子一样对待，所以他不再继承他亲生父亲的财产，而成为女方的家庭财产继承人，同时在女方的家庭生活安排上有相当的权威，如可以决定妻妹的婚姻大事等。当年费孝通调查的开弦弓村有12户这样的家庭，而我调查的周庄的一个村同样有十几户，而整个镇上则能有200多户。

颇为凑巧的是我调查的蚬北村的村长本人就是这样一个上门的女婿。我对此问题和他进行了交谈。当我问到作为男人到妻子家落户是一种什么感受时，他说他并没有觉得这有什么不好，这种现象在这里很正常，再说，既然男方家生活较困难，其中一个儿子出去结婚，既可以减轻家庭负担，去了女方家由于他们没有儿子，也能被女方家像自己儿子一样看待。我又提到如果一个男人在村里是上门女婿的话，会不会被人看不起而没有什么社会地位时，他认为这是不会的，因为他照样被选为村长，管理村里的生产和日常行政事务，调解别人的家庭纠纷。

这里的计划生育政策还有这样的规定，入赘婚的家庭如果生的是女儿，四年后还可以再生一胎。而这在一定程度上是对这种婚姻和家庭方式的鼓励，并使独生子女家庭对生女儿也抱无所谓的态度。当然，周庄地区的入赘的婚姻并非在其他地区不会出现，但关键的问题是这一地区的人们对这一现象所持的态度如何。李银河在离周庄150公里左右的浙江省余姚市南阳村的生育调查中发现：

> 在村里，没有孩子或没有儿子的确会被人看不起（在村人的眼中贬值），这一点还可以从上门女婿的微妙地位反映出来。南阳村64户人家中，共有3户是招女婿。由于只有条件较差的人才肯作上门女婿，这类人家就无形之中在人们的心目中贬值了。虽然这种人家的后代根据当地的习俗仍随父姓，但当我们向一位招女婿的丈母娘说要抱抱她的“外孙”时，她极其认真地纠正道：“不是外孙，是我的孙子。”[①]

余姚农村招婿婚在习俗上仍随父姓及人们对它表示的蔑视都同周庄人形成鲜明的对照。为了证实周庄人的这种婚姻形式在江南一带的普遍性，我又去离周庄150公里左右的常州武进县（今武进区）进行了访谈，结果那里的村民也肯定了这样的婚姻形式在他们那里很正常，没有歧视的心理，同时他们对生男孩的想法看得比较淡。从一些统计数据中来看，江南农村一带在相当长的一段时间里，男到女家落户的比例也远高于其他地区。[②] 但我们也应该认识到，苏南农村出现的这种婚姻家庭模式还不能算成一种婚姻习俗，充其量只能算在中国家族主义价值观的压力下所采取的一种具有变通性的婚姻模式。

四、中日两种招婿家庭模式的比较

要想理解这一家庭结构在现代经济组织中的作用，首先可以比较一下日本社会存在的这种家庭婚姻形式。中国的宗法制始于原始社会后期，到周朝年间（约公元前16世纪开始）就已十分发达。而日

---

① 李银河：《生育与村落文化》，北京：中国社会科学出版社1994年版，第127页。

② 详见雷洁琼主编：《改革以来中国农村婚姻家庭的新变化》，北京：北京大学出版社1994年版，第22页，第85—86页。

本家族在4世纪前还基本上是母权制。它表现在婚姻上则是招婿入赘制，也就是我们上文说的成年男子结婚后到女方家入户，这种家庭自然以母系为核心，包括女儿、女婿和外孙女，却不包括儿子、儿媳和孙子孙女。4世纪后，父系制开始出现，到了7世纪，由于日本社会接受了中国文明，父系制得到了很大的发展，但一般仅流行于上层社会，下层还是普遍流行招婿制。14世纪以来，男娶女嫁的婚姻制度被日本民间社会广泛承认，而母权制的残余也被保留下来，其主要特点是女子有权继承家庭财产，仅这一点则足以保证招女婿婚姻模式的沿革。① 招婿婚姻的沿革在一定意义上正好和日本父系家庭中所采取的单子（长子）继承制相配套，因为在日本，如果一个家庭生有两个或两个以上的儿子，一般除长子外，其他儿子没有财产继承权。很多情况下是这些在自己家里得不到继承权的儿子到别人家做女婿，获得女方家的财产继承权，因此一种在中国家族主义影响下不可能成为婚俗的招婿制，在日本可以成为一种普遍的婚姻习俗。

招婿制的婚姻在日本得以持久存在，其结果是导致日本家族观念和血缘关系的淡化。他们可以不强调儿子的重要性，这样也就意味着他们不必强调亲子关系，结果形成了日本社会在家庭关系上的开放性。无论是血缘的还是入赘的或是收养的，哪怕是长工，只要在一起生活，就为一家人。同中国家族相比，日本家族的最大特色是其家庭成员的关系的人为性。所谓人为性即是后天的选择性和认定性，也就是说，无论一个家庭有没有儿子，或无论有几个儿子，家长在财产的继承权上都可选择，如单子继承可以表现为在几个儿子中选择一个做继承人，招婿表现为为自己的女儿选个丈夫做继承人，养子则是直接被指定的财产继承人，而无须像中国那样强调血缘上的亲子关系。总之，日本人的血缘关系是心理上的，而中国人

---

① 参见张萍：《日本的婚姻与家庭》，北京：中国妇女出版社1984年版，第13—70页。

的血缘关系是事实上的，因此中国人在家庭成员的关系上是封闭的，天然的和不可选择的。这是我们对中国家族制中的亲子关系和财产继承方式的一般性理解。

但我们在周庄看到的近似于日本招婿制的婚姻形式却是一个很好的反证。它说明其实在中国家族主义内部，也有很强的自身调节机制。当然，中国苏南农村的招婿制和日本的招婿制在几个关键的问题上还存在着差别，见表 3–2。

表 3–2　中国江南人和日本人招婿婚制的比较

江村人	日本人
1. 实现家族主义理想中的一种应变行为	1. 一种古代母权制遗留下来的婚姻习俗
2. 女方家无儿子，而男方家有多子且生活条件困难	2. 女方家无子或儿子不在身边，通常受单子继承制的影响，与男方家多子或经济条件无关
3. 以完成续香火为主要目的（传人），重社会性	3. 以继承家业为主要目的（传物），重经营性
4. 仍注重血缘观念，但较典型的中国家族主义观念淡化	4. 注重对家的心理认同，血缘观念更加淡化

在我们比较了中日招婿婚之后，我们就可以看出这种家庭结构对社会经济组织产生的潜在而重要的影响了。

五、中日家庭结构对现代经济组织的影响

关于中国典型的家族制和日本招婿婚制对现代经济组织所起的不同作用，曾由台湾人类学家陈其南做过这样的对比：

日本人对继承关系和婿养子的此种看法，无意中却为他们提供了一套关键性的优选制度：私人产业可以用才干作为标准来选择继承人（即婿养子或养子）。亲生儿子无从选择，但即使

在我们的社会，女婿也是可以精挑细选的。可惜的是，我们精挑细选出来的女婿绝对无法取代亲生儿子以继承如日中天的事业。“富不过三代”乃成为自古以来中国各种大小企业发展的铁律。即使在优秀的家族，不过三五代总会出现不肖子孙。先前几代累积的财富和事业大多因而趋于衰败。①

以上观点表明，由于日本在对家族意识强调的前提下淡化了其中的血缘关系，即使得他们的“家”成为一种概念上的东西，而财产的继承又成为实质性的内容。如果把这种不强调血缘关系的家的概念转化于社会组织和生产企业，一种归属于某种名下而非血缘继承制的财富的积累方式就成为可能，这时集团主义的观念就会应运而生。由于没有血缘观念的干扰，人们可以直接把自己归属于他的工作群体。这是日本社会可以迅速走向现代化的一个重要的内在机制，但其社会经济组织的构成方式仍然仿照其家庭结构。② 相比较而言，中国的家族主义最为强调的就是血缘关系，由此造成中国社会群体生活中的两种局面，一是就家庭内部而言，人们根据血缘关系的亲疏远近形成了人际关系中的差序关系；二是就家庭外部而言，人们也不倾向于离开其家庭去另谋生路，而仍活动于他的亲情范围内。即使他确有必要离开他的家庭，他也希望发展出一个拟家庭血缘关系。这两种局面具有的共同含义都表明，中国人在社会生活中首要的任务就是对复杂人际关系和利益分割关系上的处理，而非对其所属共同体的认同和财产聚合性上的考虑。中国的这种家庭制度最容易转化成为中国部分地区（如台湾）和东南亚一带现代化中的家族企业模式。

而就中国家族主义影响之下的江南招女婿婚而言，尽管它同日

---

① 陈其南：《文化的轨迹》，沈阳：春风文艺出版社 1987 年版，第 139—140 页。

② 详见中根千枝：《纵向社会的人际关系》，北京：商务印书馆 1994 年版。

本相比还存在着诸多的差异，但我们也应该看到江南人的这种婚姻制度同样可以对现代经济组织的形成起到积极的作用，因为这种婚制在现实中的较普遍存在及认可实际上已是对中国家族主义制度进行了重要而关键的调整，其意义在于：

1. 父子关系不必是血缘关系，女婿或养子也可以构成具有财产继承权的亲子关系。

2. 儿子不必一定为本宗的传人，可以改变自己的姓氏为他续香火。

3. 父系的血统得到弱化，女儿可以代替儿子为自己家传宗接代。

4. 契约和信任变得十分重要，以防这种婚姻中潜伏着同宗的不满或男方自己变卦、后悔的可能性。

5. 克服了家族主义中的重情抑理倾向，使家庭成员的去向和生活选择带有了经济的理性色彩。

6. 不强调同宗，强调同乡。

以上六点导致的一个重要的结果是，江南人的血缘关系得以淡化，亲属关系不被强调及不重视家谱编写，但却较重视信誉、契约和地缘关系。这些特点可以证明江南人在社会行为取向上是相当理性化的。以上这些分析和我们问卷调查的结果有相当部分的吻合之处，如在回答家庭成员关系的重要性一问时，强调父子关系重要性的仅占33%；在回答家谱重要性一题时，认为家谱很重要和重要的占30.5%，人数均不过半。但在填答愿不愿离开家乡而进城市一题时，答不愿意和无所谓的占了64.3%，在填答在他乡遇到同乡会如何时，回答十分高兴的占93.2%，同一般人一样及其他回答仅占6.8%。[①]

依照以往中外学者的基本看法，中国工业化及经济组织不易产

① 详见翟学伟：《周庄人的血缘观与地缘观》，（传统与变迁：中国农民的社会心理国际学术研讨会论文）。

生的主要原因是中国家族制的结构导致了中国人不愿离开其家族组织，进入非亲属性的利益集团。中国在1950年以来施行的一系列农村经济组织的改造，其目的也是在于把以血缘关系为纽带而形成的自治性经济组织，转变为由各级行政部门领导的社会经济组织，诸如互助组、合作社、人民公社等，而这种政治管理模式的最大功能就在于弱化血缘关系，强化地缘关系，让社员不以家族来衡量人的关系，而是以划定的阶级成分来判定人的关系，并同时把农民束缚在自己的土地上。[①] 实践证明，持续30年之久的农村改造运动没有取得多大的成效，因此改革开放以来最为显著的一项措施就是将公社制的社会经济组织还原到以家庭为单位的经济组织中去。但无论是公社制，还是家庭联产承包制，由于江南农村的血缘关系淡化，和相对的地缘关系强化，正好为他们从大跃进时期（50年代）起及后来的人民公社制年代（70年代）中发展出一批社队企业组织提供了最吻合的前提条件。自改革开放以来，当农村家庭作为经济单位重新在全国范围内产生重要影响之际，江南人的原有的集体性企业仍然是其经济组织的最重要特点。如果要问，为什么从社队企业到乡镇企业能够长期在江南这一带得到顺利发展的话，那么其地方性的社会文化的因素就显得尤为突出。概括地讲，不重血缘，重地缘；不重同宗，重同乡；不重亲情，重利益，导致经济理性行为是江南社会文化中的核心内容。江南人重地缘，则会超越家族办属于自己地区（乡、镇、村）的经济实体，所谓重利益，则会打破中国血缘观念中亲亲关系和差序关系，[②] 建立现代社会经济组织。

在我查问的周庄镇的100多家乡镇企业里，全部为镇办和村办，

---

① 参见王晓毅：《血缘与地缘》，杭州：浙江人民出版社1994年版，第82页。

② 详见翟学伟：《中国人际关系的特质——本土的概念及其模式》，载《社会学研究》，1993年，第4期。

真正意义上的个体企业（或叫作家族企业）几乎没有，也就是说，在乡村企业如此发达的苏南地区，并没有出现多少私营企业，而周庄仅有的只是30个左右的个体户。[①] 再者，镇办和村办的企业招工也不像很多地区的集体企业乃至国营企业那样，在相当程度上通过熟人介绍、内部招工、子女顶替等一系列家族化倾向的办法，而是直接到劳动服务公司报名即可。这些特点还吸引了不少外地打工人员。在我访谈的一家乡镇企业里，厂长告诉我，他们厂全部是全国各地（主要集中在贵州、云南、陕西等省）来的打工妹。因血缘观念的淡化，周庄人毫无排斥她们的心理，但由于地缘关系相对浓厚，这些外来人员集体住在一起，只有几起和本地人通婚的例子，并受到人们的排斥。可见，江南人具有的那种家族主义理想中的应变家庭模式是其乡镇企业发展的一种前提条件。但由于招婿婚毕竟还是家族主义造就的一种亚文化现象，因此它和日本的招婿婚对企业的影响也不尽相同。概括而言，日本的招婿婚对企业模式的作用是直接的，尤其是在私营企业财产继承制的人选方面具有择优性的特点；而江南人的招婿婚制对经济组织的作用是条件性的，它的主要作用是对中国农民坚守的家族制给予了一定程度的淡化或破坏，使血缘纽带变得无足轻重，从而使人们有可能进入一种非自己家族的集体以求生，或去追求一种合乎理性的但又带有地缘性（即不愿向外流动）的经济性行为。

六、结　论

曾有学者指出："日本家庭的这种特殊形式对日本社会组织结构和近代经济的迅速发展都具有很大的作用。不研究日本的家模式和

---

① 有关苏南集体、联合体、专业户同苏北地区空间分布等方面的统计资料可参见何保山、顾纪瑞等著的《江苏农村非农化发展研究》（上海：上海人民出版社1991年版，第40页，第48—49页）。

内部结构，是无法研究日本的社会组织结构和现代化之路的。”[①] 也有美国学者在研究中国现代化的历程时指出：“家庭和血缘关系有一切理由能构成研究前现代中国社会结构的第一主题。”[②] 当我们从考察苏南的现代化动力和前提入手而触及其家族制问题时，我们可以深切地体会到中国家族制度确实在中国社会和经济现代化的问题中所占据的重要地位。尽管招婿婚在任何社会中都只占少数（包括日本的招婿婚在日本家庭中也占少数），但诚如陈其南在研究有关问题时指出的那样，只要在关键时刻发生作用即可。[③] 传统中国人因其浓厚的亲子关系和血缘关系而不倾向于离开自己的家族组织，其首要功能在于传宗接代及满足各家庭成员的生活需要。这种结构导致人的行为特点即重情抑理，这里的情在纵向上是“尊尊”，在横向上是“亲亲”，而经济组织的要求则在于一个组织成员为了共同的利益关系结合在一起，以达到个人利益的最大化，它给人的行为所带来的必然结果是重理抑情。如果出于摆脱贫穷和可获得财产继承权的招女婿婚能使亲子关系中的一子走进异姓家族组织，改变姓氏来为他家传宗接代，那么便能使得严格的家族制度受到极大的松动而富有余地，形成一种更符合理性的经济性行为。而这种行为和伴随而来的一套理念为现代社会经济组织的形成提供了最现实的温床，同时在行为取向上也成为由重情抑理进入到重理抑情的一个转折点。

根据本篇的这一研究，我们不妨就传统与现代之间的关系提升出以下三个较为一般性的理论假设：

1. 中国传统文化具有其自身的调节能力。这种能力原本是为其自身的文化目标服务的，但当这种调节力发展到一定规模之后，便

---

① 张旅平：《文明的冲突与融合——日本现代化研究》，北京：文津出版社 1993 年版，第 27 页。

② 吉尔伯特·罗兹曼：《中国的现代化》，南京：江苏人民出版社 1988 年版，第 215 页。

③ 陈其南：《文化的轨迹》，沈阳：春风文艺出版社 1987 年版，第 139—140 页。

有可能使原先的趋于僵固的或刻板的文化结构模式具有了一定的弹性和活力，乃至产生一种异己的力量。

2. 儒家文化圈中的不同文化模式的核心均是以家族制为核心的一套价值规范。这套规范和现代化之间的关系如何，关键在于当地人在此核心问题上是否愿意更多地采取或接受一些变通方式。其中，愿意者所体现的理性化程度高于不愿意者。这是传统与现代能否契合的根本问题所在。

3. 就传统和现代之间关系而言，至少在中国社会还不能简单地认定现代化的过程是一个后者取代前者的过程，从目前的社会和经济发展情况来看，它们彼此之间在一定程度上保持着某种契合的关系。这种契合关系可以在中国台湾的家族企业、苏南模式、温州模式等等及亚洲其他国家的企业中看到。

当然，从社会现代化的整体框架来看，或从设立一套现代化的指标体系来看，我们都不能否认，“现代”之所以要“化”才能实现，正表明它同传统之间存在着本质性的差异，这种差异在社会进程中也即为相当程度的差距，否则即没有“化”的必要。但关键的问题可能还在于，当这一过程在保存着深厚的文化传统的国度发生时，该传统中有哪些特征和因素能使它渐变过去呢？它自身是否具有对现代化有利的因素呢？如果我们的事实判断给予的回答是肯定的话，那么由此而引出的另一个重要问题是，此种意义上的现代化和现存的发达国家所走的道路一定是不同的了。也就是说，这种社会无论在“化”的过程中，还是在“化成”之后都会受自己传统成分的影响或将其融入其中，使该社会在经济、制度、文化及行为等方面具有自己的特色。

人情与制度：平衡还是制衡？

——兼论个案研究的代表性问题*

一、引　子

“人情”，如果不作“人的情绪”“人的情感”“人之常情”讲，而径直被理解成“天理人情”“讲人情”“人情世故”“骨肉之情”“不近人情”“亲亲相隐”抑或“人之所以为人”等诸如此类的含义，则表明它无疑是中国文化中的一个核心概念。这个概念的发端，源自儒家思想对它坚持不懈的思考、探究与体悟，以及中国人历来坚持从亲情、世情（血缘和地缘）出发而体会到的那部分生活形态。直至近代以来，中国思想家在讨论其思想文化时依然对它抱有同情式的理解，[①] 乃至于近来又有学者最终把整个中国哲学思想归结为“情本体”，[②] 或从社会学意义上把中国看成“人情超级大国”。[③]

可是，由中国文化自己发展出来的学术概念一直存在一个很大问题，就是缺乏定义。[④] 显然，将人情理解成心理学中的情绪或情感，

---

* 本文曾发表于《开放时代》，2014 年，第 4 期。

① 钱穆：《现代中国学术论衡》，北京：生活·读书·新知三联书店 2001 年版，第 22 页；梁漱溟：《东西方文化及其哲学》，北京：商务印书馆 1987 年版，第 153 页；冯友兰：《三松堂全集》，第 4 卷，郑州：河南人民出版社 1986 年版，第 401 页。

② 李泽厚：《实用理性与乐感文化》，北京：生活·读书·新知三联书店 2005 年版，第 55 页。

③ 韩少功：《人情超级大国》，载《读书》，2001 年，第 12 期。

④ 翟学伟：《儒家的社会建构》，见翟学伟：《人情、面子与权力的再生产》（第二版），北京：北京大学出版社 2013 年版。

会造成很大的误会。即使西方学者对此有所意识，准备下大力气来研究中国人所谓的“情”为何物，但他们看到的依然是emotion，而不是中国人的那种以人情而制礼所建立的“社会责任”。[①] 如果人情不是现代心理学所研究的emotion，那它究竟为何意？我根据中文中该词语的常用情况加以梳理，认为它在中国文化中至少有三层含义：

1．人性层面：天理人情、人情冷暖、性情、于心何忍、人心都是肉长的、人非草木，孰能无情（反义：铁石心肠、没心肝、伤天害理）等。

2．社会或心理层面：风土人情、骨肉之情、故乡情、亲情、友情、世情、情面、情投意合、人情世故（反义：不近人情、冷酷无情）等。

3．操作层面：讲人情、做人情、欠人情、送人情，顺水人情、求情、领情、情分、手下留情、得饶人处且饶人（反义：不通人情世故、不讲情面）等。

在这三个层面中，每一个层面的内容都相当丰富，且又上下贯通，彼此联系，构成了我下面讨论中国式人情与制度关系之基本框架。至于如何才能较为准确地把握其中的人情含义，则有相当的困难。在中国文化当中，人们对概念的理解和运用往往来自对生活、常识以及实践的感悟。如果一定要从范畴及内涵上说清楚人情，还有一种认识途径，就是将这一概念同其他概念构成配对或比较的关系，类似的含义比如有阴与阳、公与私、义与利、君子与小人等等。有了这些相互对应或比较，至少概念的指向性就明确多了。可见，对于“人情”的理解，也可以在其配对中发现端倪，比如情与理、情与法、情与义、人情与制度、徇私情与讲原则等等。可这样一一配比下来，我们又发现，不同概念之间的配对使人情的含义依然不

① 史华罗：《中国历史中的情感文化》，北京：商务印书馆2009年版，第43页。

够清晰，但多少可以看出，“人情”的指向似乎更加偏重人与人的与生俱来的关联性和心理需求，而同其相对应的，则是来自社会或群体方面对欲望的克制与疏导。可麻烦的地方是，在一个力主天人合一、中庸或折中主义的社会，对应性不是对立性。回顾一下儒家思想，其特征似乎只想引导人情，而非遏制人情，即以“礼制”使人情成为“人义”（《礼记·礼运》）或者“伦常”。即使宋代朱熹倡导的“存天理，灭人欲”，也应该解读成灭掉违背天理的人欲，而留下顺应天理的人情；再看中国的法律史，有一个很重要的命题是：“法不外乎人情”，也即中国法律精神应该是在法律裁决过程中充分体现人情或合乎人情。[①] 而这样的人情应该广泛地存在于法官、当事人和听众的心灵深处或曰无意识之中，而比较不通情达理的、低水平的裁决才体现出法律无情。

如果我们同意上述的说法，那么今日中国社会如此大动干戈地强调制度建设，就是寄希望于在制度方面撇清人情。因为在人情的一边，它愈演愈烈的是人之随心所欲、目无法纪、贪腐、徇私舞弊，至少也是浪费国家财产、公款大吃大喝等；而在制度的一边，则应设立各式各样的法律法规，出台林林总总的政策条例，以确保社会的正常、有序、健康地运行。当然，即便如此，似乎还不够。为了抵制人情干扰，还得加强监管。制度同人情的对立关系给我们建立起来的思考框架是：严格按章办事，虽冷酷无情，但可以维系社会秩序与公正；感情用事，虽然合乎人情，却破坏社会秩序与公正。可见，任人情泛滥是现代社会正常运行的羁绊，而制度的制定与执行是克服人情的最有效方法。作为一种社会共识，已然成为常识。但作为对一个讲究人情的社会，特别是面对一个人情超级大国，这两者之间还有没有其他的可能呢？即当严厉的规章制度纷至沓来时，

---

① 梁治平：《法意与人情》，北京：中国法制出版社 2004 年版，第 233 页。

人情究竟如何？消失，变通，还是相互抗衡？这个问题问得似乎有点大。我这里要聚焦的问题是：制度可以管住人情吗？或者说，制度和人情究竟是什么关系？

为了避免这一疑问依然走向泛泛而谈乃至于空谈，本篇在此打算借一件小事来回答这一问题。我这里把我的研究称作“小事”，也是迫于回避研究方法上的纠缠，因为社会学定量研究的强势会抵制我这样不合规矩地、随意地小题大做。可我依然以小事作为切入点，是想表明以下几层意思：（1）这样的事情每天都在发生，不属于社会学家们刻意寻求或制定的大问题。如果有人看完后也同意此类事情的确很常见，那么恭喜你，你的确生活在一个讲人情的社会，我也无须添加更多的个案来加以说明；如果有人读下来的结果认为，此类事情非常个别，那么还是恭喜你，你的生活已经制度化了；（2）既然我说它是习以为常的小事，就无法拉开架势，兴师动众地做一次大规模的社会调查，为此获得一整套看似科学的数据来说明：我们的这一平常性的判断经过数据证明的确如此；（3）自定义为一件小事也是想主动坦白我不太可能把由此而生的相关的大问题（人情和制度的关系研究实在是一个大问题）说透，说完整。因此我承认，人情与制度的关系是不可能通过一件小事讲明白的，但可以讲明白的地方未必是问卷调查的强项；（4）一件小事本身不体现社会学研究上的代表性和普遍性企图。做这样的声明，也是为了避免定量与定性之间的没完没了的争论。如果有学者对我采取的研究方法持有异议，完全可以自己按照自己的喜好乃至规范程序来从事研究，用不着指责我的不是。其实，在我看来，采用什么样的研究方法不应该去关心社会科学里现有哪些方法供我们使用，而是要问我们研究的问题是什么。当一件小事经常发生，明摆着的时候，我们关注它，是想知道它发生的事理、机理或原理，而非其总体规模、变量关系、数据描述和分析等。即使回到预测方面来看，对机理与法则的认识也不输于数据的预测。说白了，本文想提供的是对中国社会中人情运行的一些洞见。我常想，既然经济学可以讲寓言，社会学为什么不能讲故事？为什么不能从故事中挖掘出社会机制运行的特征？[①] 费孝通晚年也曾说过：社会学要"讲故事"（tell stories）。又说，社会学要研究活的人、会讲话的人、会哭会笑有感情的人。[②] 当然，一件小事是否真的没有代表性吗？依然可以拭目以待。

二、一件小事

事情的经过是这样的：中国的各大学为了提高在校大学生的知识广度以及综合文化素养，或者说得更高调一点，培养复合型、创新型人才，推出了供全校大学生选修的通识课程。我在我的高校承担了其中一门课《如何理解中国人与中国社会》。选修人数大约在200人左右。这样的人数规模带来了考评上的难题：首先，文科类的课程不宜闭卷考试，因为没有什么标准答案，所以只能写课程作业作为最后的成绩依据。其次，虽然到课率也可以作为平时成绩，但这一部分成绩很难测评，因为每堂课都点名不很现实，随机抽查一下自然是可能的，但自信的授课者也不想用这样的方法浪费课堂时间；再次，小组讨论发言也可以计分，但如果老师课上有很多内容要讲的话，一般拿不出这样的时间来给学生分组讨论，而课后讨论很难组织，也很难计分，评分标准也不统一。总而言之，在我的通识课上，完成我布置的课程作业是取得成绩的关键。

在我的教学观念中，学生作业有好坏之分，有认真、诚实与否

---

① 翟学伟：《事实再现的文学路径》，见翟学伟：《人情、面子与权力的再生产》（第二版），北京：北京大学出版社 2013 年版。

② 李银河：《李银河：我的生命哲学》，北京：中华工商联合出版社 2013 年版，第 4 页。

之分，因此他们的成绩应有高低之分。但既然不是闭卷考试，没有标准答案，只要提交了符合我规定题目的小文章，我会将评分幅度控制在 60—95 分之间。当我按此设想批改完作业，登分提交教务处后，我接到了一位学生的电话。他在电话中质问我为什么只给他 60 分。我没有马上回应。在问完名字、学号、院系之后，我重新查阅了他的文章，发现他的文章中语言不文明（也可以说比较下流），文章写得既没层次，也没内容，所以就以一个负责到底的心态约他在学校饭堂见面，可以边吃边聊，因为我有充分的理由告诉他，这个成绩是合理的。

在食堂见面后，该学生先是赞美了我课讲得好，然后就说 60 分对他来说是一个耻辱的分。这个分数意味着他本不及格，却得到了及格的成绩。我说我承认这份作业的确应该不及格，但是还是给了及格成绩。理由很简单，作为一篇文章，用口头粗话来谩骂中国人是不允许的，何况文章写得也不好，所以只能是这个成绩。该生坚持此文写得好，只是我没有看懂，而且这样的语言在“90 后”看来不是粗话，我们之间有代沟。我回答道，如果代沟是存在的，那么还是这样的成绩，因为我自己变不成“90 后”的人。但看他对自己的文章如此欣赏，我问该生，在他看来，我该给他多少分为宜，他回答：95 分。我认为这个学生狂妄自大，而且还不知道自己的错误，即刻打断他，告诉他不可能，他说，92 分也行。他说着说着，泪珠开始在眼眶里打转，显得很难过的样子。他告诉我，他的专业课学习成绩是全班第一名，现在正准备申请硕博连读，如果通识课是 60 分，平均下来，别人就超过他了，很大可能是保研、硕博连读一事就黄了。我同情地说，分数调整还有余地，但也一定是在 70 分以下。对方得知我的态度后，恢复了常态，丢给我一句话：那他就放弃这门课。我回答可以。

我以为事情就这样结束了。但过了一段时间。该生又给我发短信说要见我，因为学校教务处按公选课规定不允许该生放弃这门课。我说，那我无能为力了。他说不行，他要求我帮他改成绩。我依然说 70 分以下可以调整，但他此时语气十分坚定地说：他不是来要 70 分的，而是来要不及格的。并振振有词道，既然我在食堂承认了这是一个不及格的成绩，为什么我给他及格。这样的要求顿时让我一头雾水，难道我把一个不及格的成绩给到及格还错了，真是好心当成驴肝肺了。该生接着说，他现在已经拿到了修改成绩表格，问我何时有空见面，他想尽快改回不及格。我们再次约会，他给了我一个教务处下发的成绩变更表，其中有几项选择：笔误、改错、补交之类。我选了“改错”一项。没想，教务处又打回来，让我详细说明当时成绩改错的原因。那我还能有什么原因，就是不该把一个原本不及格的成绩写成及格。就在此事发生的同时，另外一个学生也在电话联系我，又在质问我为什么给她那么低的成绩，我又查了她的卷子是 70 分。我回答是，因为这份卷子中有一部分内容是从网上抄袭的，为了严肃纪律，所以不能给高分。该生此时在电话中说我把她毁了，因为她大学毕业准备出国留学的，这样的成绩让她很难找到好学校了。因为有前面发生的事情，我没有再搭理她，但接着我院的教务员给我打电话，告诉我这个学生正在教务处哭闹，要求改成绩，教务处责令我院教务员找到我解决这个问题。过了一会儿，教务员派一个学生助理焦急地来到我上课的教室（估计是修改成绩的限期要到了），又拿着相同的表格，让我改成绩，我还是选了“改错”一栏。然后写上的理由是有抄袭，所以改判不及格。

现在所有问题都集中在了为什么学生认为成绩不理想，就想不及格呢？我请教了教务处的负责人。原来这里面有一个窍门。按照教务处的相关制度规定，如果学生课程成绩是及格的，那么这个成绩就记录下来，变成了学生在校学习总分的一部分。如果不及格，那么虽然原始记录消不掉，但是无论是出国深造还是免试保送，这个成绩由各院系自行处理，可以不算在成绩单内，或者在成绩单上不显示。于是学生听课的策略就是如果成绩好就留着，如果成绩不好就先改不及格，然后再取消这门课的成绩。我后来算下来，这次通识课成绩出来后，通过邮件和短信质问我成绩的学生大约有6位（对于为何没有更多的学生来找我，我的解释是这不说明制度有效，而是我给的分数比较令他们满意，因为想出国深造或者直博的人毕竟是少数），而直接找我改成绩的是上述两位，质问我怎么回事的还有一位学生家长。

三、人情和制度：初步的讨论

现在我有必要亮出我下面的研究方法了。以日常事件来分析社会运作的法则源自我受到美国人类学家霍贝尔（E. A. Hoebel）提出的功能现实主义之启发。[①] 这一方法论的意义在于他批评实证主义看似研究社会现实，实是讨论变量间的数学或逻辑关系，却并不反映社会运行。功能现实主义希望能在整体联系的意义上提出社会运行的前提原理，具体做法是从事实中去寻求现象发生的前提，然后进行推理。当然一个比较相似的观点也来自美国人类学家许烺光的方法，他曾通过“公设”（基本假设）来推导中美文化模式的差异。[②] 依照这一方法的要求，我先来梳理一下这件小事当中显现出来的人情和制度问题：

1. 我本人作为通识课程的老师，事前没有学习了解学校教务处的有关规定，当然教务处也没有下发有关规定（或许有的规矩也是

---

① 霍贝尔：《初民的法律：法的动态比较研究》，周勇译，北京：中国社会科学出版社1993年版，第17页。

② 许烺光：《文化人类学新论》，张瑞德译，台北：联经出版事业公司1979年版，第99页。

潜规则，需要口头交流，心中有数，灵活掌握），所以在批改作业的时候不知道及格与不及格的含义是什么，只知道如实地批改作业，但又考虑到不为难学生而定下了分数范围。这等于在说，我给出的分数是实情和人情的结合。

2. 学生在选修通识课的时候，也没有好好学习教务处的选修课条例，或者先不考虑自己的提交作业会给自己带来什么后果。一旦发生麻烦，他们会聪明地研究教务处相关规定有什么漏洞或者余地，以便可以钻空子。

3. 老师在给成绩的时候，有人情上的考虑。他在制定打分的幅度时就已经把不及格排除在外了。也就是说，学生只要做得不太过分（太过分的事件是平时旷课，不交作业，但依然哭着闹着问老师要成绩），无论怎样胡乱应付作业，老师在人情上都能保证其及格。

4. 学生基本上能预计到无论自己如何胡编乱造，抄袭乃至于用不文明的语言来完成作业，老师也不会为难他们，因此他们完成作业情况如何只取决于自己的学习态度。一旦遇到老师真给了他们不想要的分数，可以理直气壮地要求老师加分。

5. 学生的未来发展是老师给学生好成绩的最终理由，而非学生作业做得如何是老师给成绩的理由。如果制度能毁掉一个人的前程，人情能促成一个人的前程，为什么不用人情，而用制度？

6. 制度的本身设置当中，也有人情的成分。不及格可以不算总分，或不显示，或放弃，说明了制度看起来是对一种活动的规定和保障，实际上也是从人情出发来加以制定的。

总结出事件中的六条有关人情和制度的关系之后，我们最初得到的最重要结论是，以后遇到这样的事情就得制定详细的制度和条例，并要求人人都得认真学习，然后加强监管。或者说，为了避免各式各样的、没完没了的人情问题，有课的老师和学生都必须按照相关规则办，否则后果自负。可是，如果我们多少懂得一点人情运作的方法，就发现这不是一个正确的结论，更不是好的建议。比如对我来说，如果我事先了解了这些规定，我就当真如实打分，按章办事了吗？我估计我倾向做的事情是，不再把给分幅度限于60—95分，而把幅度上调为75—95分。理由是，这是一个皆大欢喜的结局，换句话说，都给学生打到75分以上的成绩，既不违反制度，还没有人打电话骚扰，又无须赴约解释，再无人又哭又闹，更不用按照什么规定让我详细写明改错成绩的原因，何乐而不为？但是，虽然后者回避了制度设置给我们带来的种种麻烦，却在根本上必须承认一个事实，即“名实分离”。而由此引发的一个深层次问题是，在共有的价值观或文化主旨层面，该社会是否认可或容忍“名实分离”。所谓“名实分离”是说，在形式上，制度自始至终都在发挥着其应有的作用，而在内容上，真实社会并没有依照制度所发挥的作用在运行。或者通俗地讲，面子文化的意义在于，你看到的不是真的你看到的。[①] 而具体到这件小事中，即一个人取得的成绩不反映一个学生的真实学习或作业情况。

作为一项探究性的思考，我首先遇到的一个问题是这样的小事何以能上升到如此这般的高度上来讨论？依照社会学的研究方法，学者可以异口同声地说，这是你的事情、你的处理方式及你自己的一些感想。一件事不过是一件事，可整个讨论方式都说明了你没有用社会学方法来处理这一事件，不懂个案是没有代表性的。好吧，先说一个相关而有趣的事情：因为部分老师在成绩打分中多少有些问题，在我参加的一次学院教学会议上，分管教学的副院长给老师传达的指示是，教务处发现有些老师上完一门课后给学生的成绩都在90分上下，希望引起注意。我不明白，这里引起注意是什么意思。一种最直接简单

---

① 翟学伟：《中国人的脸面观——形式主义的心理动因与社会表征》，北京：北京大学出版社2011年版。

的理解就是，不会一个班的学生学习都那么好吧。按照这样的理解，我还得反思我自己：为什么我的班上没有这么好的学生，或者是他们一进到这些老师的课堂里就都那么认真，努力学习，而一到我这里来就不好好学，难道我在误人子弟？或许，从事社会学方法的人又要教导我，研究这个问题，要学会设计问卷并寻求很多变量并计算这些变量的关系，比如学生的年龄和性别、学生的专业兴趣、学生的学习动力、老师的个人魅力、老师的讲课内容、老师的表达能力、老师的普通话水平、此门课的重要性等等，然后根据回答来进行统计分析，结果就出来了。可在我看来，把这些乱七八糟的变量同人情相比，我得到的就是一句很省心的大实话：这些给高分的老师无所谓自己课程、动机、魅力、内容、表达力如何。这里面什么变量都不重要。重要的在于这些老师太聪明了，他们知道给一个令学生满意的成绩可以得到一个皆大欢喜的结局。因为唯有这样做，他（或她）就用人情解决了制度上的难题，即因为很多学生上这门课可以得到高分，于是他们反过来也把上这门课的老师夸得像花一样作为回报。这时，当我们设计了这些变量来问这些学生时，他们可以在问卷上告诉我们这位老师讲课真好，内容真丰富，工作真认真，然后社会学家再用这些调查出来的数据铁证如山地说服我：有的老师上课很好，有的老师上课不好。可在中国高校工作的人心里都清楚，在上课中做人情、做好人可以导致师生之间互相抬举。这是一个人情的游戏，不是一个调查统计里要区分的各个变量的关系。

至于上述事情是否普遍，从2003年起，教育部轰轰烈烈地开启了一次大规模的部属院校本科教学质量大检查活动，后面又进行了多次。为了迎评，各高校首先是自查，结果查出一大堆需要整改的地方。但这不妨碍在短期迅速见效。等检查团一到，大多数大学的评比都得到了优良的成绩。但请注意，这不能简单地理解成是制度的胜利，而只能理解成是借助于大检查，大学需要把已经名存实亡的制度恢复起来，否则依人情运行下去，教学质量已经无法保证。如果说，这无论如何也是制度的胜利，那么请问，检查接待与评比过程中是否也有人情运作？

四、中国日常社会运行的基本法则

很多读者或许对通识课、选修、给成绩及保研、硕博连读等说法很陌生。我前面说了，这不过是一件小事，重要的问题是在于我能否把这件小事提升到一个社会运行法则的高度上来思考，以获得对中国社会运行特征的某些洞见。

借用人类学家提出的公设、前提和推论的方法，我认为，以上小事实际上透露出了中国日常社会运行中的基本价值、轨迹和方向：

前提Ⅰ：虽然每一个人的行为方式均有差别，但即使有再大的差异，每个人都可以把人情作为评价、处理、奖惩人事的最终依据。（可对照的世俗表达：人心都是肉长的；人非草木，孰能无情；于心何忍。）

推论 1：没有什么事情是不可改变的。

推论 2：对人事的判定很难有绝对的对与错。讲人情好处在于它可以对原则做变通、权宜和处理。

前提Ⅱ：制度对人情的约束是有针对性的，因此是具体的，局部的，而人情是根本的、整体的、全局的。在任何时候，顾全整体、大局总是比具体、局部重要。（可对照的世俗表达：人情大于王法；对事不对人；顾全大局；以大局为重。）

推论 1：一个人的行为过失不应当只考虑过失的条例如何规定，而应当考虑对他带来的后果是什么。

推论 2：一个人的过失如果影响到相关他人，也要考虑其他人的得失。

推论 3：制度都是人来执行的，执行者也是人。人都应该有情，可以通过商量来达成共识。

推论 3'：是非、真伪、诚实与否不重要，合适、恰当、识相最重要。

推论 4：在制度与人情之间一定存在一个回旋余地，发生了事情可以寻求余地，酌情处置。

前提Ⅲ：纵观人的一生，没有不犯错误的，不能因一时的错而影响其一生。（可对照的世俗表达：人非圣贤，孰能无过；惩前毖后，治病救人；得饶人处且饶人；不要一棍子把人打死；高抬贵手；手下留情；网开一面；留点面子；恩重如山；还人情。）

推论 1：当一个人违反制度的时候，可以根据这个人显现的前程原谅此人，给他改过的机会。

推论 2：制度设计本身要为一个人的一生负责。

推论 3：求情、讲情面或手下留情可以挽救一个人的人生。

推论 3'：被挽救者在精神或物质上应该感激挽救者。

前提Ⅳ：如果每个人的本性都善良，社会就会美好。（可对照的世俗表达：与人为善；少得罪人；出发点是好的；好心办坏事；情满人间；人间自有真情在；改邪归正。）

推论 1：一个人很担心被他人谴责为没有良心。

推论 2：一个人表现再恶，也可以从善来推论。

推论 3：惩罚不是目的，接受教训，成为好人才是最终目的。

推论 3'：处置人的问题时教育最重要，意识到悔改、悔恨、后悔、痛改前非、愿意接受教训就要适可而止。

前提Ⅴ：制度与人情不是矛盾体，而是一种融合。（可对照的世俗表达：法不外乎人情；天地良心；情理交融；合情合理。）

推论 1：具体情况具体分析，没有统一不变的规则。

推论 2：感情用事或者严格执法都是对平衡与和谐的破坏。为了不产生这样的破坏，必要的时候，形式同内容可以分离。

推论 3：平衡或融合将满足大多数人的社会需求（从中看不出是人情或是制度的作用），不满足的只有少数人。

推论 3'：任何一味地按制度办事的人被看成是没有人性的人。

推论 3''：以没人性的行为来对抗没人性的行为会导致事件恶化。

前提Ⅵ：人情有亲疏、远近、深浅及其相应的冷暖之分。（可对照的世俗表达：骨肉之情；手足之情；打断骨头连着筋；手心手背都是肉；一家人不说两家话；大水冲了龙王庙，一家人不认得一家人；亲不亲故乡人；打狗还得看主人；不看僧面看佛面。）

推论 1：区分人情关系差异将决定人情的波及范围。

推论 2：没有人情关系也同样可以“用情”（套近乎）来拉近关系。

推论 3：当人情关系无论如何也不可及至时，社会亦不体现为制度运行，而表现为冷漠或冷酷。

上述的前提和推论统统可以回溯到中国社会建构的一个公设上去：

公设：社会构成的出发点应该是：人皆有等差式的恻隐之心，或有不忍人之心。

应该说，就如何给社会运行定一个基调而言，孟子成功了，儒家成功了，而且他们在现代中国社会依然获得了广泛的成功。用现在的话来讲，在一个讲人情的社会，任凭我们如何想方设法地建立、完善和执行制度，我们社会的底色依然保持着人情的基调——与人为善。虽然对所有的社会而言，制度或者对于其社会成员的行为规范是必需的，但这不妨碍中国人用自己的方式来处置它同以上公设的冲突，即上述的各项前提与推论。当然，当这样的人情泛滥到导致制度失去控制的时候，制度本身则不再可能自动恢复到其原有地位及其作用上来，唯有借助于一次（又一次的）所谓“运动”才可以再次把制度恢复到原有的平衡点上来。这时，我们看到人情与制度之间有一个动态的平衡点，而不是冲突。其含义是人情很有弹性地穿插于制度之中，或避开制度，而不同制度相抵触。众所周知，针对情的滥用而兴起的各项运动在性质上具有无情的特点。但依人情前提原理Ⅰ、Ⅱ、Ⅲ来看，无论如何，搞运动也要适可而止，一旦过了头（所谓残酷打击，无情斗争），触及了人情之人性层面的基础（人心底线），民众就会怨声载道或发生更大的社会危机。更何况，为了在运动中过关，打点人情本身也在所难免。所以从某种意义上讲，人情与制度的关系是理论上所维系的动态平衡关系和实践中所体现出的此起彼伏的循环往复。进而我们也可以发现，在一个以人情为本的社会，社会对人情泛滥的整治不借助运动，也无他法。

以上讨论会引发一个疑问，那就是哪个社会不讲点人性，或者不以人情为基础？以我的浅见，西方社会建构倾向把人情看成是个人自己的事情，而让它同制度设立无关。制度只用来保证或控制社会（或组织）程序的有效运行，个体也只要求在制度框架内保证他的自由，仅此而已。为了说明这一点，我们来看一则在西方高校工作的教授给出的反例。此例同我上面的故事有得一比，显然是从一个有中国文化背景的国外教授口里讲出来的：

> 我有一个学生叫威廉，是个黑人学生，很有礼貌，也很聪明，一年前选过我的逻辑课，可上了几节就不来了。期中考试，威廉考了个不及格。他跑来跟我求情，说他爸爸死了，所以缺了很多课。中国教授通常都比美国教授讲情意，我立刻很同情。这不仅仅是缺不缺课的问题，而是他能不能付得起以后的学费的问题。威廉说，学费他倒不担心。因为他是现役军人，军队替他交学费。我一听，也放心了。我说："你可不能再缺课了。"威廉依然缺课一直缺到期末考试。他请我不要给他不及格，给他一个"课目未结业"，他说他的部队要到伊拉克去打仗了。我一听，立刻同意。威廉才二十多岁，谁知他还能不能回来呢？威廉从此消失了一年。

可突然有一天，我接到军人驻校办公室的一个电话。一个军人问我："为什么威廉一年前的课到现在都没有结业？"我说："威廉到伊拉克去啦。"那边立刻提高了嗓门："他到什么伊拉克？他撒谎。他知道在他读书期间，部队不送他去前线！"我一听，当然很生气，立刻给了他一个不及格，送到成绩部去了。

没想到部队不让这事结束。他们三番五次打电话来，要我起诉威廉"学术欺骗"。威廉也来找我，依然彬彬有礼。他说，如果他父亲还在，他就让部队取消他的合同好了，可是他父亲死了。他不想失学。

对这样的是是非非，我一听就头疼。我是教授，我只管给学生成绩，学生的德性由他们自己负责。我没理部队的要求。

一天我下课回来，办公室门口站着一个高大的军人，没有一丝笑容。他说："戴博士，我是团长詹姆斯，我得找你谈谈。"我一看这么一个大家伙站在我办公室门口，第一个反应就是："我做了什么坏事？"团长詹姆斯倒是开门见山："我们要把威廉送上军事法庭，因为他撒谎。"

我一听事情这么严重，就说："我已经给了威廉不及格了。他已经得到了惩罚……"团长詹姆斯打断我的话，脸严肃得像个门板："戴博士，我请您认真想一想，如果您不起诉，他就可以从这所大学毕业。他毕业后，就可以当连长。32个美国的儿子和女儿的生命就要掌握在他手里。如果他不诚实，您能放心把32个美国的儿子和女儿交给他吗？"

这话儿说得不紧不慢，但很有威胁力。好像如果我不起诉威廉，这32个美国的儿子和女儿死在他手上，我也要有责任似的。32个美国的儿子和女儿的生命可不是小事。我想了一个星期，依然决定不起诉威廉。我当然不放心把32个美国的儿子和女儿的生命交在他手里，可为撒谎起诉自己的学生，却也不是我能做出来的。

过了几个月，我在校园里碰见威廉。我问他有没有被送到军事法庭。他说："倒是没有上军事法庭。可我自己要求退役了。因为我不诚实。"

以后，我就再没见到威廉。他不再是军人，也不再是学生。"32个美国的儿子和女儿"的生命算是安全了。威廉最后对我说的那几句话却真使我看到了"诚实"在美国的位置。[①]

在这个故事中，我们看到了一个无情社会是如何运行的。这其中的前提原理就剩下了社会的正常运行需要制度的保证，处于制度中的人所能做的就是按照制度来行事：缺课、惩罚、结业、合同、起诉、军事法庭、退学等等。作者作为华人，内心里面有人情的特质，对发生的许多事情多少还充满了怜悯与同情，也有我在人情社会前提推论中提出的想对此学生未来着想的希冀。但当地的相关制度最终约束了他去尝试改变，也让他的心肠变硬，并尽量无情地按章办事。在中国社会，极少有人会把一次原谅或把一个人的不诚实同其未来会发生什么人命关天的事情联系在一起。如果有人给我们说这样的道理，我们认为这是"小题大做""别有用心""不可思议"或太富有想象力了。在人情的立场上看，人们都相信，给这样的人一些教训是必要的，但没有必要"一棍子把人打死"。

颇为凑巧的是，我本人也教过五年左右的美国学生，也教过华裔美国学生，当然更多的时间是教中国学生。在我的记忆里，我教过的美国学生也比较计较分数，但的确没有发生过要求改分数的事情。当他们对自己所得的分数不满意时，他们会来找我，要我说明他为什么是这个分数，提问中也包括同其他学生比较的意思（比如其他人有缺

---

① 青梅：《"诚实"的地位》，载《文化博览》，2006年，第8期。

课现象，但依然同他分数一样等），显然他们想要的是一种公平。我教的华裔美国学生有点差别，他们有人在交给我作业的时候会附上一张条子，告诉我他的境况以及他如果能得到好成绩会有什么样的好结果，这样就让我在给分的时候会考虑他的请求，当然他们本身的作业质量也不错。在我教中国学生 20 多年的时间里，从来没有发生过上面的事情。中国学生比较自信地预计到了他的认真或不认真，乃至是否胡来都不太可能出现一个不好的结果（这可能是中国一句广为流行的词“混”的意思，比如“混文凭”“混日子”等）。当然一个中国学生如果对自己要求比较高，也不在于制度怎么规定，而是有他自己的追求。可见，从各个方面比较来看，中国社会运行当中的确会以人情作为基础，这点造成了制度从设立到执行上的复杂性。

结　论

迄今为止，几乎所有人，包括学者自己对生活与社会的认识大都来自对自己经验到的或从他人口中以及从媒体报道中的事件的体察或思考。一个再强调用抽样的方法来看社会的学者，也离不开他在表述中情不自禁地通过举身边的事例来说明一个观点。反过来说，一种被数据所证明可以作代表性的研究结论，很多时候也只因为是数据结果而避免了代表性的争议。至于它是否因为是数学表述就真实地代表了某种现象，其难度同个案一样大，只是各自的难度不同而已。那么个案不能作为代表性的困难究竟在哪里呢？为了探讨这个问题，也为了让本研究所获得的结论应该在一个合理的研究框架内，我必须先来讨论一下这一问题，否则上述的整个讨论方式都将面临质疑。

首先，我必须承认，在数量意义上，个案研究本身的确没有代表性。在现有的社会学方法中，其实无论再增加多少个案，只要不做规模性的社会调查，其代表性依然受到怀疑。显然这不是一个增加个案数量可以解决的问题。讨论以小见大、小题大做、以点带面的研究方法，乃至于从具体上升到抽象的问题，需要撇开数量统计来加以认识。这样的认识高度在于我们要问：究竟什么是社会学家？或者社会学家意味着什么？社会学家一般可以被理解为具有社会学专业知识并从事社会学专业研究的人。可是专业知识的意思难道是指专业书本上编排的或记述的那些内容或者是会操作社会调查与统计的方法吗？我想不是。社会学专业学习必须培养出具备此专业敏感性和相应能力的人（而非使用专业工具的人，今日有人悲哀地发现，社会学不研究社会，只强调方法）。这好比美术专业、音乐专业、摄影专业乃至舞蹈专业等。对普通人而言，线条、颜色、声音、肢体动作等就是这些现象之本身，可专业人员却能在其中发现“美”并进行再创造。中国有句俗话叫“外行看热闹，内行看门道”。这个“热闹”即所谓丹尼尔·卡尼曼（D. Kahneman）的“快思考”，而“门道”则是“慢思考”。[①] 其实，思考之快与慢并不取决于时间，而取决于专业素养和训练。比如一个象棋高手瞥一眼棋局就立刻知道其大势已去或如何才能反败为胜，一个文物鉴定专家瞬间就可以知道一件古玩的真假等。那么，一个生活事件对于社会学专业的要求是什么呢？就是社会学的想象力，[②] 即专业社会学者应该有能力把个人的事情同社会结构或运行联系在一起来加以思考。

其次，具有社会学想象力的人即使具备了个别事件与社会的联系，他们对生活事例的捕获也不是有一个算一个，而是有所考虑的。无论一个人是不是专家，生活事件每天都在没完没了地发生着，但这不意味着一个社会学家统统把它们纳入自己的思考或研究范围，

---

① 丹尼尔·卡尼曼：《思考，快与慢》，胡晓姣、李爱民、何梦莹译，北京：中信出版社 2012 年版。

② 米尔斯：《社会学的想象》，张君玫、刘钤佑译，台北：巨流图书公司 1996 年版，第 34—37 页。

更多的可能是他在用他的专业不断地筛选，选择他多年思考、积累、熟悉的、可以从事的议题。当一个生活事件最终被确定下来后，就意味着此事具备了可以作为社会学研究对象的特质或要素，也隐含了其代表性的诞生。但这毕竟还是一种主观认定，究竟是否具有社会性意义尚需要进入下一个程序。

最后，检验这个代表性是否成立不在于社会学家自己的看法，而在于这个事件同他研究对象背后所包含的社会结构与文化价值是什么关系。任何一种可以称为文化模式的都为该文化的历史所积淀、倡导，并已成为一种习惯或思维方式。如果一个事件同该社会结构、文化价值或行为模式相吻合，那么它才有机会具有代表性或普遍性。对于一个职业社会学家而言，熟知他所研究的社会中的文化特征、社会运行、经典作品或者生活趣味等都是必备性的，否则他的个案研究乃至于即使从事定量研究中所得到的数据，也只能停留在对事件的小心翼翼的描绘方面，作者既不能解释、讨论，也不敢放言这个事件中所蕴涵的社会运作法则。霍贝尔说：

> 当一个人类学家做一种文化和其习俗的报告时，他就被推定提供了一套经过统计的行为方式。我用“推定”一词，是因为他很少真正在一段有限的时间内对全部行为做数据的统计，从而以数字的方式精确地表示行为所发生的频率。一般说来，这既不实际也不可能。因此，进行田野工作的人类学家观察到一种看起来十分一致的行为方式，便说“这是习惯”，意即“这是规范（的方式）”。[①]

---

① 霍贝尔：《初民的法律：法的动态比较研究》，周勇译，北京：中国社会科学出版社1993年版，第14—15页。

也就是说，文化中的某种习惯或规范本身就是由社会方面提供的典范，所谓代表性或典型性就是指一个生活事件同它的吻合度或者逼近程度。当然，纵使一个人违背这样的习惯或规范也不意味着此人不能在此社会中生活，只意味着此人的所作所为得不到该社会的认可，或令人反感或被声讨、唾骂等。于是，个案研究具不具有代表性，未必需要考虑抽样与总体之间的数学关系，而在于一个事件能否被拿到文化模式中去讨论。如果答案是不能或者牵强附会，那么此代表性就自动消失了，如果符合文化模式的要求，那么代表性就在其中。

回到正题上来。本文将一个日常事件放入中国社会的文化模式中来考察，通过事件中提取出来的核心要素，在该文化模式中的公设、前提原理和推论中进行了讨论和检验，再结合该社会民谚的世俗性表达（中国人的社会与世俗价值观），发现了人情在中国社会文化中的底色意义。原本传统中国社会运行就有很明显的情、理、法三位一体的倾向，[①] 而从现代意义上看，说中国社会因为走向了法制化、制度化，所以不讲人情了，那显然不符合事实，也是一种乐观主义者的自娱自乐；说中国人因为讲人情，所以中国人没有约束、恣意妄为乃至于无法无天，那也不真实，因为中国有史以来一直在不懈地建立各式各样的规章制度。就真实层面来讲，人情和制度的关系所构成的对中国人智力的挑战，就是如何在其中寻求一条出路。由此出路而显现出来的社会运行特征导致了我们怎么评价中国社会都有一定的道理，可下什么结论也都未必正确。很多人试图把人情划归为组织（社会）运行中的非正式因素，然后在正式和非正式的二元对立的框架下来讨论中国人的人情问题，显得过于天真了一点。

---

① 范忠信:《中国法律传统的基本精神》，济南：山东人民出版社 2001 年版，第 362—369 页。

其实，人情大国更希望有严格的规范，所谓国有国法，家有家规，否则将混乱不堪；但如果说有了制度就得按章办事，那也低估了中国人的智慧、习性及其能量。

我们在这一高校学生改成绩的事件中看到，参与此事的师生心中都有人情在起作用。人情成为我们判断与运作一切相关事情发展的基础。讲人情的人固然承认制度存在的必要，遵守制度的必要，但他们不甘心于受制度的摆布，而希望通过一切可能，包括制度漏洞、制度余地、制度的人性化一面绕回到人情上来。可以说，制度的设立在某种程度上起着引导人情向哪里去的作用，而不是消灭人情的作用。评价一个人“不近人情”看似温和，却是对中国人做人方面的一个严重贬损。显然我们不能为此认为“大凡是人就会这样”，即把人情作普遍的人性来看待。要想了解一种不讲人情的文化模式，可以看看爆料出来的中国留学生在海外耍小聪明的后果，比如考试作弊、成绩造假、抄袭作业等所受到的开除处理，就可以知道公设与前提不同，处理方式就大不相同。当然，在一个讲人情的社会，文化主旨、价值观对这些行为也持负面或否定的评价，但关键在于以人情为基调的社会如何来处置这样的行为。

通过本文对人情与制度的关系研究，我认为最值得思考和玩味的地方在于人情完全可以不同制度相抵触，因为中国人在其保留的人情底色中所采取的行动策略完全可以让人情与制度相安无事，两全其美，互不碰撞。这种互不干扰状态看起来是对两者关系所做出的游刃有余的把握或曰拿捏，属于一种把玩人情世故的高超境界，但它们客观上则不可能不发生实际的社会效果，即所谓的“名实分离”。名实分离并非人情社会的成员尤其是制度设计者不能意识或预见到的问题。但预见到又能如何，有法不依，执法不严；制度是死的，人是活的；上有政策，下有对策等一系列说法成为中国人展开人情与制度之“智斗性”的常识。它们给社会民众的一个重要暗示就是人情和制度是一种平衡关系，也隐含了在功能意义上处理它的方式无法靠建立健全制度本身来完成。于是，各项政治或社会运动（清查、检查、检举、揭发、过关等）将以不同的、有节奏的方式周而复始地进行着，其目的是希望让人情与制度重新回到平衡点上来。而参与其间的执法者本人在原则上也被要求为人情关系波及不到的那部分人。可是，当这些运动被民众称为“轰轰烈烈走过场”或者“雷声大雨点小”时，我们将会看到一种人情社会的必然逻辑（其中，“轰轰烈烈”或者“雷声”是运动使然，“走过场”或者“雨点小”是人情使然）。

显而易见的是，中国业已成就的社会文化价值及其规范正面临着改革开放。当西方社会、文化及经济制度借助于国际市场相互接轨之际，尤其是以整体性的企业或管理模式进入中国社会之际，或者是中国自愿地想融入世界体系之际，其冲击之大是可以想象的。但谁又敢说这个社会因此会变得没有了人情的底色或没有了人情味？

附：耻感文化的狡黠之处

——从一项问卷调查想到的

一、“蛇年的第一惊吓”

——盛况空前的油画人体展及其心态调查

耻感文化是海内外学者对我们东方文化（主要是儒家文化）的一种概括，它可以同西方的罪感文化相对照，其特征是这种文化中的人非常在乎别人怎么说，怎么看，怎么议论，故其行为将被这样一些外在的社会标准所规范和制约。在这里，我想借1989年初冬，在北京的中国美术馆举办的“油画人体艺术大展”来表明东方这种耻感文化中没有被人注意到的一面。而很有可能真正制约我们行为的，是这一面的特征在起作用。当然，画展的事距本文写作过去快十年了，人们在90年代的观念也不再能和过去，哪怕是几年前相提并论。但我始终认为，文化的发展总是有其轨迹的，要想知道现在，总是会想想以前，至少是不久以前，这可能就是历史的意义吧？而尤为重要的是这一事件所传达出来的中国人的一种道德内含及心理特征则不但不会过时，甚至还会在诸多方面表现出来。

这场前所未有的中国“油画人体艺术大展”共持续了18天。据购票数量统计，前来观展的达22万人次，创有史以来观众人数最高纪录，当然也创下了票价和票房收入的最高纪录。其社会影响仅就当时国内外有50家新闻单位相继做了报道便可见一斑。一种画展能产生如此之大的社会反响，其原因是一目了然的，因为它展现的是人体。众所周知，在中国，人体是不允许展现的，观众也不能公开地观赏。而现在人们只要花钱买票，就可以大大方方地观看，自然让举国各界人士好好地惊吓了一次。接下来的问题是为什么人体不能展现呢？这就回到我们的话题上来了，因为展现人体是和耻辱感紧密联系起来的。

讨论人体美及其和艺术关系为题的文章可谓汗牛充栋，但这并没有让中国人的耻辱观念有多大的改变。这里面的原因之一可能在于中国人可以承认人体很美，模特儿也可以成为一种专门职业，但这并不意味着她们可以公开展览。可美术家却从职业上认为任何的作品（包括人体作品）只有在展出中（或由此带来收藏）才有意义，否则便是一些练练笔的习作，这里面没有什么耻辱观的问题。由此一来，就让身在其中的人感到了一种困惑，正如一位模特儿自己说的："在学校里，听老师猛夸这件工作神圣、纯洁，是为艺术牺牲什么的，说得天花乱坠，自己也相信就是那么一回事了。可到社会上，人家才不管你呢，他把你看作是妓女。"在这次画展中，有两位女模特为此打官司，认为这次大展和有关出版社侵犯了她们的肖像权。而从有关资料反映的实情来看，这一举动的动力源并不真是侵犯其肖像权的问题（即罪的问题），而是使其无法忍受受人指责（即耻辱）的问题。《中国妇女报》曾发表过这样一条消息："大展开幕以来，两名模特儿不断受到谩骂、指责、围攻、侮辱，她们的家庭也出现矛盾。其中一名丈夫已经提出离婚，另一名正在孕期，被家里老人轰出来，不让在家居住。她们目前东躲西藏，生活十分艰难。""一位模特儿在大展的第一天来到展厅，直接听到了观众的辱骂。""据报道，在模特儿诉讼事件闹出来后，有两个年轻的女性观众说：'既当了婊子，还想立什么牌坊。'"

如果以上面的描述来看，我们一定会以为这次画展虽有强烈的社会反响，但其所造成的结果是不太好的。但问题的复杂性在于，如果我们来审视一下当时的一项权威性的民意调查，就会得出一个相反的结论，这项调查是在519份问卷的处理基础上统计出来的。

问卷中“大展”的总评认为好的为77%，一般为20.2%，差为0.8%，未填为1.9%；认为“大展”对中国人原有性观念以积极影响为主的为94.6%，以消极影响为主的为2.5%，未填2.9%；认为人体模特工作崇高，应受尊敬的占78%，丢脸、见不得人的占2.3%，其他19.6%；认为如果待业，愿当模特儿的为33.1%，无所谓的为35.6%，不愿的24.6%，不填4.2%；问如你亲人当（完全或勉强），可接受的占80%，不接受的占15.6%，不填4%；问模特丈夫提出离婚一事，赞赏和同情为28.7%，不同情和应谴责为57.3%。结果这一问题的结论颇为出乎意料，中国人的观念已有了很大的进步。

作为一个社会学家，以上两种相反的结论孰正孰误是不言自明的，因为统计调查所提供的数据要比个别性的采访和报道准确得多，也更能反映公众舆论。但我不想讨好社会学家的一种回答是，社会学家可能不知道这里面的一个圈套，或许可以叫作耻辱观中的耻辱观，即如果我们不先研究中国人道德特点，就不能了解具有这种耻辱观的人会如何评价他们周围发生的带有耻辱观的事情。话说起来很费劲，但这种现象还是一目了然的：为什么那些受辱的模特儿及其有苦难言的丈夫总是生活在这10%—20%的人当中，为什么正好是这些模特儿的家人不觉悟，而自己家没人做模特儿的观众很觉悟呢？有一篇名为《蛇年的第一惊吓——中国“人体现象”随笔》中的一句话对回答这一问题是有启发的：“如果你问观众‘人体美不美？’有的发出两声‘嘿嘿’，笑而不答，却意味深长；有的会说：‘怎么说呢……’，一古脑地把西方文化史给你复述一遍，其中闪烁着诸如‘人性’‘人文主义’等崇高的字。”当面问能问出“嘿嘿”是问卷无法表现的。问者能察言观色，体味它的意味深长之处，如果叫答者填表，他可能又是80%—90%里的一个。再假设，如果那些闹离婚的丈夫们的妻子不是模特儿，而他们也去看画展，也填问卷的话，那他们也就会成为80%—90%里的一个。

二、耻感文化与罪感文化

因此，要弄清楚中国人心理与行为上的这种复杂性特征，我们必须分两步走：首先得分析一下中国人道德观中关于耻辱方面的特点，然后再来认识这一事件的意味深长之处。

关于中国人的耻辱观问题，在中国一直很缺乏研究，我们对于中国人这一观念的认识，主要是以“二战”后由美国人类学家本尼迪克特（R. Benedict）撰写经典之作《菊与刀》中对日本人耻辱观的研究为根据的。她在该书中通过对日本人和西方人的比较，得出了日本人心理的原动力是耻辱感，而西方人则是罪恶感的结论，她说：

> 真正的耻辱感文化靠外部的约束力来行善。而不像真正的罪恶感文化那样靠内心的服罪来行善。耻辱感是对他人批评的一种反应。一个人因受到公开嘲笑与摈斥，或者自以为受人嘲笑而感到耻辱，在任何一种情况下，耻辱感都将成为强大的约束力。但它要求有旁观者，至少是想象出来的旁观者。罪恶感并不如此。在一个荣誉意味着无愧于自己心目中的自我形象的民族中，一个人即使在无人知晓自己的不端行为的情况下，也会为罪恶所烦恼，而且他的罪恶感确实可以通过供认其罪恶得到减轻。[1]

本尼迪克特的这一结论在学界曾引起过广泛的争议。赞同者无须多说，反对者的理由是这种划分不准确，东方人对耻和罪的理解和西方人并不同，说不定西方人界定的罪的行为在东方人看来即是耻。暂不论东西方人对耻和罪在理解上有什么不同，用这一观点直接来对照模特儿的遭遇是非常有说服力的。但我想提出的问题是，这一理论似

---

① 本尼迪克特：《菊与刀》，北京：商务印书馆 1994 年版。

乎忘记了那些让模特儿产生耻辱感的人的耻辱感。而正因为我们长期以来忽略了这个问题，我们会简单地以为中国人的耻感具有外控性的特点。它与罪感不同之处在于：耻感是能不能合乎社会标准，罪感是能不能对自己的良心交代。故耻感是对外的，罪感是对内的。

的确，儒家文化对这一概念的理解与西方人的理解略有不同，耻不完全指一个人对社会评价所表现出的心理反应，显然中国人的耻也存在着一个自我良心交代的问题。反观儒家经典，我们至多只能发现儒家非常强调耻（而非刑或罪）同道德的内在关系，如子曰："道之以政，齐之以刑，民免而无耻；道之以德，齐之以礼，有耻且格。"（《论语·为政》）子曰："……邦有道，贫且贱焉，耻也；邦无道，富且贵焉，耻也。"（《论语·雍也》）子曰："行己有耻"。（《论语·子路》）子曰："……不恒其德，或承之羞。"（《论语·子路》）等等。这些论述所侧重的是人要有德，无德就会无耻。

三、中国道德的特征

因此我们问题集中在了中国的道德究竟是一种什么样的道德。关于这一问题，儒家经典中就无现成的答案了。但这一答案却正是儒家经典在整体上所反映的几个特征：（1）儒家对它所强调的重要概念总不给出明确的定义；（2）由此要求人们在实践中体会这些概念；（3）这些实践过程有赖于人在社会中先确定自己面对什么样的角色，然后去尽量扮演好这些角色，诸如父子、夫妻、兄弟、君臣、朋友等。如果我的这个归纳没错的话，那么我认为中国人的道德实是一种体验一情境性的道德，它不靠教义来教导人，而是劝人以身体力行来教化人。这一特征用孔子的话讲就是"忠恕""己欲立而立人"，用孟子的话讲就是"老吾老以及人之老""幼吾幼以及人之幼"，用文人的话讲就是"言教不如身教"，用"文革"中的话讲就是“忆苦思甜”，用平常的话讲就是“将心比心”，用领导的话讲就是要“以身作则”，用攻击者的话讲就是“以其人之道，还治其人之身”。一言以蔽之，一个人能否具有道德感就在于能否使他自己或他人“设身处地”地从己心推及他心。如果他能够设身处地推一下，那他的道德感就会油然而生。如果他不能呢？这在儒家看来，是不可能的，因为人能具有这种体验是出于人性的一端，孟子说：

> 所以谓人皆有不忍人之心者，今人乍见孺子将入于井，皆有怵惕恻隐之心，非所以内交于孺子之父母也，非所以要誉于乡党朋友也，非恶其声而然也。由是观之，无恻隐之心，非人也；无羞恶之心，非人也；无辞让之心，非人也；无是非之心，非人也。(《孟子·公孙丑上》)

因此，在儒家看来，如果说一个人不能设身处地体验人心或情境，那就等于说他连恻隐之心都没有；如果连恻隐之心都没有，那他就不是人。但问题的复杂性在于儒家对他们的假设推论过于自信了，因为在现实生活中的人并不可能对任何角色或任何事情都会有所设想、体会、体谅，更何况有些角色和事件是一个人一辈子都无法感受的（如当人体模特儿）。既然没有体验，也就没有相同的感受了，所以爱激动和易麻木总是集于中国人一身。

理解了中国人道德观的特点后，我们就能够看出中国人在这种强调“体验—情境”型的文化中，缺乏的是真正的理解，而具有的只是自己愿不愿体验，只要他或她不想设身处地或不是真的事到临头，他或她完全可以抱无所谓的或世故的态度来对付眼前的事。这种心理就像已经上车的人看车下的人挤不上来时的心境差不多。中国成语中的“隔岸观火”及“幸灾乐祸”即恰如其分地概括了中国人的这种心理。

在此文化背景下的人在回答社会学家精心设计的问卷时，也会将此特点暴露无遗。不是统计数上说大家都是画展的支持者吗？实际上，看画展的观众只是观赏者，由于他们不具有类似的体验和受耻者的情况，因此他们可以平静地看，可以填答卷，甚至填上对自己或亲人当模特儿的态度。但他们都知道这是假设而已，问问而已，既没有体验，也没有情境。这时的答卷者没有必要认真去想要是这事真的发生在自己身上会怎样，他们想表达的只是事情应该是什么样的——不应这样，应该那样等等（当然不排除有人真的体验了，也坚持原先的立场）。旁观者不体验，不在其位，便无法知道为什么会有耻辱，为什么会打官司，为什么要求撤下几幅画，为什么要离婚。而模特儿及其家人的这种感受是来自他们遭到了他人的谩骂。如起诉的一个模特儿说："连我自己也没想到会闹到这样，简直要闹翻天了。公公知道会气得昏过去。我丈夫打了我一顿……骂我不要脸，丢尽了人。"

四、"耻感"狡黠在哪里？

如果从体验—情境的问题再引伸开去，就牵涉到这次画展中的另一个有趣的现象，这就是画得像不像的问题。最强烈的体验来自认定画上画的是不是自己。如果是但画得不像，那模特儿可以不做认定，也就不会有上面的这些问题，如果画得不但是而且像，那结果一定是这件事本身所发展的那样。所以在这次画展上，从模特儿到观众、到记者再到律师都把问题集中在为什么要画那么像，能不能改头换面，照片和油画在人像的区别等问题上，显然中国人假设，如果认不出是谁，有什么耻辱可言呢？这就是耻辱的情境的表现。总之，中国道德本身的缺陷使中国人对很多事变得有点玩世不恭，只要你不动真格的（中国人最怕动真格的！），他就一本正经地陪你玩（这可能就是形式主义的来源）。这时，有一封来自四川的信，作者为了建议关闭画展，竟然还是动用了"以其人之道，还治其人之身"的手法，文中写道：

> …………
>
> 5．裸体是每个人都具备的，美吗？（自赏一下）
>
> …………
>
> 9．吴冠中声称要让“人体”走向社会，此言道出他还不知为人。人人都有躯体，不都是生活在社会之中？……都认为光身子美，何须服饰？想必他及吴小昌余众等类，合聚时为了呈现“人体”美，都会光着身子吧？①

显然，这封信的意思是说你们这些观众不要花钱去看别人光身子，你们哪一个人自己没有人体呢？自己看看自己算啦，可能也不怎么好看吧；还有你们这些画家穿着衣服来画不穿衣服的人，如果让你们也尝尝光着身子亮亮相的滋味，你们就知道什么叫耻辱了。一句话，这封信希望人人都当一次模特儿，就没有人再想看这样的画展了，就没有人再想画人体了，也就没有人再想办这样的画展了。但这封信的作者没有做这样的设想，如果画家希望人人都来当一次艺术家或观赏家，那么不但人人在家要自我欣赏一番，而且还想去欣赏欣赏别人。角色一变，情境和体验就不同了。

总之，我想证明的是，说中国文化是道德文化也好，耻感文化也罢，或认为它们是一种意思的两种说法也行，关键是它们并非人们想象得那么一本正经。在它的特质之中包含着圆通、机巧和世故。只要你不动真格的，或凡事不要太认真，你的社会化便完成了；你作为中国人也就相当地道和本土了。

---

① 本篇所引用的关于这次油画人体艺术大展的资料取自洛希：《京都人体冲击波》，载《海南纪实》，1989年，第4期；尹吉男：《蛇年的第一惊吓》，载《东方记事》，1989年，第三期；许金声：《“油画人体艺术大展”民意调查》，载《秘文纪实》，1989年版；王川：《人体模特儿众生相》，东方出版社1989年版，恕不一一注明。

第四部分　建立本土理论框架的尝试

建构本土的模式和理论带有相当程度的学术风险。这一方面来自西方学者在建立其模式和理论时所做的解释力上的普遍化努力；另一方面也来自这很容易被本土学者指责为“还不会走就要学跑”。但我在研究中深感，建立本土的模式和理论所涉及的以下几点问题，是单靠概念研究和经验研究做不到的：一是随着各种本土研究成果的增加，我们很自然会关心中国人所表现出来的这些心理和行为之间有没有内在的逻辑联系；二是一种本土视角的确立最终是通过模式或理论的建立来体现的，寻求不到一种模式或理论，就看不出本土性的视角和西方的模式或理论有什么真正的不同；三是本土的模式和理论总是同本土社会对人的预设有关，而从本土的模式和理论中探求出本土的预设是我们形成最具本土解释力的最后根据。

在这里，我试图通过三个题目的研究来说明建立模式和理论的可行性。第一个题目旨在探讨如何寻求本土的概念来建构中国人际关系的基本模式。我认为，中国人际关系的本土概念应是：人缘、人情和人伦。人缘是指命中注定的或前定的人际关系；人情是受血缘关系和伦理思想影响的人际交换行为；人伦指人与人之间的规范和秩序。三者构成的三位一体成为中国人际关系的特质。它们彼此之间的合一，来源于中国传统社会文化背景中的天命观、家族制度和以儒家为核心的伦理思想的合一，由此而构成了中国人为人处世的基本模式。其中，人情是它的基本样式，决定中国人际关系是什么，人伦是其制度化，决定怎么样，人缘是模式的总体原本，从根本上解释人际关系的为什么。如果以西方的人际关系特质作比较，便能发现它们在前提公设、方法、特征和表现方式上均存在着本质上的差异。第二个题目是对中国人在社会行为的取向上究竟是集体主义还是个人主义的研究。这项研究突破了原有二元范式的窠臼，通过对中国、日本、西方文化模式中的家庭结构的比较，认为真正决定中国人社会行为走向的，既不是笼统的家族主义，也不是儒家思想本身，而是由中国家庭结构中的四个彼此联系而又相互影响的因素的配置所决定的。这四个因素是：(1) 家长权威，(2) 道德规范，(3) 利益分配，(4) 血缘关系。同日本和西方的家庭模式相比较，由于它们不同时具备这四个因素或只偏向于其中某个因素，而导致其集体主义或个人主义行为取向的形成。但在中国人的社会互动中，由于这四个因素在方向及其配置上的共同作用，造成了中国人社会行为取向上的不确定性而表现出相当的复杂性、变通性和流动性的特点。这一理论建构有助于对中国人社会行为取向做重新的诠释、理解和实证研究。最后一个题目是我对前面许多研究成果的小结和提升。我从检讨社会学理论中关于社会基本建构上的不足之处入手，提出中国真实社会建构的假定是行动者与社会结构之间达成的一种权宜关系。从这一假设出发，我试图建立起一个研究中国真实社会建构及其运作的分析框架。这个框架力图说明中国真实社会的建构呈个别化趋势，它导致社会关系网络的私人性联结。而"个人地位"这一概念的提出可以成为分析这一现象及其运作的关键。其本土性的重要意义可以在将它同社会角色与社会地位的比较中看出。

中国人际关系模式

人际关系是社会学和社会心理学的基本概念之一，也是这两门学科共同关注的主要领域，正像马克思所说的那样，“社会——不管形式如何——究竟是什么呢？是人们交互作用的产物”。[①] 西方社会学家在这一领域的研究中建立了他们的重要理论，诸如齐美尔的形式社会学、米德和布鲁默（H. Blumer）的符号互动论、戈夫曼的戏剧论、霍曼斯和布劳的社会交换理论以及科塞的社会冲突论等。西方社会心理学家也为此创立了最能反映社会心理学特色的（即既不来自社会学也不来自心理学的）理论和实验，诸如海德的人际认知平衡理论、纽卡姆的沟通活动理论、舒兹（W. C. Schutz）的人际行为三维理论、菲斯廷格（L. Festinger）的社会比较理论、莫雷诺（J. L. Moreno）的社会计量学、梅约（E. Mayo）的霍桑实验和人际关系理论以及勒温（K. Lewin）的群体动力学和T组实验。从方法论意义上看，它也是加芬克尔的本土方法论、马林诺夫斯基（B. K. Malinowski）的功能主义和列维－施特劳斯的结构主义的基础。在日本，社会人类学家中根千枝则用其创立的本土概念建立了她的日本人际关系模式。我在这里不厌其烦地列举上述研究成果只想表明两点：（1）从社会学和社会心理学角度研究人际关系是我们理解社会构成（最起码从微观层次上）的关键，也是建立理论模式

---

① 《马克思恩格斯选集》，第4卷，北京：人民出版社1972年版，第320页。

的基本。(2)中国人际关系因独特的社会文化传统将更加是我们研究中国人社会行为的基础。其理论模式的建立不但为研究中西社会文化背景中的人的心理提供了参照系，也将为中国社会学和社会心理学的本土化道路迈出尝试性的一步。当然，我这里并不否认西方一些理论的普遍性及其应用性，但就中国人际关系而言，其解释上的隔膜和无力也是显而易见的，因此有必要建立起自己的模式。

一、本土的概念

虽然我在前面已专门讨论了本土的概念，但这里为了建构本土模式的需要，我还是要先从本土的概念开始讨论。人际关系(interpersonal relationships)在严格意义上讲是个外来语，一般指个体与个体之间的各种关系，或个体与他人间的心理距离或行为倾向。实际上，这个概念在西方的社会学和社会心理学中并不频繁使用，大多数专业词典里也不收录，原因很可能在于这一术语只表示一种研究领域，而没有什么确切的含义。相比较而言，西方学者更乐于使用受某一理论流派影响的或一些含义更明确的概念，如互动(interaction)、交流或传播(communication)、社会交换(social exchange)、交互性(reciprocity)、人际冲突(interpersonal conflict)、人际吸引(interpersonal attraction)、人际认知(interpersonal recognition)、社会或心理距离(social or psychological distance)、人格(personality)、印象整饰(impression management)以及和自我(self)角色(role)构成的有关概念等。中国人热衷于使用这一外来语，大概和中国社会中的“关系”一词在字面上存在着一定的吻合性有关。而这一外来语本身的不确定性正好很符合中国人的“关系”用法上的不确定性。这样一来，学者们则把中国人所讲的“为人处世”“交际”“应酬”“做人箴言”

统统都划入这一概念之下，由此不但有了一个统领各种关系表达的概念，而且有了一个包含中国人与人关系复杂性的专门术语。但这种做法不但没有揭示出中国人际关系的特征，反而致使研究者们不知不觉地将注意力集中到上述的西方研究范围中去了。事实上，在这一概念还没有在中国流行或没有限制住人的视野时，一些学者从中国传统文化出发，却看出了中国人事行为上的特色，例如冯友兰在《新世训》中对"待人接物"发表了很富启发性的观点；梁漱溟在《中国文化要义》中提出的"伦理本位"和西方社会的个人中心形成了鲜明的对照；费孝通创立的"差序格局"已成为海外学者研究中国人际关系的基础；而许烺光的"情境中心"（或相互依赖说）更是把中国人际关系的特色看成是分析中国人整个生活方式的关键。以上这些研究对于我们寻求本土化的概念和理解自己社会的关系特征具有极为重要的意义，它也是探讨中国人际关系不同于西方人际关系的一个起点。

寻求本土概念的益处在于这些概念的本身就是中国文化的结晶，而深入研究这些概念不但可以清楚地认识文化的诸要素及其同中国人的心理与行为的关系，且能够不为西方概念所困扰。但这里面临的一个很棘手的问题是中国传统思想文化的核心本身就是对人与人关系的重视，当它分别在哲学、伦理、民俗、管理、心理、社会或教育等学科中被普遍加以研究时，它们也都面临着一些相同的概念，诸如仁、义、忠、恕、孝、悌、礼等等。不但历代学者在界定这些概念上见仁见智，而且也势必使某一学科的研究取向在涉及它们时变得模糊不清，使社会学和社会心理学的研究也有可能变成哲学或伦理学的研究；再者，这些本土概念过于抽象也不适用于社会学或社会心理学的研究。当然，我这里的意思不是要排斥人际关系的跨学科研究，或拒不使用这些概念，只是认为囿于这些概念无助于我们解决其他学科未能解决的问题。

为此，根据社会学和社会心理学的学科性质，我将要建立的本土概念应具有以下几方面的限定：（1）在学科上要比中国哲学、伦理学的概念层次低。（2）在社会学和社会心理学研究上便于以后进一步的操作。（3）既能涵盖道德伦理中的抽象概念又流传至今，并为大众所运用或理解的词语。（4）概念要有代表性，它们建立起来之后能把其他相关概念分别涵盖进来。这样，通过用这四个条件的梳理，我们就具备了以下三个表现本土特色的人际关系术语，它们是人缘、人情和人伦。

根据《现代汉语词典》的定义，人缘（或缘分）指“人与人之间由命中注定的遇合的机会；泛指人与人或人与事物之间发生联系的可能性”。台湾《大辞典》的界定也与此相类似，认为它是“命中注定的机遇，多指人际关系而言”。而台湾心理学家杨国枢对它做了这样的概括：“缘是中国人心目中的一种命定的和前定的人际关系。”① 从历史上看，这一词语在我国的广泛流行既有本土文化的原因又受到印度佛教的影响，后者加进了人事间的因果关系，如前世、来世、报应、轮回等，以解释发生现实人际关系的因果。至于这一概念的外延则有血缘、地缘、姻缘、业缘、机缘、良缘、孽缘、结缘、绝缘、有缘、无缘等说法，另外，它在日常生活中也有善于待人接物之意。人情的含义在一开始似乎只表示人本能上的情绪或情感。《礼记·礼运》上说：“何谓人情？喜、怒、哀、惧、爱、恶、欲，七者弗学而能。”但中国传统社会对伦理的偏重，使人的天然情感具有了两种独特的色彩，一是它被转移到人与人的关系上来，二是具有了“礼”的成分。正如孔子所说：“夫礼，先王以承天之道，以治人之情，故失之者死，得之者生。”（《礼记·礼运》）由此使人

① 杨国枢：《中国人之缘的观念与功能》，载杨国枢主编：《中国人的心理》，台北：桂冠图书公司 1988 年版，第 123 页。

情具有了人义的含义。“何谓人义？父慈，子孝，兄良，弟弟，夫义，妇听，长惠，幼顺，君仁，臣忠，十者谓之人义。”(《礼记·礼运》)后人常把情和义合起来说成“情义”或“天理人情”，表示情感、关系及伦理的混合。因此有西方学者在研究中国人情时还把它译成感情，就犯了常识性的错误了。[1]不过，人情有时也不必受义的严格限定，而是一种由“亲情”延伸出来的世情，诸如恩情、交情、求情、酌情、领情、情谊、情面、情分等。一旦它具有了义的成分，就成了我们说的人伦。所谓人伦是指一套关于人际关系的价值体系和行为规范。《说文解字》中说“伦，辈也”，后又引申为“类”“道理”“文理”和“人与人的关系”。《孟子·离娄上》的“圣人，人伦之至也”就是指有序的人际关系。由于后世的注家把它释为秩序，故本篇的人伦也沿用这一含义，表示人际的规范和秩序。以往从哲学、伦理、历史的角度探讨中国人际关系，一般都是从这一层面上展开的。但由于这些研究是从准则、价值和理想出发的，因此这样的研究还不能算是社会学和社会心理学上的研究。这是许多学者难以发现中国人际关系特质的一个重要原因。我认为，真实的中国人际关系是由“缘”“情”“伦”构成的三位一体，只有系统地研究这三者及其相互关系，才能看出它的本质。

二、中国人际关系的构成基础

作为中国人际关系的基础，首先我要提出的是，这种关系是由三个坚实的中国文化基石构筑而成的，它们是天命观、家族主义和以儒家为中心的传统伦理思想。下面我对其分别讨论。

---

① 参见乔健：《建立中国人计策行为模式刍议》，载杨国枢主编：《中国人的心理》，第431页。

（一）中国人的天命观

中国人对人世的观念最初同他们对天与人的看法有很大的联系。由于初民对自身的性质、能力和与他人的交往现象无法解释，因而把人事上的一切现象都归结为上天的意志。当时的天相当于人格神，这点可以在《尚书》中略见一斑："已！予惟小子，不敢替上帝命。天休于宁王，兴我小邦周，宁王惟卜用，克绥受兹命。"又有："矧今天降戾于周邦？惟大艰人诞邻胥伐于厥室，尔亦不知天命不易？"（《尚书·周书·大诰》）故殷、周时期的天的概念乃指人世的主宰，天人关系是主宰和被主宰的关系。而人对于这种受制情况则以星象来卜测，如《周礼·春官宗伯第三》上说："保章氏：掌天星，以志星辰日月之变动，以观天下之迁，辨其吉凶。以星土辨九州之地，所封封域皆有分星，以观妖祥。"战国以后，这一观念逐渐转化为人的本性乃上天赋予的天命观，如《中庸》书中有"天命之谓性""故大德者，必受命"的说法，而到孔子那里，天已具有了命运、机遇与人为努力的关系之含义。《论语》一书比较集中地体现了这一思想。诸如："五十而知天命，六十而耳顺，七十而从心所欲，不逾矩""死生有命，富贵在天""不怨天，不尤人，下学而上达，知我者其天乎！"孟子也说道："莫非命也，顺受其正。"类似的思想也见诸庄子的书中，如《庄子·人间世》说："知其不可奈何而安之若命，德之至也。"此外《列子》书中有《力命篇》，王充在《论衡》里有"命禄""气寿""幸隅""命义""无形""偶会""初禀"等篇谈到命。自汉以后，董仲舒、郭象、刘禹锡、朱熹等进一步发挥或改造了天命思想，使其具有更丰富的含义。值得注意的是唐代盛行的佛教中的缘起论也和中国原先的天命观合流。其中的三世、因果报应、因缘和合等也深深地影响了人们的思想观念。因此无论是儒道佛，还是具有唯物或唯心偏向的思想家，都具有程度不同、观点各异的天命论思想。在此，我们关心的不是它们的异同及源流，而是它们对中国人社会心理层面的影响。因为对于民间日常生活而言，人们一般坚信天有一种强大的势力，可以操纵人的行为，赏罚人的善恶，安排人的一生，设计人的未来。民间常说的“一缘二命三风，四积阴功五读书”和“万事不由人计较，一生都是命安排”等都是这一心理的反映。这点在明代吕坤的《呻吟语》中说得甚为简要，即“人事就是天命”。故生死寿夭、吉凶祸福、贵贱尊卑、家国兴亡盛衰无不含有命中注定的成分。但自孔子时代起，天命已不是叫人被动的承受，因为“谋事在人，成事在天”的观点已开始深入人心。而缘分就是中国天命汇合佛教的“缘起”在中国人际关系上的体现。

（二）家族主义

家族主义是国内外学者研究中国社会文化时提出的一个比较关键的概念，尽管人们对家族的定义看法不尽相同，但对它的研究在一定程度上已揭开了中国传统社会的很多难解之谜。关于家族主义和人际关系的研究，也有不少学者做过探讨，但一般存在着把它作为研究人伦的过渡性说明。殊不知，家庭在任何社会都是人们最初社会化的场所，其本身特点也是构成不同人际关系的核心问题。弗洛伊德（S. Freud）和米德在构筑各自理论时都没有忽视这一点，而家对中国人的特殊意义还不在于此，因为它是中国人生哲学的现实基点。

中国传统社会的家庭形态建立于农业生活的基础之上。经济上的自给自足、落后的生产工具和土地不能移动导致了人们对人口、劳动力及和睦相助的重视，因而中国家庭的结构和功能也不能像西方家庭社会学那样来划分。在西方，家庭（family）和家族均为一义，并以核心家庭居多。但中国人的家族是一种扩大式的家庭形式，是一种几代同堂，具有一定范围的血缘关系的成员组合。在这种家庭中，父子关系是最主要的成员关系，因为这种关系的中断将象征着整个家庭连续体的终止。它常由一个文化礼仪性（ritual）象征来表示，这就是香火。香火一义由中国家族崇祖的仪式引申而来，表示父子关系就像一根贯通过去和未来的永远烧不完的香一样。其中，每个父子关系都是这一香条上的一个节，任何一节的中断，也就是香火的中断，即意味着家庭的生命线后继无人，这点无论从经济或社会意义上看，都是致命的。为了保证这一关系的永久性和稳定性，多生和纳妾构成了家族制度中的两个基本保证。但上述情况带来的后果是人口多和财富分配方面的问题，于是同财共居成为一种较理想的生活方式。家长从中负责管理财政，维持家庭的日常事务、协调家庭成员的各种关系。只是这种情况发展到最后，终将会出现另起炉灶的可能。随着小家从大家中分离出去，家族制度也经历了由家庭向宗族、村落发展的趋向，最后导致中国人在纵向上对共同祖宗和家谱的认同，在横向上对各种亲属关系的重视，所谓“五百年前是一家”“一表三千里”就是这一特征的最形象的说法。因此，血缘关系是中国社会的人与人关系中的最重要的关系，其意义不只是像西方社会学原理说的那样，任何人都要经历这种关系才能实现自身的社会化，而是中国人会用这种关系去推出其他的关系。因此，除了学者们归纳的中国家庭制度的五个特点：（1）强调父子关系；（2）具有家族自豪感；（3）鼓励大家庭；（4）敬奉祖宗；（5）财产归家族共有，除此之外它还应该包括：（6）是社会结构的基础（家国同构）；（7）儒家伦理思想的出发点；（8）中国人际关系的滥觞。

（三）以儒家为中心的伦理思想

儒家伦理一直是哲学家们研究的热点，可儒家关心的核心问题却是日常人伦。由此看来，它似乎更接近社会学的研究领域。韦伯、帕森斯等西方社会学家都从这一方向上注意过这一问题。这就是说，如果从社会学的角度看待这一问题，也许更能看清儒家思想和现实生活之间的关节点以及它同心理与行为之间的关系。

所谓日常人伦是指人们在社会生活中构成的人与人的各种关系及其原则。然而儒家并没有像齐美尔或米德那样去关心人际互动的一般性原理，而是强调了其中的五种角色关系，即君臣、父子、夫妇、兄弟和朋友。在这五伦中，家庭成员间的自然关系占据了主要的位置，而且君臣和朋友关系在实质上也就是父子和兄弟关系的延伸。这意味着，在儒家看来，只要能先理解三种家庭成员关系，就可能将其引申到所有人际关系当中去。其中，父子代表一切纵向关系，兄弟表示横向关系，夫妻意味着两性间的关系。这种推论法实际上体现了中国传统人际关系在理论上的假设和实践的运用之间的连续性和统一性，而且这种建立于家庭生活上的构思也不再是少数先哲的苦思冥想，而是可以实施的生活准则。《论语·学而》上说："其为人也孝弟而好犯上者，鲜矣；不好犯上而好作乱者，未之有也。君子务本，本立而道生。孝弟也者，其为仁之本与！"孟子说："圣人有忧之，使契为司徒，教以人伦；父子有亲，君臣有义，夫妇有别，长幼有序，朋友有信。"（《孟子·滕文公上》）"内则父子，外则君臣，人之大伦也。"（《孟子·公孙丑下》）可见"内圣外王"一说实际上是个做人的问题。做人在儒家看来即是做君子，而君子的最高理想就是"修身齐家治国平天下"。这一公式化的表述，清楚地说明了儒家"内圣外王"之内外界限不是像一些学者认为的那样有重内或重外的问题，而是内外合一，由内向外的连续过程。儒家认为一个人要讲做人，就必须懂得"仁"。仁是指人与人之间的亲情，这种亲情关系首先是家庭中的父子和兄弟关系。若能处理好这样的关系，就可以学得社会上的君臣和朋友关系，然后又能从整体上明白自己在社会网络中的位置并遵从它的秩序，这样天下就能得到治理。但遗憾的是，这样的理想模式不但不可能实现，反被梁启超及后人用"私德"两字概括尽了。但作为一种价值取向，它从家庭成员关系推导出来，却为中国人际关系的表现方式提供了理论基础，并引导了它的基本取向。

当我们分别阐明了构成中国人际关系的三大基础后，便可以发现，这三个方面并非彼此孤立，而是组成了一个完整的复合体，也就是说，中国传统的知识体系已把天地人情伦常融为一个完整的统一体了。从天地君亲师到婚礼上的拜天地，都表达了传统中国人对这种完整思想体系的认同。由此，人性就是天性，人伦也是天伦，人际关系包含于天人关系之中。难怪《孝经》上说："夫孝，天之经也，地之义也，民之行也。""父子之道，天性也，君臣之义也。"而董仲舒则对上述思想做了进一步的完善。他认为："人受命于天，固超然异于群生。入有父子兄弟之亲；出有君臣上下之谊。会聚相遇，则有耆老长幼之施。粲然有文以相接，欢然有恩以相爱，此人之所以贵也。"(《汉书·董仲舒传》)在这一统一体（continuum）中，客观与主观、自然与社会、现实与理想、个体与群体、本能与后天均已汇合在一起。这也许是这三者长期积淀于中国人深层意识的主要原因。

三、中国人际关系的基本模式

认识了天命观、家族主义和儒家思想的统一性关系，我们就可以相应地看到，中国人际关系的基本模式是人缘、人情和人伦构成的三位（三维）一体，它们彼此包含并各有自身的功能。一般来说，人情是其核心，它表现了传统中国人以亲亲（家）为基本的心理和行为样式。人伦是这一基本模式的制度化，它为这一样式提供一套原则和规范，使人们在社会互动中遵守一定的秩序，而人缘是对这一模式的设定，它将人与人的一切关系都限定在一种表示最终的本原而无须进一步探究的总体框架中。由此，情为人际行为提供"是什么”，伦为人际行为提供“怎么做”，缘为人际行为提供“为什么”，从而构成了一个包含价值、心理和规范的系统。在日常生活中，它们作为一个整体而运行。但为了分析方便起见，我们对此分别讨论。

（一）人情

人情是传统中国社会强调家族制度的直接体现。如前所述，农业生活中的土地不能移，乡村生活中的聚族而居和家庭生活中的血缘亲情都导致人际关系以长期、稳定和和谐为要旨。为了实现这些目标，中国人在为人处世中加重了情的成分。如果我们在这里先把中国人际关系中的人情还原为人格中的情感来分析的话，它实际上就是构成态度三种成分之一的感情。社会心理学的实证研究已表明，态度的情感成分要比认知和意向这两种成分更加稳定和持久。中国人的处世原则一般是情理合而为一，这就是说中国人的处世态度中也确实具有认知和情感两种成分，但这种情和理的分配同西方有所区别。西方人交往中重理不重情，而中国人重情不重理。这点最先被陈独秀等人在东西文化比较中提出，而后在梁漱溟那里得到了系统的阐述，他说：“西洋人是要用智的，中国人是要用直觉的——情感的……所谓孝弟礼让之训，处处尚情而无我。”[①] 而脚踏中西文化的林语堂也持相同的观点，认为：“对西方人来说，一个观点只要逻辑上讲通了，往往就能认可。对中国人来说，一个观点在逻辑上正确还不够，它同时必须合乎人情。实际上，合乎人情，即‘近情’比合乎逻辑更受重视。”[②] 肯定情比理重要只是认识中国人际关系特

---

① 梁漱溟：《东西方文化及其哲学》，见《梁漱溟全集》，第1卷，济南：山东人民出版社1990年版，第479页。

② Lin Yutang, *My Country and My People* (New York: Reynal & Hitchcock, 1935) , p91.

征的第一步，我们必须进一步探讨的问题是这种人情并不具有普遍意义。中国的人情是一种以血缘关系为基础的人情，人们对人情的理解和操作一直受到家族主义的影响。诚然这不是说西方的家庭成员之间没有血缘情感，其区别是西方家庭成员之间的感情一般只限定在较小的家庭范围之内，而且家庭生活的相对短暂和有关伦理体系的缺乏使人情不但相对淡漠而且无法扩展出去。但中国社会的情况恰恰相反，正如梁漱溟所说："中国人的生活，既一向倚重于家庭亲族之间，到最近方始于转趋于超大家庭的大集团，'因亲及亲，因友及友'，其路仍熟，所以遇事总喜托人情。"① 这种从家庭转向社会的人情关系是基于中国传统社会和组织的结构正好是家庭结构的翻版和推延。这种人际心理结构和社会关系结构的吻合使中国人情从家庭向社会的泛化成为一种可能。两者的不同之处只是社会上的人情已经没有了血缘基础，这就意味着人情关系从原先的必然性变成一种或然性，从原先的亲变成义再变成利。在这一从隶属群体向参照群体的转换过程中，心理上的认同越来越比实际上的角色关系重要。其主要特征就是这一人际关系格局从自我出发而具有明显的亲疏远近之分。

中国人际关系也是一种交换行为。人们常有"送人情"的说法，中国谚语中的"人情人情，在人情愿"也表示人情是一种社会交换行为。在西方，霍曼斯把社会交换作为揭示社会行为的根本，布劳则把它限定在社会组织及人际关系中，通过区分经济交换和社会交换的不同，探讨了社会资源交换的过程。这表明，作为交换，在人际关系中显然具有相当广泛的普遍性。这点在《礼记·曲礼》上也早有反映："太上贵德，其次务施报。礼尚往来；往而不来，非礼也；来而不往：亦非礼也。"中国汉字中的礼不但表示规范，

---

① 梁漱溟：《中国文化要义》，见《梁漱溟全集》，第3卷，第63页。

而且也兼有馈赠的含义，故送人情等于送礼，这是中国人交换行为上“情”和“礼”的合一。对于中国人情的研究最先在李安宅的《仪礼与礼记之社会学的研究》中初显端倪，后来又得到冯友兰和费孝通等人的深入探讨。[①]20世纪50年代后，美国学者杨联陞将上述现象归结为一个“报”字，认为它是中国社会关系的基础。[②]终于提出了它的较为本土一面的特点。近来，又有港台学者金耀基、黄光国、乔健及杨中芳等将上述观点一起放入中国人情关系中，对它们做了社会学和社会心理学上的全面探讨。[③]我在此提出这一问题是想通过和西方的比较进一步弄清中国人际交换法则。西方人的人际交换往往具有等值的倾向，因而使他们的社会交换具有理性、短暂性和间断性的特点，这些特点源于他们的个人主义价值观引起的自我利益及小型的家庭生活及人口的流动性。结果是这种交换行为通常以清算、明算和等价、不欠及公平为原则。中国人情交换与之相反。安土重迁和血缘关系导致了人际交往的长期性和连续性，因此算账、清账等都是不通人情的表现。人情应以算不清、欠不完为好，这样才能旷日持久地继续下去。而家庭制度中的平均分配原则也对回报的公平性起抑制的作用。故每当人际交换开始后，受惠的人总是变一个花样加重分量去报答对方，造成施惠的人反欠人情，这就又使施惠的人再加重分量去归还。如此反复，人情关系便建立起来了。可见，中国人情法则是报（恩）总是大于施，反之（报仇）亦然。由于中国人情关系是从血缘关系中发展出来的，所以施

① 冯友兰：《三松堂全集》，第4卷，郑州：河南人民出版社1986年版，第401页；费孝通：《乡土中国》，北京：生活·读书·新知三联书店1985年版，第75页。

② 详见杨联陞：《作为中国社会关系基础的“报”》，见《中国文化“报”“保”“包”之意义》，香港：香港中文大学出版社1987年版。

③ 详见金耀基：《人际关系中人情之分析》；黄光国：《人情与面子：中国人的权力游戏》；乔健：《“关系”刍议》，杨中芳：《价值变迁与送礼行为》，载杨国枢主编：《中国人的心理》。

报相等的情况不是没有，而是处于人情关系建立以前或无人情往来的情况下，也就是说它本身不构成一种稳定的价值取向。孔子十分赞赏“以直报怨”和“父之仇，不共戴天”。这种交换原则使人们在日常生活中一方面强调“滴水之恩定当涌泉相报”，另一方面又有尽可能“占他人便宜”意识的根源。这样一种交换关系总是把目标放在关系的维持（或不维持）上，而不是由自我利益产生的一次性平等地获得上。

美国社会心理学家福阿夫妇认为行为交换的资源包括六种类型：爱、地位、服务、货物、信息以及金钱。[①] 用这六类同中国人的人情资源相比要狭窄得多，中国人的交换资源可分为先天和后天两大类，其中再可分成各个子类，其先天资源是：血缘、地缘、性别、年龄（辈分）、家世等，后天有：联姻、财产、身份、地位、权力、名望、金钱、关系、信息、品质等。这些资源和中国社会文化背景有很密切的关系。所谓交换就是充分利用其中的一种或数种资源来实现人际的互惠，而个人拥有这些资源的多寡，将决定该个人在社会生活中的便利性和满足生活需要的程度。

（二）人伦

中国人际关系偏重于情，已经使其不同于西方，而再在这情中加进伦理的成分则更显示出自己的特色。人伦是传统伦理思想对人情的规定。其外在形式是礼，其内在心理是仁。孔子的“克己复礼为仁”就是最精练的说法。但仁是一个抽象的概念，如何在生活中具体操作是理想能否实现的问题。因此儒家先哲没有去抽象地界定

---

① E. B. Foa, and V. G. Foa. “Resource Theory of Social Exchange”, In *Contemporary Topics in Social Psychology*. J. W. Thibamt, T. T. Spence and R. C. Carson (eds.) (Worriestown. N. J.: General Learning, 1976).

何为仁，而是提出了一种角色的亲情体验法。即一个人只要先后在家庭和社会上以特定的地位和身份按其规范进行体验，就能理解仁的本质。于是就有了“孝弟也者，其为仁之本与”“仁之实，事亲是也；义之实。从兄是也”的言论，然后再把它们转移到社会中去，正如《孝经》所说：“君子之事亲孝，故忠可移于君；事兄悌，故顺可移于长；居家理，故治可移于官。”这种推广法用儒家的概念可以统称为“忠恕”二字，所谓“忠”是己之所欲，亦施于人，所谓“恕”是己所不欲，勿施于人，总称推己及人。孔子又说：“夫仁者，己欲立而立人，己欲达而达人，能近取譬，可谓仁之方也已。”(《论语·雍也》)以上这种原则和方法被钱穆用“同情心”三个字来概括是非常准确的。[①] 显然，儒家伦理的立足点不是理，而是情，后者在体验、感化和持久等方面都是理无法比拟的。韦政通说：“以家族为中心的伦理，特别重视的是‘情’，情是维系伦理关系的核心，‘家和万事兴’，和生于情。‘清官难断家务事’，因在家庭范围之内用讲理的方式是不适宜的。在中国文化里，情与理不但对立，理就在情中，说某人不近情，就是不近理，不近情又远比不近理更严重。”[②]

儒家伦理把人伦融于人情中给中国人际关系带来了深远的影响。一方面血缘亲情被染上了伦常的色彩，另一方面哲学伦理思想扎根于日常生活，从而导致中国人的社会互动长期、稳定、和谐及等差有别。但从人格方面来看，感情从个体转向关系，又受到一番礼的规定后，只能使自我受到了压抑，造成了个体行为的他人取向。

（三）人缘

缘最早有攀附之义，后和因结合，含有“机会”“根据”等义，

---

① 钱穆：《中国学术论衡》，长沙：岳麓出版社 1986 年版，第 28 页。

② 韦政通：《伦理思想的突破》，成都：四川人民出版社 1988 年版，第 9 页。

如《史记·田叔列传》中有“留，求事为小吏，未有因缘也”。《汉书·郑崇传》上有：“‘孔乡侯’，皇后父，‘高武侯’以三公封，尚有因缘。今无故欲复封商，坏乱制度，逆天人心，非‘傅氏’之福也。”这里同时出现“因缘”“天”“福”等词是人们有可能将三者联系起来的原因之一。而真正用缘来表示命运是佛教传入以后，当梵词 pratyaya 被译成汉字的“缘”时，既表示自然和社会产生的关系和条件，又和儒道的天命观结合，在民众心理产生了人缘的说法，使人际关系带有了浓厚的宿命论思想。虽然历代思想家对天的看法很不一致，但天在大众心理上主要就是指天命和命运。这点最早被海内外中国人国民性研究者所发现。从现代社会心理学的观点来看，中国人对命的注重是在其传统文化的影响下，对现时的人际关系所做的归因（attribution）。它把人的一切偶然遭遇与他人发生的关系都看成是一种无可奈何的事前定好的必然性，也是为自己所处的情境寻求一种满意的答案。在缘字的用法上，用缘来解释婚配的最多，这是因为夫妻乃人伦之始，虽说它在五伦中的地位不甚重要，但如果没有夫妻这一伦做伊始，就不可能有其他任何一伦。因此将人伦之始用缘来表示，实际上也就喻示了所有人际关系的前定性。总之，缘在人际关系中的主要作用是通过归因来达到为人处世过程中的心理（或认知）平衡的，《易·系辞》上有“乐天知命故不忧”之说。这种平衡对于人情操作中遇到的种种无法解释的现象十分有用，使人不至于因祸福恩怨而大喜大悲，从而心甘情愿地适应人际关系上的各种可能，并以一种中和的态度来对待人生，因为一切现象早已预定了。

不过这种前定并不意味着人们在发生人际关系之前就可以清楚地预计交往的过程和结果。否则一切交往都会变得非常简单，只须照着预测去做就能得到良缘，避免孽缘；即使对于那些不可变更的安排，如血缘、地缘等，也会以无可奈何的态度听之任之，致使人情和人伦失去了原有的意义。其实，缘的含义虽有前定之意，但它的功能主要是体现在事后的解释上。[①] 例如婚事已定才有“有缘千里来相会，无缘对面不相逢”；成了冤家才有“不是冤家不聚头”；佳人遇难有“红颜薄命”的结论。因此，天缘凑巧、善恶报应、天造地设、造化弄人等都含有把某种后果归结于缘的作用。这样一来，它一方面使人在人际关系中不放弃自己的尝试和努力，另一方面又对行动的任何后果都有一种圆满的解释，以平衡人们在人情和人伦操作中的各种心理（忍受、安慰、解嘲、乐天等），成为人际模式的总体原本。

从以上分析中，我们发现了中国人际关系模式的前提公设是人与人之间的心理是可以相通的。人心均为天地所设，故人可以尽心，知性、知天命，既然天设计人的命，天造地设的人性也就相同。心相同，心则可以相通而无间隙。从孔子起，“忠恕”“不忍之心”“人同此心”“以一心观万心”等推己及人的方法成为中国主要思想家的共识。吕坤说：“隔之一字，人情之大患。故君臣、父子、夫妇、朋友、上下之交，务去隔。”（《呻吟语·伦理》）中国民间所讲的“天地良心”也是这种意思。心能相通是因为情能相通，所以人情就成为中国人际关系的核心。这种相通的假设具有方法论的意义，所谓“能近取譬”“将心比心”“老吾老及人之老，幼吾幼及人之幼”“人皆有恻隐之心”“体谅”“谅解”“交心”“知心”“设身处地”“情有可原”“心心相印”等都是一些心相通的具体方法。运用这些方法，四海之内可以皆兄弟，天下可以一家，人还皆可以尧舜。而在实践中，这种以血缘情感为基础的等差格局只能导致现实人际关系是向一种双向并存的局面——有情和无情、熟人和生人、热忱和冷漠、利他和利己、真诚和虚伪、重义和重利、和谐与冲突等等。因为这种模式已具有了明显的内外之别和亲疏远近的取向。

---

① 参见李沛良：《社会科学与本土概念：以医缘为例》，载《社会及行为科学研究的中国化》，台北：“中央研究院”民族学研究所 1982 年版，第 363—364 页。

四、中西人际关系模式之比较

在这一本土化模式建立之后，我们必须考虑三个方面问题：（1）它和西方人际关系模式的可比性，以看出西方理论的解释不足和本土的特色；（2）它在多大的程度和广度上可以用来解释中国人际关系的诸种现象；（3）它对现代中国人际关系的变迁能给予多少说明。为了叙述简便，我们列表如下（表 4-1）：

表 4-1

	中国（传统）	西　方
前　提	心 相 同 心 相 通	心 各 异 心 相 隔
方　法	以情感（体验）	以理论（实证）
背　景	天 命 观 家族主义 等级伦常	宗 教 观 个人主义 正义平等
特　征	命中注定（缘） 人情法则（情） 人伦秩序（伦）	上帝赋予（神） 人际定律（理） 社会契约（法）
表现形式	血缘亲情 长久稳定 报大于施 相互依赖 他人取向 等差格局 乐天知命 安分守己 ……	权利义务 短暂波动 施报相等 自我独立 自我取向 团体格局 积极进取 无拘无束 ……

上面的图表简要地勾勒出了中西方人际关系在前提、方法、背景、特征及表现形式上的差异。不仅如此，该模式还可以解释中国人际关系中的具体现象，诸如讲友谊、守信誉、爱面子、重形

式、托熟人、欠人情债、请客送礼、老于世故以及群体凝聚或内耗等。然而，本篇讨论的重点是中国传统社会及一些较为稳定的因素。如果需要进一步考察中国人际关系的演进，则可以按照“中国（传统）”一栏所列的顺序，从前提和社会背景的变迁来寻求其特征和表现形式的变化，同时仍可将变化中的特点同西方一栏对照，以了解彼此的异同和中国人际关系的走向。值得注意的是，社会心理及其行为的转型是一种深层结构的转型，它既不可能和社会文化的物质和制度的变迁同步，也不可能前后完全脱节，更多的可能则是从渐变到蜕变，这是我将这一本土模式偏向传统的意义所在。

中国人在社会行为取向上的抉择
——关于本土社会行动模式变量的考察

研究中国人际关系模式，很自然地会回到一个更为一般且根本的问题上去，这就是中国人的社会行为取向。近百年来，中国人社会行为的取向及其特征一直是有关中国人心理与行为研究中的一大难题。无论在过去还是现在，西方学者大都用其所建立的比较社会学或跨文化心理学的理论和方法对这一问题做过多种解释，如马克斯·韦伯侧重的西方清教伦理和儒家伦理的比较、[1] 帕森斯提出的西方普遍主义与中国特殊主义的划分、[2] 全德斯（H. Triandis）进行的西方个人主义和东方集体主义的一系列研究 [3] 以及许多西方学者从事的中西文化中的自我、成就动机的比较研究等。无论这些西方的理论模式有多少差异，但其基本公设都假定中国人的社会行为取向是集体主义的。然而当一些受过西方社会学、心理学和文化人类学影响的或留学西方的华人学者涉足这一问题时，却显得各执己见。他们也从各自的学科角度入手，对这一问题进行了一些准本土的研

---

① 详见马克斯·韦伯：《新教伦理与资本主义精神》，于晓等译，北京：生活·读书·新知三联书店 1987 年版；《儒教与道教》，洪天富译，南京：江苏人民出版社 1993 年版。

② 参见 T. Parsons, *Social System* (New York: Free Press, 1951)。

③ 参见 H. C. Triandis, "Collectivism vs. Individualism: A Reconceptualization of a Basic Concept in Cross-cultural Psychology", In *Personality, Cognition, and Values: Crosscultural perspectives on Childhood and adolescence*, C. Bagley & G. K. Verma (eds.) (London: Macmillan Press, 1987); "Individualism vs. Collectivism: Cross-cultural Perspectives on Self-ingroup Relationships" In *Journal of Personality and Social Psychology*, Vol. 54, 1988, pp. 323–338。

究，并在一定意义上提出了自己的模式，其中较有影响的有众多学者归纳的“家族主义”[①]和“利己主义”[②]、费孝通的“自我主义”[③]、梁漱溟的“伦理本位”[④]、许烺光的“情境中心”[⑤]等。若将中西各自建构的理论相比较，准本土的理论显然比后者有较大的说服力。但这里存在的一个较大的问题是，中西之间和华人之间的各种理论在结论上往往大相径庭，乃至完全相反，也就是说，这些见仁见智的乃至天壤之别的结论非但没有让我们弄清中国人社会行为上的特征，反而增加了认识上的难度。就总体而言，由于受西方理论与方法的训练或影响，更多的中国学者不但全盘相信并接受西方学者用其理论和方法得出的中国人为集体主义的结论，而且还套用其方法对此做进一步的验证工作。

以上有关研究中出现的这一局面既同西方学术所占据的主导性地位有关，也同中国人社会行为本身具有的复杂性有很大的关系。前者借用余英时的话说：“中国知识界似乎还没有完全摆脱殖民地的心理，一切用西方的概念为最后依据。甚至‘反西方’的思潮还是来自西方，如‘依赖理论’、如‘批判学说’、如‘解构’之类。”[⑥]而后者在法国结构主义哲学家罗兰·巴特比较了西方和日本文化后，对中国文化所表现出的困惑上可以略见一斑，那就是：在中国，可以反映文化特点“能指”符号过于稀薄。[⑦]可我认为，尽管中

---

① 参见杨懋春：《中国的家族主义与民族性格》，见李亦园、杨国枢主编：《中国人的性格》，台北：桂冠图书公司1972年版，第113—167页。

② 参见李树青：《蜕变中的中国社会》，台北：里仁书局1982年版。

③ 详见费孝通：《乡土中国》，北京：生活·读书·新知三联书店1985年版。

④ 参见梁漱溟：《中国文化要义》，见中国文化书院编：《论中国传统文化》，北京：生活·读书·新知三联书店1988年版，第134—138页。

⑤ 详见 Francis L. K. Hsu, *Americans and Chinese: Reflections on Two Cultures and Their People* (New York: Garden City Press, 1970)。

⑥ 参见康丹：《文化相对主义与普遍主义》，载《二十一世纪》（香港），1991年，第8期。

⑦ 张石：《“中心空虚”的日本文化》，载《读书》，1992年，第10期。

国人的社会行为特征与其他文化相较而言有许多复杂的因素，但进行理论上的概括并非不可能。要想实现这一目标，应该将其建立在两个必要的前提之上，一是对西方的理论要能进得去，也能出得来，所谓进得去就是要充分了解西方的理论模式，所谓出得来就是知道它们的局限性及其问题在哪里。众所周知，以往华人学者在近现代对中国社会与中国人的研究中有一种强烈的依赖西方理论、方法和研究工具的心理。可随着研究的深入，一些学者已越来越感受到这一点，如杨国枢和文崇一在20世纪80年代初就提出："我们所探讨的对象虽然是中国社会与中国社会的中国人，所采用的理论与方法却几乎全是西方的或西方式的。在日常生活中，我们是中国人；在从事研究工作时，我们却变成了西方人。"[①] 因此，中国社会与中国人的理论模式若不能摆脱这种求助和依赖于西方的心理，或沿循西方学者所惯用的参照系，是难以建立的，即使建立，也会缺乏解释力；二是从上一前提得出我们应有意识地走本土化的道路。

事实上，自20世纪80年代以来，在人文及社会科学界，一批台湾、香港、大陆及海外的华人学者已先后达成了人文及社会科学本土化的共识。随着研究的深化，如何认识中国人社会行为取向也越来越成为研究的重心，并产生了诸如何友晖的"集体主义取向"与"关系取向"、[②] 杨国枢的"他人取向"与"社会取向"[③] 及黄光国

① 杨国枢、文崇一主编：《社会及行为科学研究的中国化》，台北："中央研究院"民族学研究所1982年版。

② 参见 D. Y. F. Ho, "Psychological of Collectivism: With Special Reference to the Chinese Case and Maoist Dialectics" In *Cross-cultural Contributions to Psychology*, L. H. Eckensberger, W. J. Lonner, & Y. H. Poortinga (eds.) (Lisse, Netherlands: Swets & Zeitlinger Press, 1979)；及何友晖、陈淑娟、赵志裕：《关系取向：为中国社会心理方法论求答案》，见杨国枢、黄光国主编：《中国人的心理与行为》，台北：桂冠图书公司1991年版，第49—66页。

③ 参见杨国枢：《中国人的性格与行为：形成及蜕变》，载《中华心理学刊》，1981年，第23期；《中国人的社会取向：社会互动的观点》，见杨国枢、余安邦主编：《中国人的心理与行为》，台北：桂冠图书公司1993年版，第87—142页。

的“人情与面子模式”[1]等具有一定说服力的理论模式。但这些理论仍没有摆脱中国人在社会行为取向上是不是集体主义或其他什么主义的纠缠。例如，1988年，当杨国枢赴美参加由十几位教授组成的“中国、日本、印度之人格观念讨论会”的月会上被发问：如果西方的心理学完全不存在，而由中国学者自行发展出一种现代心理学，那会是一种什么样的心理学时，杨国枢当时的应答是：可能是一种偏向集体主义的心理学。[2]可时至1992年，在“中国人的价值观国际研讨会”上，本土化的倡导者之一，杨中芳却正式开始发难：“中国人真的具有集体主义取向吗？”[3]她在文中列举了不少世界著名学者对这一命题所持的反对意见与论证，并提及有的学者直接以中国人为个人主义相对之，可见这一问题所具有的敏感程度。以上这些“应答”和“疑问”不但表明了本土化研究者对中国人社会行为取向这一核心问题的关注，而且显然还隐含着一个明摆着的事实，即在以往众多中外学者的有关研究中，中国人的行为取向有向集体主义一边倒的严重倾向。当然尽管上面提及的种种理论中有少部分同集体主义相对，而且黄光国的模式基本上绕开这个问题，但从影响上看，他的观点及杨中芳的发难仍没有找到撼动集体主义取向的根基在哪里。结果杨国枢认为，杨中芳在该篇论文的结论中所列举的中国人价值取向的特点，仍具有集体主义的色彩。

本篇欲图再次探讨这一问题并同时对中国人的集体主义取向或个人主义取向这种二元分法提出质疑。鉴于杨中芳提及的一种观点，即至少到目前为止，我们还没有发现用哪种实验方法和测量工

---

① 详见黄光国：《人情与面子：中国人的权力游戏》，见黄光国编：《中国人的权力游戏》，台北：巨流图书公司1988年版，第7—56页。

② 杨国枢：《我们为什么要建立中国人的本土心理学？》，载《本土心理学研究》，1993年（创刊号），台北：桂冠图书公司1993年版。

③ 杨中芳：《中国人真的具有集体主义取向吗？》，中国人价值观国际研讨会（1992）油印本。

具可以有效地帮助我们准确地理解中国人的社会行为是什么取向，[①]本篇在此先尝试着提出一种理论模式和一系列假设，其目的是为了先能使我们从各式各样的“主义”，尤其是集体主义和个人主义二元划分的困惑中摆脱出来，并以一种新的分析框架来看待中国人的社会行为取向以及它和集体主义或个人主义的关系。在此之前，我曾从中国国民性角度对有关问题做过纲要性的论述，[②]而我这里所要建构的是一种本土理论模式。它将对中国人社会行为取向进行更加完整而系统的解释。当然我在此无意否认上述的每一种结论都有其合理的一面，只是认为已有必要产生一种更具解释力的理论来修正、涵盖或统领它们。我以为，这一模式的建立将有助于我们设计出一套属于中国人自己的研究策略和方案。至于今后如何能有效地在此理论假设的基础上进行经验研究，我将在结论中提出一些设想，以期将来能对这一理论模式中的若干命题加以验证。

一、研究的层次及其讨论

中国人在社会行为取向上的特征具有或不具有集体主义倾向的争论，最早发端于中国人国民性的研究。然而，中国“国民性”的根本特征历来是个悬案，远不如西方人为个人主义或日本人为集体主义那么干脆。其种种结论往往是盘根错节，相互矛盾，甚至自相矛盾，以至难以清理。大致来看，中国“国民性”的辩论可分为三个层次，最高一层是中国人属集体主义还是个人主义；中间一层是由上层引出来

① 详见杨中芳：《试谈中国实验社会心理学的本土化》，载《广州师院学报》，1989 年，第 2 期；《中国受测者所面临的矛盾困境：对过分依赖西方评定量表的反省》，载《中华心理学刊》，1987 年，第 2 期。

② 详见翟学伟：《“泥”与“沙”——为中国“国民性”之症结求答案》，载《二十一世纪》（香港），1994 年，第 2 期。

的中国人能否"抱成团"，即是凝聚的还是内耗的；最底一层是由此再往下延伸出来的细节（如公德与私德、冷漠与热情、务实与重形式等）。

在第一个层次上，集体主义，特别是个人主义究竟是什么含义存在着很大的争议。现我将以往研究中国人的社会行为取向是集体主义或个人主义的对立要点排列如下：

（1）个人和集体，哪个为先，哪个为重。

（2）自我取向还是他人（社会）取向，重自我，还是重他人。

（3）个人人格及其行为表现是受到尊重，还是受到抑制。

（4）个人是自主性的，还是依赖性的。

（5）个人利益高于集体利益，还是集体利益高于个人利益。

（6）地位等级观念弱还是强。

（7）人际关系倾向紧张还是倾向和谐。

由于相当多的学者认为中国人在社会行为的特点上属于以上七点中的后者，因此中国人属集体主义。在我对这一问题进行分析之前，先来看一看几个著名学者的不同意见。如费孝通在提出其著名的差序格局时指出：

> 在这种富于伸缩性的网络里，随时随地是有一个"己"作为中心的。这并不是个人主义，而是自我主义。个人是对团体而说的，是分子对全体。在个人主义下，一方面是平等观念，指在同一团体中各分子地位相等，个人不能侵犯大家的权利；一方面是宪法观念，指团体不能抹煞个人，只能在个人所愿意交出的一份权利上控制个人。这些观念必须先假定了团体的存在。在我们中国传统思想里是没有这一套的，因为我们所有的是自我主义，一切价值是以"己"作为中心的主义。[①]

---

① 详见费孝通：《乡土中国》，北京：生活·读书·新知三联书店 1985 年版。

这里的关键问题不是自我主义究竟是什么，而是中国人并非集体主义，因为中国人并没有一个固定的集体，他们所有的就是以己为中心的而又各自不同的并不停变化的社会网络。因此“私”是中国人社会行为的核心。

而余英时从中国人的价值层面上也认为：

> “礼”虽然有重秩序的一面，但其基础却在个人，而且特别考虑到个人的特殊情况。从这一点说，我们不妨称它为个人主义，不过这里所用的名词不是英文的 individualism 而是 personalism，我认为前者应该译作个体主义。……“礼”或人伦秩序则要求进一步照顾到一个具体的个人。这一形态的个人主义使中国人不能适应严格纪律的控制，也不习惯于集体生活。这种精神落实下来必然有好有坏。从好处说是中国人爱好自由，但其流弊便是“散漫”，是“一盘散沙”，自由散漫几乎可以概括全部中国人的性格。……一个具有自由散漫的性格的文化决不可能是属于集体主义的形态的。[①]

墨子刻（T. A. Metzger）是在中国人的自我层面上来讨论中国人的集体主义问题的。按照一般通行的观点，中国的个人自我是萎缩的，不受重视的，但从下面的一段话中，我们可以发现墨子刻旨在力图区分中国人的自我确认与自我满足的方式同西方人不一样，但这不意味着因此可以把中国人的价值体系简化为集体主义。他写道：

> 然而，即使儒家自我确认的范式排除了对……家族主义或

---

① 余英时：《从价值系统看中国文化的现代意义》，载《文化：中国与世界》，1987 年，第 1 期。

> 集体主义的任何简单化的强调，它仍然明显地区别于被唐君毅和大多数学者视为与儒家伦理相对立的“个人主义”。由于我们西方人很难想象一种缺乏个人主义却一直强调自我确认的社会制度，某些学者便简单化地把中国文化当作集体主义的和缺乏对个人重要性的任何强调的一种文化来加以描述。①

从以上这些研究结论中，我们可以看出费孝通对中国人的“己”和“私”的观点对上面的（1）、（2）、（3）、（5）中的后者都有所否定；余英时对中国道德中个体的特殊性阐述对（4）、（6）、（7）的后者等有所否定；而墨子刻的“自我确认”对（2）、（4）的后者有所否定。因此，我们完全有理由来怀疑集体主义和个人主义是不是一对用来分析中国人和西方人（或中国人本身）之相反行为取向的框架，也有充分的理由来怀疑集体主义是否能代表或概括中国人社会行为的总体特征。总之，我们在上述七点中看不出中国人非此即彼的特点。

通过以上的讨论，我认为，在中国社会文化中，用集体主义和个人主义（自我主义）这对概念来说明中国人的社会行为特点，存在着明显的简单化的倾向，这无疑在一定程度上会限制住我们对中国人社会行为复杂性的理解。为此，我们一方面要尽可能地避免甚至舍弃对这两个概念的关怀，另一方面，还要建立起一种新的概念构架来理解中国人社会行为的取向。这个概念构架即是希望将社会行为作为一个结构系统来分析。然而，我们也应该认识到，这样一种结构系统是不太可能在第一层次上产生的，因为这一层次上的讨论相当的思辨和抽象，它偏重的是界定和诠释的问题，而不是实证

---

① 墨子刻：《摆脱困境——新儒学与中国政治文化的演进》，南京：江苏人民出版社 1990 年版，第 43 页。

的问题。这就需要我们从第二层次来入手，因为第二个层次主要关注的问题是中国人在实际上是否合群的问题。这样不但可以使上述的问题现实化和操作化，而且也不像进入第三层次那么琐碎。另外在这一领域里做出的任何结论既可以回升到第一层次上去，又可以解释第三层次的问题。

当然，即使第二层次上的讨论也相当棘手，各家不但立场错综复杂，而且对关键词的提法很不一致，如合群又有“凝聚”“团结”“合作”“尚情”“无我”等说法（尽管其意义并不完全相同），不合群又有“内耗”“内斗”“内讧”“窝里斗”“不团结”“不合作”“一盘散沙”等说法。为了分辨各自的阵营，本文只好暂用“泥”与“沙”来加以概括。虽说这样概括过于简单化了，但奥卡姆剃刀（Ockham' srazor）法则对于我们尽快进入正题是很有效的，而且这两个字的本身也恰到好处，代表中国“国民性”论战中的两种结论。显然，“泥”有“凝结起来”之义，“沙”有“散散漫漫”之义，前者也可以指把中国人划为具有凝聚的一方，后者指把中国人划为具有内耗的一方。这就形成了中国国民性论战的两大阵营之对擂的格局。

在中国近代史上，“泥沙”之争大概是由梁启超先挑起的。他在1902年发表的《新民说》中集中讨论了中国人对“群”的道德观念。他指出：“合群之义，今举国中稍有知识者，皆能言之矣。问有能举合群之实者乎？无有也。”[①] 自“五四”运动以来，这一观点开始成为在中国文化和政治上及中国社会之未来讨论的一个焦点。如孙中山在《三民主义》里对此作了呼应，点出中国人是“一盘散沙”，陈独秀在《卑之无甚高论》一文中认为“中国人民简直是一盘散沙……人人怀着狭隘的个人主义，完全没有公共心”。而鲁迅除了在众多的杂文中提出了有关类似的思想外，他写的一篇杂

---

① 梁启超：《新民说》，沈阳：辽宁人民出版社1994年版，第104页。

文，篇名就叫《沙》。40年代后，费孝通的差序格局可视为对这一观点的理论概括，意指每一中国人都处于一个一层层大套小的同心圆的中央，而那些大小不等的层层圆圈都表示他人同那个位于中心个体的不同关系，而个人和他人群体的关系就是一层层地把他们牺牲掉的关系：

> 我们一旦明白这个能放能收，能伸能缩的社会范围，我们可以明白中国传统社会中的私的问题了。我常常觉得："中国传统社会里一个人为了自己可以牺牲家，为了家可以牺牲党，为了党可以牺牲国，为了国可以牺牲天下。"①

中国人可以这样一圈圈地牺牲他人是为了最后保住他自己。因此，费孝通的结论是中国人自然是自我主义。这一路线上的思想在今天被台湾作家柏杨传承下来，细读他的《丑陋的中国人》一书，说来说去，中国人最丑陋的地方还是"窝里斗"或"不团结"。

但自上述命题出现以来，就在学术界、文化界和政治上受到强有力的反击。梁漱溟一马当先，在《东西方文化及其哲学》中认为：

> 西洋人是有我的，中国人是不要我的。在母亲之于儿子，则其情若有儿子而无自己；在儿子之于母亲，则其情若有母亲而无自己；兄之于弟，弟之于兄，朋友之相与，都是为人可以不计自己的，屈己以从人的。他不分什么人我界限，不讲什么权利义务，所谓孝弟礼让之训，处处尚情而无我。虽因孔子的精神理想没有实现，而只是些古代礼法，呆板教条以致偏倚一方，黑暗冤抑，苦痛不少，然而家庭里，社会上，处处都能得

---

① 详见费孝通：《乡土中国》，北京：生活·读书·新知三联书店1985年版，第27页。

> 到一种情趣，不是冷漠、敌对、算账的样子，于人生的活气有不少培养，不能不算一种优长与胜利。[①]

梁漱溟的意思是说中国人一向不讲自我，而处处以他人为重，因而家庭和社会都是和谐与友爱的，没有个人主义，当然也没有争斗。后来他把中国人的这种特征概括为“伦理本位”，以突出中国人和谐的特点。这一思想同样在钱穆的观点中也可以找到。钱穆认为：

> 故西方有个人主义而中国无之。依中国观念，亦可谓先有家，乃有己。先有国，乃有家。先天下，乃始有国。先有一共通之大同，乃始有各别之小异。故各别之小异，必回归于此共通之大同，乃始得成其为一异。西方人则认为先有异始有同。先有己始有群。群纵有同，而己之各别之异则更重。然则使无人类共通之群，何来而有此分别各自独立之小己乎？[②]

钱穆的这一观点和费孝通的差序格局可谓针锋相对。他力争道，由于中国人讲“和”，故总是把“群”放在首位，没有群在先，便没有我可言。近来，台湾心理学家杨国枢通过对中国人的行为取向的更系统的考察，提出了中国人的社会取向的理论模式。这一理论在对中国人的社会行为进行了较完整的分析后，仍然把中国人归结为集体主义。[③]可以毫不夸张地说，认为中国人的集体倾向并带有“合群”或“和谐”观点，几乎是现代海内外学者关于中国人的国民性特性的共识。

---

① 梁漱溟：《东西方文化及其哲学》，北京：商务印书馆 1987 年版，第 153 页。

② 钱穆：《中国学术论衡》，长沙：岳麓出版社 1986 年版，第 44 页。

③ 杨国枢：《中国人的社会取向：社会互动的观点》，见杨国枢、余安邦主编：《中国人的心理与行为》，第 87—142 页。

面对这一令人困惑而又费解的难题，美国人类学家许烺光在他的著述中一方面对有关的概念做了调整，提出一个“情境中心”的概念来让中国人的“集体主义取向”之界定变得模糊一些，另一方面又专门对中国人的“泥”与“沙”的特征进行了一次切割，即以中国宗族为界，宗族内为“泥”，宗族外为“沙”。他说：

> ……与此同时，必须指出的是，中国非亲属组织的缺乏导致了孙中山博士所指的中国人像一盘散沙。然而本书的读者会认识到中国人决非一盘散沙，尤其在亲属关系和地方组织中，中国人彼此在一起的力量比黏土还紧。至于一盘散沙的中国人性格，只有在主要亲属以外的团体关系中才会出现。[①]

许烺光的这一切割似乎给上述的僵局打了个圆场。但我们不禁要问，以亲属组织为界来分割中国人国民性是“泥”是“沙”是否比以上的分析更合理呢？答案基本是否定的，因为以上两方都有理由认为，他们的结论是对中国人的各种群体而言，并没有什么亲属上的内外差别。中国的社会现实也完全能证实这一点。但许烺光的观点无形中给了我们一个启发，解决这一难题的关键是中国的家族主义究竟是个什么东西。梁启超、孙中山、陈独秀等认为中国人为“沙”是因为中国家族主义太发达，梁漱溟、钱穆、杨国枢等认为中国人为“泥”也是因为中国人很强调家族主义。

这样，家族主义显然成了解决这一问题的突破，而突破的关键不在于以家族为界进行内外切割。这就意味着，我们不能停留在家族主义笼统理解上，应该对其内部结构做深入了解。

---

① 详见 Francis L. K. Hsu, *Americans and Chinese: Reflections on Two Cultures and Their People* (New York: Garden City Press, 1970), p.379。

二、研究视角与方法

以上所涉及的种种结论无疑都是东西文化比较的结果，虽然这种方法已越来越不被社会学和心理学家所重视（而为人类学家所强调），但它的有效性正体现在定量研究所不易达到的更一般层次上。而且一种社会中的人的行为取向本身也是比较而言的，即使是实证研究，没有比较，我们还是无法确定这种行为在一般层次上的类别与方向。这足以说明文化模式的比较无论在什么时候对于我们解开这一谜底都是十分必要的。但同时需要指出的是，以往的文化比较也存在一些问题，其中最重要的问题就在于人们没有很好地区分出东方文化模式中的中国文化和日本文化所存在的本质上的差异。而这又是我们分析不出中国人是什么行为取向的一大障碍。因为当我们把西方人的社会行为作为我们研究的参照系时，我们或许会承认中国人社会行为上多少有集体主义的取向，但如果我们把日本人的社会行为作为我们研究的参照系时，我们又会认为中国人的社会行为不怎么具有集体主义的倾向。这意味着，西方学者认定中国人具有（或部分中国学者认定中国人不具有）集体主义取向是在和西方人社会行为取向的比较中得出的，但这种结论无形中把中国人等同于东方人，即把中国人等同于日本人。而作为中国人或日本人自己，很多人都会清楚地认识到中国人不同于日本人，甚至日本人的集体主义取向对我们来说也是陌生的。显然，我们不能只通过对两种文化模式的比较来下结论，而是要通过三种文化模式的比较来做研究上的假设。

本篇的文化模式比较是采用目前已为部分学者所越来越重视的家庭模式上的跨文化比较。从目前的研究成果来看，这种比较的最大优点是可以深入到一个社会的文化模式的核心位置，因为家庭模式上的差异可以反映出文化价值的差异，而一种文化价值的最常见的传递模式在任何社会都主要是通过家庭进行的。从家庭模式看文化模式，不但比从价值本身看文化模式更真实，而且也更具普遍性。例如每一个中国人都知道家的重要性，但不是每个中国人都知道儒家的重要性，每一个中国人都受家的影响，但不是每个中国人都受儒家的影响，其他社会在自己社会伦理和家庭上的关系亦然。比较家庭模式的另一个优点是家庭结构，是指家庭成员关系的构成方式。这种方式本身不但是生成个体社会行为的原初条件，而且是一种持续和稳定的条件。在这一层次上做比较研究，我们一方面可以回到对个体行为的分析上去，另一方面又可以延伸到对群体行为的分析上去。因此，可以断定，比较文化模式的一种有效途径是对不同文化中的家庭模式进行比较。采用这样一种途径并不意味要贬低各社会的文化价值比较，而恰恰是要说明家庭模式对其文化价值的影响力以及文化价值在很大程度上是通过家庭来实现其传承的。用许烺光的观点来看，就是家庭中的父子两人关系结构（dyad）在前，而孝的价值观在后，重要的不是孝的价值观和其他文化有什么不同，而是父子关系和其他文化有什么不同。[①]

作为一种研究方法，最先强调以家庭结构为基点来比较不同文化模式的学者大概要数许烺光了。他从理论上提出了不同文化在家庭结构上的差异，并以此作为其分析不同文化中的人的心理与行为的公设，[②] 由此可以推导处于这一文化中的人在社会行为上的种种特征。这种研究方式在他对中国人和美国人的比较研究中得到了成功的运用，然后又分别在比较日本人和印度人中发展得更加成熟。许烺光在家庭比较中曾较早地提出过这样一个重要

---

① 见许烺光：《文化人类学新论》，台北：联经出版事业公司 1983 年版，第 112 页。
② 同上。

的观点：

……我曾经排除了平均继承制对于中国社会发展的重要影响。……现在我不得不收回我在这方面的观点。因为恰与中国相反，日本普遍习俗是单子继承制，这种继承制于中国和日本社会组织的某些基本差异有直接的关系。……①

由于许烺光的比较在总体上是围绕他的中国人的"情境中心说"展开的，所以他只发现了中国的亲属组织形式对中国人社会行为的意义，并没有意识到中日继承制上的区别同其社会行为取向有何关系。在这一问题上，台湾人类学家陈其南的认识和许烺光很相似，他在此基础上得出了美国、日本和中国各自在企业组织上的特征，他说：

本文的比较研究指出典型的欧美企业组织是偏重于"契约的关系"与"市场规范"的经营方式，此种特征很清楚地植根于西欧传统家族制度的个人主义和契约关系的成分。相对的，日本式的企业组织则承袭其传统"家"制度所特有的经济共同体观念和垂直的"亲分子分"之结构特质，我们称之为"身份关系"与"共同理念"的经营方式。透过对于中国传统家族制度的研究，我们也理出了中国人的系谱观念和家庭经济单位的构成法则，进而论证这些系谱中心主义的理念、态度和团体意识如何呈现于"中国式"的企业组织形态和管理方式，我们称之为"差序关系"导向的纯营利经营方式。②

---

① 详见 Francis L. K. Hsu, *Americans and Chinese: Reflections on Two Cultures and Their People* (New York: Garden City Press, 1970), p.287。

② 陈其南：《文化的轨迹》，沈阳：春风文艺出版社 1987 年版，第 88 页。

陈其南的家庭制度比较已涉及了家庭结构和个人主义、团体意识的关系，但就出发点而言，陈其南也没有看出这种家庭结构和中国社会行为取向的关系。因为陈其南和许烺光所关注的焦点都是在中国的家庭结构对中国工业化的影响上，但至少在经济发展和企业组织的经营方式上，不同文化中的家庭模式所起的重要作用是可以被证实的。

然而，我们如何来证明家庭模式对社会行为取向的重要作用呢？美国社会学家林南沿循这一思路，提出了一种家庭资源转移理论。此理论认定家庭资源转移的内容和对象是对家庭和社会运行有决定性影响的要素。家庭资源可分为权威（authority）和财产（property）两大类，不同的社会对这两类资源转移的重点不同，故它们可以作为两项重要的变量，用来考察一家庭注重哪项资源的转移和这两项资源转移中的一致性如何。同上述的比较研究相比，该理论注重了权威和财产两项因素，从而避免了单从财产的分配和继承方面进行考察的不足。林南认为虽然在西方（Anglo-Saxon）、日本和中国的家庭结构中都存在着权威和财产两项的转移，但各种家庭结构中这两种转移的方式不一样。日本和西方在这两项转移上具有一致性，其中日本家庭在转移权威时同时把财产一同转移给同一继承者，西方家庭是在把财产转移给继承者的同时便附带转移了权威。尽管这里面暗含了西方和日本的家庭结构不尽相同，但它们在家庭资源的转移上都选择了一致性的方向，即在家庭制度上保证了把两项资源一同传给同一个继承者。这个继承者在日本通常是长子，在西方不确定，可以包括女性。但中国家庭在这两项转移的方向上呈现出不一致。中国家庭偏重权威转移，它一般由长子继承，财产却诸子平分。由中国这一家庭资源转移上的特点，他推导出中国社会具有（1）权威集中，（2）家源和血缘为重，（3）以小单位方式运行，（4）以感情为主，而排外性较强等特点。[①] 结合许烺光和陈其南的观点，我们现在把问题集中在中国家庭资源转移的一个重要特点上，这就是嫡长子可以得到权威，但却不能同时得到财产，反之，能得到等量财产的诸子却不能获得权威。这究竟意味着什么，它会对中国人的社会行为产生什么样的影响呢？

三、四项因素的提出及其关系

这里我首先要假定的是，家庭资源转移上的一致性是足可以使社会行为的操作简单化的，因为它们之间构成了一种互为保证的关系，换句话说，获得其中的一项资源就等于无形中获得了另一项资源。反之，家庭资源转移上的不一致性却使社会行为复杂化，因为资源之间的相互分离使群体中个体占有的资源呈现一种抗衡性的特征，资源的抗衡性使关系互动的网络呈现出牵制性。在这种社会，为了使资源中的权威性得到强化，就会在财产不能保证它的情况下借其他某种因素来突显其权威的重要，结果在中国，伦理因素被提了出来，并成为维持权威的唯一有效手段。在西方社会，家庭资源转移一致性上的分离也出现过借助其他因素的情况，美国社会学家丹尼尔·贝尔（D. Bell）在研究中指出：

> 当资本主义通过垄断家族把财产和权势合为一体来延续统治时，它的确拥有历史的力量。后来，在资本主义内部发生了第一场深刻意义上的结构变革，即家族财产同管理权力相互分离，从此资本主义丧失了通过权贵血脉延续统治的可能。如今

---

① 详见 Nan Lin: "Chinese Family and Social Structure", 载《"中央研究院" 民族学研究所集刊》, 1988 年，第 65 期。

的经济决策权掌握在“机构”手里。这些机构的首长无法把权柄传给其后代——因为财产不再私有（而是公司集股化了），决定管理职位的不再是财产，而靠专门知识……[1]

从这里，我们可以看出，当权威和财产相分离时，无论哪种社会都会寻求第三，甚至第四种因素来适应或维系人们原有的社会关系或社会组织的运作（而两者不分离时可以不需要附加其他变量）。所不同的是，现代西方社会面对这一相似的现象，选择了专门知识这一因素，并形成了相应的管理阶层。而当时的传统中国社会却选择了伦理道德，并形成了相应的士大夫阶层。但是，即使是伦理道德也不是任意的，而是有所选择和限制的，任何一种离解决上述问题甚远的道德体系（如脱离于家庭的社会伦理道德，像西方社会的公共道德）都不会被中国人所接纳和认同，而儒家学说正是从正面直接关注这一问题的道德规范体系。中国的道德体系固然复杂，但无论多么复杂，其核心就是“孝”，它所要表达的含义就是对权威性的服从。而当这种概念从家庭结构中被提炼出来时，道德体系的界线也同时被确定，这就是血缘性，因为中国道德所要规范的重点是家庭继承制以内的成员，而不是那些分享不到财产的人。总之，一种给予权威又不给予相应的财产做基础，而给予财产又不给予相等的权威保证的家庭结构，会造成社会互动中的两种格局：一是就家庭内部而言，在不能以财产为物质保证的权威者和有同等财产但无权威的继承者之间产生出一种道德控制的关系。二是就家庭外部而言，财产的均衡关系使人们也不倾向于离开其家庭去另谋生路，而仍然注重血缘、家谱、他人及亲情。由此形成中国人社会行为中四个不可缺少的重要因素：

---

① 丹尼尔·贝尔：《资本主义文化矛盾》，北京：生活·读书·新知三联书店 1989 年版，第 38 页。

1. 权威（包括对身份、地位、等级及辈分的重要性的强调）。

2. 道德规范（以“孝忠”为核心）。

3. 利益分配（包含对经济、社会和心理上获得平均性和均衡性的计较）。

4. 血缘关系（包括真正的、扩大的或心理认同上的血缘关系）。

这四项因素所具有的共同含义都表明中国人在社会生活中首要的任务就是对复杂关系的处理。因此，本理论的基本前提就是：中国人在社会行为上确实存在着注重关系的倾向。但值得注意的是，具备这一前提只是告诉我们研究中国人的社会行为的基点在哪里，而非结论是什么。中国人倾向在“关系”中（而不是人格或群体或其他方面）选择行动路线，并不表明中国人是关系取向，因为“关系”二字不但不能表现中国人社会行为的特征究竟是什么，而且从社会学角度上看，任何社会中的人都是以关系结成的，并非只有中国人才有关系。可见，中国人在社会行为的总体特征不过是“讲究关系”而已。如果我们认可这一点，那么我们研究的关键就不是在“关系”本身上面，而是在如何“讲究”上了。提出这种细节上的差异是我们认识到中国人社会互动的复杂性和重计策性行为的一个关键。

现在，我们从下往上来分析这四个因素及其关系。首先，正如许烺光所说的，中国人的群体意识一般只体现在血缘关系范围内，至多会延伸到认同的范围内，如我们有着同一祖先（炎黄），我们是一家人。其次，群体内的权威者必须在这一群体内实施均等的资源分配，即中国人常说的“一碗水端平”。然而，要想摆平每个成员之间的关系是件很难操作的事。这就意味着中国家庭中的权威者在无法用财产来维持其权威性的情况下，只能选择儒家的宗法道德来进行规范，因此这种价值体系也必然具有集体主义性质，如果没有这点做保证，那么中国的家庭结构是维持不了的。这也是中外学者从价值体系分析出中国人为集体主义取向的原因。不可否认这种分析所具有的合理性，因为如果中国人的群体组织没有儒家思想的规范控制，要实现“和”的局面已完全不可能了。但我们这时可能会忽视另一个重要问题，也就是平均分配的原则一直在深刻地影响和牵制着中国人的这一行为取向。它表现在儒家伦理的实施是建立在我们假定了诸子平分原则基础上的。从制度的层次上看，平分原则本身是否可能是难以确定的，但如果这一假定发生了动摇，那么儒家伦理所具有的制约性也会跟着出现动摇。即使从价值层次上看，分配上的不均现象本身已表明权威者本人也违背了儒家伦理。由此，在很多情况下，权威者无论从价值还是制度出发，都不能因为其家庭成员是败家子、无赖或废物而剥夺他的财产继承权或获得平均分配财产的权利。正因为这一重要原因，用儒家伦理来控制人的行为就具有局限性，或者说，对权威的服从是有条件的。可见，夸大伦理道德的作用而忽视平均分配的作用会对中国人的社会行为方式产生误解。较为合理的解释是中国家庭在权威和财产转移上的分离导致了权威者和其下属成员之间的双向依赖关系。权威者在对财产分配失去控制力的情况下，除了强化道德规范外，往往具有向下属妥协或讨好的倾向，而下属因在此群体中可以得到和别人同等的财产则也愿意归属、依附该群体及遵从权威，最后导致集体主义倾向，或反之，导致个人主义倾向。但这种意义上的个人主义不同于西方所谓的个人主义，它在中国社会的含义是，由于血缘关系及认同的作用，个人主义并不导致该群体的解体，只导致内耗、勾心斗角、阳奉阴违等行为倾向，以夺回他认为该得的那一份。可见，中国家庭和社会结构中存在的权威危机不是近现代化对传统的冲击，而是根植于这一结构自身。[①]

以这一中国群体的特点来比较日本群体及西方群体就可以发现以

---

① 参见 L. W. Pye, *The Spirit of Chinese Politics—A Psychocultural Study of the Authority Crisis in Political Development* (Massachusetts: The M. I. T. Press, 1968)。

上四因素在他们那里有的是多余的。首先由于日本的单子继承制，使权威者的权威性可以由财产来做后盾，而不必一定要强调伦理道德的作用，如果再在这种情况下强化集体主义的价值观，那么集体主义倾向是明确的。其次，对于那些没有得到而想得到权威和财产的成员来说，他们也不会再归属或依附于该群体，他只能离开它去寻求另一个群体，如做婿养子或加入社会组织；因此由中国输入到日本的"孝"的价值观一直是被转化为"忠"的价值观而被强调的。许烺光认为：

> ……在日本的一子继承制中，非继承人必须要脱离他所出生的家族，加入或者组成其他团体，在这类集团中，由于他们的评判标准是成员关系而非家属关系，所以其范围扩大到地区或者全国。这类区域性和全国性组织起着一种有效的基础结构作用，当日本陷入来自西方的紧张压力时，这些团体起了促进日本现代化进程的作用。[①]

以上问题对西方人而言，则会变得更加简单，因为当家庭财产继承性上的不定性以法的形式被确定下来后，契约是社会互动的最有效原则，因此它导致社会行为取向上的个人中心。以上分析可见下面图表：

表 4–2　中国、日本、西方社会行为中的四因素情况

类　型	家长权威	道德规范	利益分配	血缘关系
中　国	强	强	强	强
日　本	一般	一般	弱	一般
西　方	弱	不同	不同	弱

① 详见 Francis L. K. Hsu, *Americans and Chinese: Reflections on Two Cultures and Their People* (New York: Garden City Press, 1970), p.287。

上面这一图表中含有两种不同的比较，一种是程度上的差异，我用“强”“一般”“弱”来体现，一种是性质上的差异，我用“不同”来体现。在家长权威上，中国强、日本一般，但西方较弱；日本在道德规范上的强度不如中国是因为日本人在家长权威的“一般”和在利益分配的“弱”这两项足以使其不必强调道德的重要，而西方在这一点上则偏向契约所形成的规范，而非道德。中国人在利益分配上不同于西方，表现在中国的平均分配制和西方的财产继承制上的性质上的差异。日本在血缘关系上的强度弱于中国的原因在于，中国人的血缘关系是从“真正血缘”扩展到“认同血缘”，而日本人只偏重“认同血缘”。

四、中国人社会行为取向中的内在机制

现在，我们越来越清楚地意识到单从中国的儒家价值观或所谓的权威主义（人格）来说明中国人社会行为取向是有重大缺陷的。从比较现实的观点来看，中国人在社会群体中对利益分配上的均衡性受到非常的重视，它是导致中国人社会行为上具有集体主义或个人主义走向的起点和杠杆。但值得注意的是，资源分配上的均等性不是单指经济上获得等量的利益，而是通过一种综合性的指标来体现的，它既包括经济学上群体成员对财产的平等性获得，也包括心理学上权威者在认知上对谁更器重，在情感上对谁更亲密或相反，以及在社会学上各成员因年龄或资历而占据的地位是否合适，向上流动的速度是否一样，占有的社会资源能否持平等。以上的这些操作上的难度是可以想象的。但无论做到这些多么困难，努力去做是必须的。孔子说：

丘也闻有国有家者，不患寡而患不均，不患贫而患不安，

> 盖均无贫，和无寡，安无倾。夫如是，故远人不服，则修文德以来之。既来之，则安之。今由与求也，相夫子，远人不服而不能来也，邦分崩离析而不能守也，而谋动干戈于邦内。吾恐季孙之忧，不在颛臾，而在萧墙之内也。(《论语 · 季氏》)[①]

孔子在此看出了利益和道德之间的一种紧张关系，因此想从道德上来让人懂得均的重要性，即做到见利思义，以此在道德上把中国人拉回集体主义的轨道上去。但我所要证明的关键问题是在综合指标上达到一种均衡性是否可能。

《说文解字》释“均”为“平也”。可见“均”字不只有“平均”的含义，还有“均平”的含义。均平的意思可以在《诗经 · 小雅》“我马维骃，六辔既均”中略见一斑。即这里的“均”指的是六匹马在各自的方向上均等地使用力气。这样一来，我们就有必要界定出“均”究竟对中国人而言是什么含义了。我认为这个字在我们的分析框架中是一个很特别的概念，首先其本身不具有集体的意味，也不具有个体的意味，而表示可以向不同的方向变化的意味。均在中文中既有平均的意思，又有均衡的意思，而平均不一定均衡，均衡也不一定平均。根据均的这两种含义，平均一般和中国人的个人利益有关，它假定个人在私利上期望自己的社会资源和其他社会成员一样多；而均衡一般和群体的稳定性有关，它假定群体之中没有发生矛盾和冲突，成员间达成了协调的关系。显然，上面两层含义正好构成一种相反相成的关系，其中平均的含义在中国群体中具有个人的方向性，而均衡的含义带有集体的方向性。当我们再回过头来认识中国人在社会行为取向上的这两种方向性时，我们就可以发现

---

① 清代学者俞樾在《群经平议》中认为，这句话中的“寡”和“贫”字在传写中相互移动了位置。

中国家庭的结构模式企图通过保持两者的一致性来实现个人主义和集体主义的并举，换句话说，就是以图用维持个人在私利上获得和他人相同利益的计较来达到彼此关系上的和谐。总之，中国人是想借助伦理把利益分配中出现的两种不同取向合而为一，把原有可能相反东西转变成相成东西，进而当这种价值模式构成时，它既为个人也为集体。它想解决的问题是，在农耕社会，以个体能力来保证生存是不现实的，也是不可取的，个人再有谋生的本领也要归属为自家人群体，但群体不去考虑各个体的利益的等量性也不行，因为只重视个别成员的能力与获得，而忽略分配上的均等性会造成这个群体的四分五裂。结果只能是既要让能者多劳，又要讲平均分配，以实现群体内的协调性。以上的均衡和平均相结合的结构模式所体现的运行方式是，一方面，群体成员因自己对群体资源的平均占有而不轻易离开他的群体，另一方面，平均分配在操作化上的难度又极易造成群体成员的不满，从而导致中国人既不愿意脱离自己的群体，又会产生对立或内讧的局面。在中国社会，当任何社区、组织、群体、个体在实际中按照这一原理操作时，它既可能使人们倒向集体主义，也可能倒向个人主义。以上这四种因素的作用也使中国人在社会行动中具有整体性的思维，即不把个人和集体对立起来。而对于日本及西方而言，其群体的均衡性正好建立在个人的不平均获得财产的基础上。在日本，集体主义的建立所体现的是只要个人归属于该群体，那它就不能计较其个人的得失，反之，对于那些计较的人来说，那它只能选择公开分裂的道路，去组合另一个群体。日本人类学家中根千枝指出：

……许多集团发展到相当阶段时，就发生裂变，这已被认为是当然的。这种情况被称作温良裂变，因为待其下属积聚起相当的力量而希望独立时，这种裂变无论对于领导或是下属都

> 是意料之中的。然而，分裂出来的小集团跟原有的中心不一定永远和睦相处。[1]

日本人群体中的这一分裂倾向贯穿于老式家庭、店铺及次子、养子、仆人甚至新式职业中。在西方，群体的结合方式更为简单，成员和成员之间的关系是合伙的关系，这种群体对个体而言具有暂时性，他可以进出自由，而群体的均衡性只能在契约的规范下才能得以实现。

追究以往学者的不同观点，我们可以看出，主张中国人是集体主义的学者看到的是中国人对血缘关系的注重和认同，同时又有儒家伦理道德的强化和规范作用，一言以蔽之，他们看到的是中国人同姓则同德的一面。而主张中国人是个人主义的学者看到中国人一结合在一起就会各怀利己之心，时常表现出明争暗斗、勾心斗角或阳奉阴违的一面来，即看到了利益分配和道德间的紧张关系。其实，前者的结论出自本篇提出的四个因素中的服从权威、儒家伦理、平均分配和血缘亲密；后者的结论出自权威危机、道德失范、资源分配倾斜、同室操戈。

到此为止，我们可以从家庭结构在权威和财产转移上的特点中引申出以下三个重要问题：第一，作为儒家文化圈中的日本，其家庭结构并不类似于中国，而是类似于西方；第二，西方家庭不重视权威转移而更重视财产转移的特点和西方的个人主义价值观是相通的，而日本家庭注重权威转移而不注重财产转移的特点和日本的集体主义是相通的。这也意味着，个人主义导致的人际关系只是对契约的重视，这极易于构成费孝通所谓的“团体格局”[2]或许烺光所概

---

① 中根千枝：《日本社会》，许真等译，天津：天津人民出版社 1982 年版，第 47 页。

② 详见费孝通：《乡土中国》，北京：生活·读书·新知三联书店 1985 年版，第 22 页。

括的“俱乐部”群体[①]；集体主义导致的人际关系是对权威服从的重视，这易于构成很多学者都认为的东方社会那种严格的“辈分等级制”和“孝忠”思想。前者的权威转移包含在财产转移中，后者的财产转移包含在权威转移中；第三，由于中国家庭在这两项资源转移上的不一致性，有可能会导致一种既不属于个人主义，也不属于集体主义的价值倾向。一方面中国人强调对权威的遵从而带有集体主义倾向，另一方面中国人强调个人在群体中对财产的平均占有和分配而兼顾了中国式的个人主义倾向。由此，权威集中导致的集体主义和平均分配产生的个人主义之间形成了一种张力。这一种张力的度既可能把中国人拉向个体对权威的忠诚上，也可能把中国人引向权威对个体平均分配的妥协上。马克斯·韦伯认为西方的清教伦理与外部世界处于一种强烈而严峻的紧张状态之中，而中国的儒教所体现的则是对世上的万物采取一种随和的态度。[②]从这种推论出发，西方的工业化就是由这种紧张性所致，但所谓中国的“亲社会”性是否也具有紧张性呢？我认为仍然具有，这一紧张性不体现在社会与自然之间，而是体现在权威和平均的这一张力上。可见，这四个因素在中国社会从来都是共同发生作用的。

五、四因素的配置及其命题

我们在以上的讨论中已经可以清楚地看出，中国人社会行为的取向始终是和家长权威、道德规范、利益分配、血缘关系等四个因素联系在一起的。如果我们把这四个因素做一理想型的排列，就可以产生下列图表：

---

① 许烺光：《宗族·种姓·俱乐部》，薛刚译，北京：华夏出版社 1990 年版。

② 马克斯·韦伯：《儒教与道教》，第 257 页。

表 4–3　中国人社会行为中四因素理想配置表

四个因素	中国集体主义	中国个人主义
家长权威	集　中	瓦　解
道德规范	制　控	失　控
利益分配	平　均	不　均
血缘关系	亲　密	冷　漠

以上这一图表说明：中国人在同他人以及在社会群体中进行社会互动时都会对这四个因素做不同的组合，以确定其社会行为的方向。中国人是否走向集体主义先以血缘关系及其认同性来决定，而后是要看各种社会资源的分配在成员间是否均等，如果均等并达成各成员间的均衡性，他们则接受该群体的道德规范，最终遵从于权威，走向合群、团结、友爱、克己奉公、以他人为重的集体主义。如果中国人在进入血缘关系后，认为社会资源分配不均，进而导致他们对道德规范的违背，最后致使集中权威瓦解，就会产生内讧、窝里斗、冷漠、自私、嫉妒等所谓中国式的个人主义。

上面表中的配置方式是两种最极端和最理想的配置途径。但在现实社会中，这四个因素的配置方式并非总是如此清晰，它们按多变量矩阵会组合成 16 种方式，而这些方式中可以有八种方式比较容易出现。为此我们可以对这四个因素本身、八种配置的可能性及其关系等提出以下若干命题：

命题 1. 中国人的任何社会行为都包含这四个因素

这一命题不但在中国人稳定性的社会互动中存在，而且在初次社会互动的一开始就可以表现出来：即一旦社会交往发生，互动的双方便开始确定双方身份与地位。因为对身份和地位中隐含的权威性如果在接触过程中不明确的话，很容易冒犯对方，常言“有眼不识泰山”。与此同时，为了保证不冒犯对方，规范性则体现在相互的礼让行为之中。而初次社会互动中的利益分配和血缘关系表现为互报性行为和拉入自家人范围的可能性。

命题 2. 中国人社会行为的取向由这四个因素的配置情况而定

这一命题是说，中国人的社会行为取向性并不是确定的，它的方向性受四个因素的内在变化来决定。如果这四个因素分别为集中、制控、平均、亲密，那么其行为取向一定是集体主义。如果这四种因素分别为集中、制控、平均、冷漠，那么因第四个因素的作用，行为取向虽然有所弱化，但仍趋向集体主义。如果这四个因素分别为集中、制控、不均、冷漠，那么因后两个因素的改变而在取向上就会引起个人主义，又因前两个因素的作用，仍然能维持住集体主义，但这时的集体主义已和"抱怨""忍"并存。如果这四个因素分别为集中、失控、不均、冷漠，那么取向性因权威的维持只是表面集体主义，而实质个人主义，中国人常言"对权威的架空"就隐含这一点，集体主义取向已名存实亡。如果这四种因素分别为瓦解、失控、不均、冷漠，那么一定是个人主义。如果这四个因素分别为瓦解、失控、不均、亲密，那么因第四个因素的作用，行为取向是趋向个人主义。如果这四个因素分别为瓦解、失控、平均、亲密，那么因后两个因素，特别是平均因素的作用，可以在一定意义上取代道德因素的作用，使个人主义被潜伏或压抑，维持住了集体主义。如果这四个因素分别为瓦解、制控、平均、亲密，那么从表面上看权威者的无能会导致个人主义，但由于后三个因素已经制约住了个人主义，进而依然维持了集体主义。从总体上看，权威集中因素和其他三因素的任何可能的配置都能在集体主义的方向上，哪怕是表面的集体主义；而利益分配的不均因素和其他三因素的任何可能的配置都会在个人主义的方向上，哪怕是隐含的个人主义。这也是中国人的个人主义不同于西方人的个人主义之处。

命题3. 利益分配的平均与否是导致两种相反行为取向的杠杆

这一命题是由上述命题中推出，也就是说，中国人在四因素的配置中以利益分配的倒向性为社会行为取向定位的关键因素，它直接影响权威、规范和血缘的正走向能否有效，或这三因素的反走向是否可能。

命题4. 平均性是一系列综合指标，涵盖物质利益分配上的等量、社会资源分配的均衡和社会情感投入的均匀

这一命题是说中国人不单把获得等量的物质利益看作实现了平均分配，而倾向把平均分配看成一个综合的指标，它包括社会地位上的安排与升迁的速度，上级对下属能否一视同仁或是否偏心，也包括下属对上级对待各个成员方式是否满意。而集体主义取向意味着每一个成员都相信在经济、社会和心理上受同等待遇，以及上级在提拔某下级时要对其他同级成员做令人较为满意的说明或对不满成员进行安慰，还包括会“和稀泥”和“各打五十大板”的本领。一言以蔽之，权威者能摆平各成员之间的关系。而个人主义取向则表明一综合指标的失衡。

命题5. 中国人的个人主义取向不导致公开分裂或自立，而是表现为内耗

有人看不出中国人社会行为取向上的个人主义是因为他们不易看到中国人在社会群体中公开的分裂行为的出现。这一方面是血缘关系在起作用，即中国人在血缘关系上无论是亲密的还是冷漠的，由于中国家庭分家上的特点导致中国人对同一祖先的认同，另一方面中国人在社会群体中因分配原则上的等量性导致人们对共同利益

分配的关心以及对自己认为应该得到而又未得到的那部分的牵挂，而表现出内耗行为，即“我不行，也叫你行不起来，我得不到也叫你得不到”的心态。从理论上分析，真正引起公开分裂的群体只可能是在分配中以不平均分配为原则的群体，在这一原则支配下，个体对利益分配的无望会导致他选择分裂的方式来获得他的利益。这种现象发生在日本非但不表明他们是个人主义，而仍然是集体主义取向的结果。而个体对集体关系的脱离和另谋他路则是西方人的个人主义。

命题 6. 中国人在价值体系中强调的是个人与社会的整体性、过渡性和统一性，而非对立性和先后性

建立在中国家庭模式之上的儒家思想体系并不着重社会优先还是个人优先，而只想体现个体对集体和集体对个体的依赖性。为了强调这种依赖性是相互的，儒家一直不忽视个人的地位，认识到修身的重大意义，也不忽视群体与社会，认识到个人的修身可以使社会和谐、有序、稳定。因此，“道”既是个人的德性，也是社会的秩序。内圣与外王之间的关系是相辅相成的，而非哪个为先，或者说，哪个为先并不重要，重要的是不能外王但内不圣或内圣但外不王。

命题 7. 中国人社会行为的紧张性表现在利益分配与道德规范之间的冲突与调适

在儒家思想的发展中，伦理道德的作用越来越受到强调，因此义利之间的紧张性也越来越强烈。由于中国人社会行为的取向是同时受四因素决定的，所以伦理道德的制约性在本质上是相对的，而不是绝对的。当中国的伦理道德因素在社会行为中被突显出来时，中国人对利益的需要不是不表现，而是以扭曲的或以间接的形式表

现出来，这是谋略文化在中国社会发达的最主要原因。

命题 8. 中国人的社会行为取向具有很强的变通性（情境性）

由于中国人在社会行为中要由四个因素来决定其取向，便造成中国人社会行为的特点带有很强的变通性。原先不是自家人的人可以成为自家人，原来摆不平的事可以摆平，原来的非礼可以变得彬彬有礼，原来的不服从可以转而唯命是从，或相反。中国人在社会行为取向上对四因素配置的结果很容易导致对场合的重视，一切社会行为可以随场合的变化而变化，因为四因素中的每一因素也都带有不同的方向。中国人在社会互动中从陌生人的冲突到以“大水冲了龙王庙”来和解，足以说明这种变通性有多大。

命题 9. 中国人的关系结构为纵向与横向并存式

以往的学者认为中国人际关系具有纵向的特点，也就是父子结构和孝的关系。但从家庭模式的比较中，我们可以清楚地看出，真正的纵向人际关系只有在权威和财产转移方向一致的日本社会才有可能，他们只维系主干，但不顾分支。而在中国人际关系结构中，纵向的意思是说横向的血缘关系是由父子关系带来的，这是一种分支和同根的并存关系。因此，以往的观点过多地强调了其中的权威这一种因素和规范与血缘的部分因素，也就是说，这种分析框架只重视身份和地位的研究和道德中孝的一面。其实，中国人在道德规范上不但重孝，也重悌，在关系结构上不但重视父子关系，也重视夫妻、兄弟与朋友关系，如果我们再考虑到分配因素，就可以很清楚地看出中国人在人际关系中不像日本人那样忽视横向关系。由此，日本人际关系上的纵向的特点导致集体主义，西方人际关系上的横向的特点导致个人主义，而中国人际关系的特点则是上面两者都不能概括的，因而也是两种取向都有可能的。

以上九项命题都是中国人社会行为的四因素的配置以及由四因素之间的关系所产生的。它们可以使我们更深入、更系统地解释和理解中国人的社会行为，而不是简单地把它们归结为无论何种意义上集体主义或个人主义上。

六、结　论

从以上的研究中，我认为，要想搞清楚中国人在社会行为上是什么取向，必须摆脱中国人究竟属集体主义还是个人主义这种对立性关系，不仅如此，更重要的是还要摆脱西方学者在研究中设置的二元对立的范式。在本篇的研究中，我们可以看出，集体主义和个人主义对于解释日本人和西方人的社会行为取向是很有说服力的，但用这两个概念来解释中国人都存在着明显的不足，这表现在用中国人的社会行为中的四个因素和日本及西方相比，它们都不同时具有，因此，处于集体主义和个人主义两端倾向的正好是日本和西方，而非中国。而就中国人本身而言，他们在观念中一般不把个人和集体作为一种对立的关系，集体是同个体各个方面都休戚相关的生活单位，即把个人、家庭和组织作为一个连续体来加以认识。以此和日本相比，为了组织和集体而牺牲家庭或个人在日本可能，但在中国不可能；而西方人把个人家庭组织区分得十分清楚，而这种意义上的集体不过是他可以出入自由，以实现其个人成就或获得收入的社团单位。可见，中国人对集体含义的理解要比日本人和西方人广泛、模糊。在中国人看来，个人的社会行为方向性如何是要依据场合而定的，而场合的变化又是随四因素的配置变化而变化。结果，中国人根据权威主义、道德至上、利己和平均主义及强烈的血缘意识会在其不同的配置中表现出不同的行为方式，因此他们在制度和对策、普遍主义和特殊主义、专制和自由、合群和内耗等之间一直留有一种空间和余地，进而使中国人的社会行为中总带有世故、圆通及双重人格的色彩。

由此可见，当我们摆脱了西式的二元范式的窠臼，就可以对中国人的社会行为取向做以下几个结论：

1. 中国人社会行为的取向具有伸缩性和灵活性，与日本和西方人相比，似乎间于两者之间，并时常在其间流动。

2. 这种取向上的特点产生于中国社会的家的结构。

3. 受这种结构和整体性思维的影响，集体和个人不是一种相对立的关系，而是一种相互依存的关系。

4. 在价值层面上，中国人面对这样的关系，必须强调行为各要素之间的正向理想配置是最为重要的，或者说，能将个人和集体融为一体并同时满足两者的需要是怎么强调也不过分的。

5. 个人和集体间的相容性关系既不是集体取向，也不是个人取向，它包含了个人和他人（群体）互相从对方那里获得自身利益（今天在中国流行的“人人为我，我为人人”“主观为自己，客观为别人”等都是这种相容性的体现）。

6. 在制度和现实层面上，中国人社会行为的各要素之间不构成和谐关系，而是一种紧张的关系，它导致中国人的社会行为是否能达到社会价值观所强调的和谐必须依情境和四因素的配置情况而定。

总之，中国人社会行为取向的运作依照权威集中、道德规范控制、财产资源分配平均化、血缘关系的可能性（或不可能性）而定。而在这四个因素中，血缘关系用来限定集体意识的范围，资源分配方式决定在群体中对个人主义重心的偏移，而儒家思想的作用在于抑制这种个人主义导向，达到集体主义，最后这两种力量在家长的权威性上加以汇合。一方面，家长权威在儒家伦理中得到强化，另一方面又在分配制度中受到削弱。这就是中国人在社会组织中常言“摆平摆不平”。这句话看似平淡无奇，其实最切实最深刻地蕴涵了中国人在社会行为的取向上的抉择。这如同一圆筒中之滚动的球，它并不被固定在哪一端。滚动的方向是由这一圆筒两端被放置的高低来决定的。因此，这一理论模式也可称为中国人“社会行为配置理论”或“本土社会行动模式”。从这一模式出发，也许能解答几个原先在学术界一直争论不休的问题：（1）儒家的道德是公德还是私德。依照这一模式结构，便可以发现儒家的道德实质上是公私兼顾的，诸如“修身、齐家、治国、平天下”“内圣外王”之类。（2）儒法互补问题。儒家的道德规范在制约上的失范可能也使得中国社会及组织中的权威者从来不敢轻视法家的“法治”之道。（3）道家的个人主义的含义。面对行为方向上这一难题，道家显得有些无可奈何了，只有用消极的“无为”来顺应这一局面。（4）利义之辩。权威因素和分配因素上的构成方式造成在中国伦理思想史上的利义之辩从来没有间断过，但也从来没有让人心服口服过。其实两者在本理论中构成了一种张力。（5）中国人的计策行为。这一模式导致中国人的谋略文化必然发达，因为谋略文化所体现的都是在利益争斗上的智慧。（6）这一理论正印证了一些学者对《易经》的研究结论：中国文化的特征是“不可无不可”[①]，而不表现为一种单一的行为取向。

从本篇的这一理论构成上看，原先国内外学者得出的有关中国人社会行为是集体主义抑或个人主义的结论都是在四因素中的某一因素上来理解中国人的社会行为的，如权威主义、利己主义、关系主义、伦理本位、家族主义等。出于本篇对于中国人的行为取向的理论建构，我认为有必要重新对此进行理论探讨和实证研究；而在这些研究中，我们应注意对中国人的权威、规范遵从、资源分配、

① 章秋农：《周易占筮学》，杭州：浙江古籍出版社 1990 年版，第 3 页。

血缘认同等几个方面的指标设计，尤其要考量中国人在社会互动和群体中对“均”的经济学、心理学及社会学意义上的理解。我相信，这一方向上的研究不但对我们深入理解和解释中国人的社会行为结构和策略具有重要的理论和现实意义，而且对建立中国人自己的社会心理学体系也具有重要的理论意义。

附：从本土社会行动理论看中国人“窝里斗”吗?

一、含义上的辨析

讨论完中国人的社会行为取向后，我们可以试着用这个理论来解释一下中国人的“窝里斗”问题。这个问题曾由中国台湾作家柏杨提出。在他风靡中国大陆乃至华人社会的杂文集《丑陋的中国人》里，收录了他在美国艾奥瓦大学做的一次讲演。根据这篇讲演，中国人究竟丑陋在什么地方呢？柏杨谈了不少，但给人印象最深的大概要算中国人的“窝里斗”了。

对于“窝里斗”的含义，人们通常借助于“不团结”“不合作”“内斗”“一盘散沙”等词义来加以认识和理解，柏杨本人也在讲演和其他文章中使用了这几个词语。但确切地讲，这些词语之间的含义并不太相同。“团结”“合作”“一盘散沙”等是针对人的合群性（collectivity or solidarity）而言的，而“窝里斗”“内斗”等是针对群体内部的冲突（ingroup conflict）而言的。当然从理论上看，它们两者之间又密切相关，也就是说，按照常理，有合群倾向的人在彼此结合之后会避免冲突，以便和睦共处；而无合群倾向的人则表明他有争斗的倾向。在以往，无论是东方学者还是西方学者基本上都以这一思路来阐发他们的思考，虽然他们的结论可以大相径庭甚至相反，但只要结论是中国人窝里斗，那就得先论证中国人不合群；反之，结论说中国人和谐，那就得先证明中国人合群。

然而，中国人在群体中的行为果真如此吗？任何一个对中国社会略有所知的人或多或少地会发现，当我们认为中国人具有合群倾向时，我们又哀叹其中的成员具有利己主义的动机；当我们认为中国人私心严重时，却又不得不承认中国人有集体观念。关于这一点，也有中国史料为证，《旧唐书·列传一百三十八》上载：

刘君良，瀛州饶阳人也。累代义居，兄弟虽至四从，皆如同气，尺布斗粟，人无私焉。大业末，天下饥馑，君良妻劝其分析，乃窃取庭树上鸟雏，交置诸巢中，令群鸟斗竞，举家怪之，其妻曰："方今天下大乱，争斗之秋，禽鸟尚不能相容，况于人乎！"君良从之。分别后月余，方知其计，中夜，遂揽妻发大呼曰："此即破家贼耳！"召诸昆弟，哭以告之。是夜弃其妻，更与诸兄弟同居处，情契如初。属盗起，闾里依之为堡者数百家，因名为义成堡。武德七年，深州别驾杨弘业造其第，见有六院，唯一饲，子弟数十人，皆有礼节，咨嗟而去。贞观六年，诏加旌表。

这一事例虽然是想从结果上来赞叹中国人在内群体中具有向心力的倾向，但我们仍然可以从中窥视到"窝里斗"的可能性。于是乎，有不少学者一直对此困惑不解，只得把这一关键的问题悬置起来。柏杨偏向说中国人"窝里斗"实际上是按照上面的前一条思路展开的。

二、中国社会群体的结构

要想说清楚这一问题，还得先回到中国人社会群体的特征上来。在中国传统社会，一个体所生活的群体虽说是社会学上统称的初级群体（primary group），但在中国人看来它和次级群体（secondary group）乃至社区（community）没什么两样，所谓修身、齐家、治国、平天下，一方面表现中国人对这群体的性质所做的连续性思考，另一方面也表明中国社会是一个家国一体或曰家国同构的社会。即使当中国现代化的过程迫使这一群体的连续性结构特征发生断裂时，中国人在深层结构上始终还是把社会上的组织单位看作家庭单位的翻版，也就是说人们还是依照家庭生活的互动原则在社会组织中行事。由此一来，在我们分析中国人在社会组织中是否窝里斗之前，应当先了解中国人在家庭中的行为特征。

在中国传统家庭，有两个因素是至关重要的，一是权威，它用以实现对家族的统一管理，维持长者的尊严和等级秩序；二是财产，它作为一种有形的财富保证，满足家庭人口在各方面的生活需要。但问题的关键出现在中国家庭对这两个因素所采用的继承方式上。同西方和日本家庭相比，中国家庭继承制是在强调权威重要性的前提下让长子继承父亲的权威，让诸子平分家庭财产。而在西方和日本社会，他们采用的却是一种更为灵活的继承制度。对西方家庭来说，权威一般不被强调，而诸子所关注的财产是由家长的个人意愿来任意安排的，这种任意性被法律牢牢地固定下来。在日本社会，家庭中的权威既然要得到强调，就相应地采取了将财产和权威一致性地传递给一个人的措施。结果在规定上除长子（有时不一定是长子，如女婿）将这两项资源全部拿到手以外，其他儿子几乎一无所得，故所谓继承财产不过是长子独吞财产罢了。[①]

中国家庭在继承制上发生的权威和财产相分离的特点给中国的家庭内部带来了一种相当复杂的机制。首先，当财产平均分配被作

---

① 小熊诚：《关于中国的家和日本的家的考察》，载李廷江、国分良成主编：《中日现代化21世纪展望》，北京：中国社会科学出版社1990年版，第157页。

为一种制度固定下来时，权威的强度自然会受到削弱，因为这时的权威性已经和利益脱钩。在这种情况下，无论一家之长治家如何有道、教子多么有方，也无论诸子中是否有出类拔萃者等等或相反，他最终要均分家产是前定的。这种前定性体现了家长最终无法通过剥夺财产来对群体成员进行奖惩或也无法按其本人意愿将财产强行授予某一个人。在中国家族个案中，父亲并不会因为他的一个儿子是个无赖或败家子而在分家时不让他继承和其他儿子相同的财产。电视连续剧《篱笆·女人和狗》中的茂源老汉一家的分家过程是对这一问题的真实写照。那么这里就产生了一个问题，在权威和财产分离为前定性之际，家长或长子权威性如何保证呢？答案是，财产的均分对权威带来的危机，只有借助于道德来加强了，于是用道德来加强权威性是中国人最常用、最有效的手段。这时，一切复杂的道德问题在中国最终也就是一个“孝”的问题，其含义就是要确立长者的权威。但道德是自律性的，如果一个成员真的违反了道德，那也无他法，只能再进行道德教化。而在今天的社会组织里，所谓的思想教育实质上就是传统道德教育的变种。其次，平均分配作为一种群体满足个人利益的法则本身是很难操作的，因为无论家长如何平分财产，只要群体成员不满，都可以找到愤愤不平的理由。众所周知，无论是传统的家族意识还是现代的单位意识，人们对它们的依赖都是全方位的，因此，我们不能简单地把平均分配制理解成其成员在收入上获得相同数额有形之物，如货币、田地、房舍等，而应把它理解成无所不包的社会资源，如待遇、感情等。在中国历史上，有家族为了达到这种意义上的均衡程度，做到了“家一人未饭，其夫妇必尚空腹；天寒矣，家一人未纩，其夫妇必尚单衣”。[①]这里所体现的意义不是谁多吃一口少吃一口，也不是谁多穿一件少

---

① 王安石：《临川先生文集》，卷九十四。

穿一件，而是一视同仁中的“仁”字的含义。但无论权威者做何种努力，要实现真正的平均分配制是不可能的，这一方面平均了，那一方面不一定平均，这一方面考虑到了，那一方面或许没有考虑到。为了避免这些矛盾的发生，中国的传统道德中同时又强调一切以“让”和“忍”为先的原则，以对个人的这种欲望加以节制和规范。中国历史上有名的张公艺的治家本领莫过于此。最后，由于家庭、家族、宗族在当时是中国人的主要社会群体形态，造成上述的权威、道德和财产分配所及范围主要是在血缘关系以内，即使要超越这一范围，也以此为参照系来加以效法。

三、群体中各个体的行为策略

上面的这种社会群体结构特征给中国人社会心理上带来了巨大的影响。它导致中国人对于“公”的理解是认为凡自己加入的群体，财产必有自己的一份，任何不属于哪一个人的而属于全体成员的财产也就是每一个人都可以分享的财产。这种心理意识极易产生群体中的成员没有哪一个人自认倒霉的心态，谁也不愿自己吃亏而让他人占便宜，于是群体内部各成员之间构成了一种制衡力。谁一在社会资源的占有上突出一点，马上就会引起议论，招来嫉妒，造成家庭成员之间潜伏着各式各样的、无法消除的冲突，但这些冲突在权威和道德的控制下又难以直接表现出来。结果，这种意义上的道德服从隐含了两层含义，一是这样的服从不是绝对的，而同时也受到家庭财产内部共有制的制约。也就是说，如果一家庭不能保证让其成员享有较为平均的财产时，成员中就会出现不服从权威的行为，而这种行为也被看成是合理的，所谓中国人经常讲的“评理”在很多情况下就是由于在平均分配制操作上的难度、失误或自我认定自己吃亏而引起的，而人们对这一后果的评法首先是针对权威的，即

"为什么不让一家人享有同等待遇""为什么不一视同仁"等。二是当道德对每一成员具有制约力之际，中国人就不会正面地表达他对权威或不平均分配的不满，也不会直接提出自己的想法，因为这些行为已被定义为令家庭不和的行为。

但当上面这两点被加以实施时，它们之间构成了一个悖论，一方面是人们因权威者分配上不平均而不服从权威被看作合理的，另一方面是无论如何，不服从权威（如不孝）都是不道德的，那么中国人怎样才能既能指责权威在分配上的不均又能不违反道德呢？这成为中国人在群体行动中的两难。面对这两难，权威者本人要想不被人指责，其行动策略只能是不轻易分配，采取拖延的办法，结果中国家族越拖越大，大到九世、十世同堂也不分家。而在社会组织中，不分配是不可能的，要分配就难以均衡，结果出现了窝里斗的苗头。至于各成员，既然左右都不是，他们在行动策略上便采用了一种迂回的、世故的方法，正如美国学者墨子刻所说："间接的趋向和狡猾的行为策略……正是依据马基雅弗里那种更强调个人从其他人那儿获得利益，而不是直接地去追求私利的伦理法则，个人工于心计地发展自己的私利，他大概要使用种种精细安排的线索和间接手段，去采取既适合他的目的，而同时又似乎与相互依赖的伦理相一致的行为。"[①] 因此，当一个人强调他的某种行为是出于公心时，我们一下子判断不出这话的真假，他或许正是怀有私利但却说得很冠冕堂皇。这时，哪怕群体中的成员获得的是正当利益，如权威者奖励有功之人，也变得较为间接，以免引起群体的不和。

由于平均分配制和道德之间的紧张关系，造成群体成员行为方式上的分化，一类人倾向于在道德方面和他人保持关系，他们为了

① 墨子刻：《摆脱困境——新儒学与中国政治文化的演进》，南京：江苏人民出版社 1990 年版，第 44 页。

群体不发生冲突而处处在平分制的支配下以忍让的态度来看待分配上的不平之处。虽说他们可能是该群体的能人，但他们仍自觉地或被迫地让其他人一道分享他们的成果，其目的仍是为了减少群体成员之间的纷争；而另一类人则在平分制上和他人计较起来，他们无论自己的能力或表现如何，都希望和别人得到的一样多。对他们来说，要使得群体内部没有冲突，就必须有福同享，有难同当，换种说法，宁可大家都没有份，也不能让其中一人得利。孔子的“不患寡而患不均，不患贫而患不安，盖均无贫，和无寡，安无倾”一语是对中国社会群体这一运作方式的理论总结。

四、以“三个和尚没水吃”为例

柏杨在表明中国人有“窝里斗”的特征时，用了一个在中国社会中家喻户晓的谚语，即“一个和尚挑水吃，两个和尚抬水吃，三个和尚没水吃”。而与此相对应的日本人是“每一个单独的日本人，看起来像一条虫，可是三个日本人加起来就是一条龙”。储安平在《英国采风录》中也曾经将此谚语和英国人做过比较，即“一个英国人，一个呆子；两个英国人，一场足球；三个英国人，一个不列颠帝国”。三个中国人聚合在一起究竟会发生什么事呢？

中国人的三人以上群体在特质上属于一种利益均分的群体，也就是我们前面已经提到的，是一个谁也不愿意吃亏的群体。和中国两人群体相比，它们之间的区别是两人群体彼此之间只有利益交换，但不存在交换量上的参照点。而只要第三者出现，在社会交换上一定会出现一个参照点，也就是其中任何一个体的交换的量都会成为另外两个人在进行交换时的标准，因此中国群体中的个体互相之间呈现一种你看我、我看他、他看你的利益均衡关系。用这一特点同日本和西方群体相比，不论他们群体中有人吃亏，还是有人不吃亏，有人不认倒霉，有人认倒霉都是一种自然现象。因为彼此的家庭结构不同，或许“吃亏”或“倒霉”只是中国人的一种定义，如日本家庭中的次子得不到家庭财产，在我们看是天生吃了大亏，但日本人根据集体主义价值观认为这很正常。又如西方人依照遗嘱，有的儿子在家财上分得多，有的分得少，在我们看是不公平，但西方人在个人主义价值观的影响下也许又反而认为公平。但对中国家庭来说，如果两三个儿子分财产，有的多，有的少，那冲突便不可避免，同理，中国的三人群体如果存在利益分配不均，那就会闹出矛盾。将这一原理代入这句谚语，就可以知道为什么三个和尚没水吃了。三个和尚在一起，其抬水的方式大致有：

1. 各人自愿，想抬就抬，不想抬就不抬。
2. 规定其中一个或两个人抬，其余的不抬。
3. 各人抬各人的，抬了自己用。
4. 轮流抬，大家用。
5. 三人每次一起抬。
6. 各人都不抬。

这时中国人会选择哪一种抬水方式呢？一般来说，中国人不会选择前三种。在第一种中，按照我前面所讲的中国人在群体中没有一个人愿意吃亏的假设，有人原意抬而别人不抬，显然让抬水的人太吃亏了。第二种情况和第一种差不多，区别是中国人按照上述原则，会认为这种规定本身就是不合理的，因为它没有对群体成员一视同仁。至于第三种已全然没有了一种群体的意识，完全可以各奔东西，这从根本上不符合中国人对群体生活的理解。因此依照平均分配的原理，中国人最乐于采取后三种。倘若中国人选择的是第四种，那么结局是最好的，每个人都被平摊了，谁也没有意见（中国社会上的摊派就是采取这一分配方式）。但这其中却潜伏着一种不公平，因为我们知道，当公平和平均在此能够相吻合时，前提必须是三个和尚的体能是完全一样的，而如果我假定三人的情况不一样，如其中有一个小和尚，他无法和别人抬得一样，这时就有可能导致另外两个和尚借机寻找其他理由而终止轮流值日。选择第五种可以说是上面六种方案中最理想的一种，可惜不易做到，因为依照这一抬水方式，三人必须在同一时间放下其他的事情不干并设计一种供三人抬水的工具才有可能完成此事。结果当上述各项都无法实现时导致了第六种方式的出现并被加以肯定，产生“三个和尚没水吃”的结局。但值得注意的是“三个和尚没水吃”所体现的不是不合群，而恰恰是合群，因为这是平均分配的结果，因此这三个和尚非但不会分手，反而倒是保持住了同中国社会群体结构的契合。由此中国群体最易出现的心理与行为就是在分配问题上彼此攀比。

这里，我们还没有考虑进权威的因素，如果这三个和尚中有一位是住持之类，是否能躲得过去呢？在理论上是可能的，因为按照我在本书第三部分第一篇中所讲的平衡性原则，这时的住持同另外两个和尚的类别不同，但这个不同不是逃避，而是他一方面要以身作则，比如多抬一点，另一方面还要摆平另外两个和尚所分担的责任。当然在现实中，住持也许不以身作则，那结果出现窝里斗就是显而易见的了。即使不出现冲突，如下属只是敢怒不敢言，但也不可能维持住和谐。再者，我们还可以设想，如果这三个和尚里有道德高尚的和尚会怎么样？有起带头作用的和尚又会怎么样？有任劳任怨的和尚还会怎么样？那么，这实际上就是在印证道德在中国群体中从来都是不可缺少的。的确，中国社会的传统道德和今天提倡的集体主义都反复向群体中的成员灌输上述思想，但由于这种结局起源于中国群体中的固有的结构，因此，纲常道德也好，“主义”也罢，只能做到一定程度的控制，却不能从根本上解决问题。

五、结论：中国人“窝里斗”吗？

从以上的分析中，我们可以看出中国人社会群体内部的危机性，是由于中国群体中权威和财产继承上的分离产生的，它在价值层面上导致了中国社会对孝与和谐的强调。但在现实中，无论这种价值观如何被强调都改变不了群体成员对平均分享社会资源的私欲，进而使道德上的服从很难得到真正的贯彻实施，也使得和谐的理想难以实现。但毕竟道德起着规范群体成员的作用，使群体中的人不敢直接为其平均占有欲而发生冲突，而是采取了马基雅弗里的行为策略来满足自我的利益。

综上所述，中国社会群体在运作中始终有四个因素在起作用，它们分别是：家长权威、道德规范、平均分配和血缘关系。用这四个因素来衡量中国人的群体行为倾向，我们发现，血缘关系表示出中国人的合群性特征，这一特征可以用“窝里”二字来表达；而家长权威、道德规范和平均分配之间却构成了一种复杂的牵制性关系：它们一方面使中国人为了自身的多种利益既不愿意离开自己的群体，另一方面又不心甘情愿（自认吃亏）地保持一种向心力，结果在道德规范的控制下，冲突性行为多少可以避免，但计策性行为（如面和心不和、勾心斗角、阳奉阴违、名实分离等）却不可避免，这一特征却是一个“斗”字所不能涵盖的，而用“耗”字看起来或许更为贴切。

个人地位：从一个概念的提出到一种本土日常社会学分析框架的建立

通过我们前面对中国人与中国社会的分析，我们可以产生一个基本的认识，即中国人的行为与中国社会的构造方式同中国人在交往中形成的一种既模糊又富特色性的叫作“关系”的概念有着这样和那样的复杂关系。可以这样说，在中国漫长的历史长河当中，无论是在政治体制中，还是在民间生活中；无论是在儒家的价值传统中，还是在社会自身的运行中，“关系”的这一特色性含义都具有其实质性的重大意义。即使是在改革开放的今天，许多实证研究都在证明，中国社会结构的转型、市场经济的发育及个人的成功在一定程度上仍受这种“关系”因素的作用和影响，[①]乃至西方经济学者在解释华人社会经济现象时有“关系资本主义”的提法。[②]显然，这使我们最终有理由通过对中国人日常的关系研究来建构一个本土的社会学分析框架。对于“关系”的研究，以往我们注重的是宏大的叙事方式，比如“关系”同市场经济、政治（腐败）、地方保护主义、法制的关系等，而忽略的则是它的日常性。实际上，上述这些

---

① 参见李路路：《私营企业主的个人背景与企业“成功”》，载《中国社会科学》，1997年，第2期。袁岳、王欣、张守礼：《北京外来人口中的三种权威及其影响》，载《战略与管理》，1997年，第2期。陈吉元、胡必亮主编：《当代中国的村庄经济与村落文化》，太原：山西经济出版社1996年版，第5章。

② 参见何梦笔：《作者的话》，见《网络、文化与华人社会经济行为模式》，太原：山西经济出版社1996年版，第3页。

实证研究所昭示的正是中国社会中的很多大事件和大格局都是以日常行为为基础的。

探讨中国人的日常行为中的“关系”，我们在前面已经发现了最为常见的表达是“人情”“面子”“报答”等词语。然而当东西方学者想把这些词语转化为概念来认识中国人与中国社会时，他们得到的并不是一个明确而具有逻辑性的分析框架，不过是一些感性的或零星的认识。譬如“关系”一词本身字面空泛，而内涵丰富具体，它似乎在中国达到了只能意会，不能言传的地步；又如“面子”一词自明恩溥一百年前首次将其列为中国人的第一特征起，[①]其含义也一直令人琢磨不定，它既可以同关系、人情、报答等概念相互包含，又同荣誉、虚荣、做戏、形式主义、光宗耀祖、地位、道德、自尊、礼节等含义纠缠在一起，实在是叫人“不想还好，一想可就觉得糊涂”[②]（鲁迅语），“举个例子很容易，下个定义却很难”[③]（林语堂语）；再如“人情”在儒家经典中的本意是指人的本能，诸如喜、怒、哀、乐之类，但老百姓却是在亲情和世情的含义上来加以使用的，诸如“做个人情”“送人情”“人情债”等，[④]而这些意思也基本上可以同“报”的含义相类似。许多中国学者在研究中放弃了对它们进行定义而直接使用这些概念，其原因是他们似乎发现，这些概念在中国不下定义比下定义还要来得清楚。然而一旦这一语境不成立，它们立刻就会变得很难读解。许多西方学者在其研究中只好用拼音，而不是相应的翻译，如 interaction，communication，relationship 等来表示这类词语的，因为上面似乎没有哪个英文词语

---

① 亚瑟·亨·史密斯：《中国人的性格》，北京：学苑出版社 1998 年版，第 1—4 页。

② 鲁迅：《说“面子”》，见《鲁迅全集》第 6 卷，北京：人民文学出版社 1991 年版。

③ Lin Yutang, *My Country and My People* (New York: John Day Book, 1935), p.200.

④ 翟学伟：《中国人际关系的特质——本土的概念及其模式》，载《社会学研究》，1993 年，第 4 期。

可以准确地表达它所特有的意义。正因为此，无论在国内还是国外，关于中国人交往和“关系”上的研究一直缺乏一个能将这些概念界定清楚并将其整合起来的研究范式，[①] 致使目前很多研究成果显得零碎且分散，构不成对中国人的交往形态的整体解释。本篇在此想通过对前述相关篇章的梳理，建构出一个概念来引导出对中国日常社会建构和运作的理论性探讨，并使其成为一个解释中国社会关系构成及其运行机制的有效分析框架。

一、原有概念框架的检讨与研究假设提出

如果我们用现有的西方社会学体系来认识中国社会中的“关系”，就可以发现表达人际关系的一个最重要概念就是角色。许多社会学家都认为通过对角色的分析可以解释社会的建构和运作原理。围绕角色概念的丰富含义，社会学相应地发展出三种理论范式。（1）结构角色理论。自林顿（R. Linton）在 20 世纪 30 年代提出角色是地位的动态体现起，[②] 该看法被许多社会学家所接受，[③] 直至布劳后来用结构主义的观点对它进行了最为系统的研究。布劳认为，社会角色就是社会位置，而社会结构就是社会位置的分布，这种分布不是抽象的概念，而是可以用数量表现的事实。社会位置可分为两类：类别参数和等级参数。前者如人的性别、民族、职业、住所等；后者如教育、声望、财富、权力、年龄等。人们在社会上的角色和地位的分化，相应产生出社会的异质性和不平等，由此对

① 何梦笔：《网络、文化与华人社会经济行为模式》，第 35 页。

② 详见 R. Linton, *The Study of Man* (New York: Appleton, 1936)。

③ 参见乔纳森 · H. 特纳：《社会学理论的结构》，杭州：浙江人民出版社 1987 年版，第四编。

社会整合产生影响。[1]（2）角色过程理论。源自乔治·米德开创的社会行为主义，后相继衍化成符号互动论、社会角色理论等。这个框架预设了社会先于个体，而个体需要从自我中逐渐分离出一个外化的自我来顺应这个社会，结果这种顺应外化成了符合他人期待的社会角色。（3）角色表演理论。由于受马克斯·韦伯的理解社会学和舒茨（A. Schutz）的现象学社会学的影响，加芬克尔的日常方法论与戈夫曼的戏剧理论提出了互动双方的假定、理解和表演者自我呈现的策略。尽管他们的理论框架并不相同，但他们似乎都认为，社会是由没有历史背景的个人在现实互动中建立起的真实社会，它不存在什么外在于个体之上的稳定的规范与结构。角色和地位在中间的作用不过是互动者互动时使用的有意义的符号或面具而已。[2]而社会学家只有去了解行动者的主观意识、共同设定、印象整饰等，才能理解社会。以上三种理论范式虽有自身的解释优势，却也有各自的不足。如结构角色理论把社会看得太有秩序，以至于把个体的行为看成一种相应的机械反应；角色过程理论把个人扮演角色看作对他人期待的顺应，结果也只暗示了个人适应社会的那一面；而以角色的主观性为起点的社会学理论由于完全把社会交还给了个人的意识、自我或表演的策略，因而忽略了超越个体之上的社会制度对人的制约作用。以上研究范式上的对立导致了吉登斯（A. Giddens）、布尔迪厄（P. Bourdieu）等一些社会学家的新方法论。前者提出了社会建构的两重性问题，[3]而后者提出了“实践性”与

---

① 彼得·布劳：《不平等和异质性》，北京：中国社会科学出版社 1991 年版。

② 参见 C. Wolf, “Status” in *The Social Science Encyclopedia*, A. Kuper & J. Kuper (eds.) (Routledge & Paul, 1985), p. 826。

③ 详见 A. 吉登斯：《论社会学方法新规》，载《天涯》，1997 年，第 5 期，第 156—157 页；《社会的构成》，北京：生活·读书·新知三联书店 1998 年版。

“习性”[①]等概念，其目的都在于说明行动者（agency）与社会结构（structure）之间的作用与反作用关系。

可以说，西方社会学研究中出现的这一新理路源于当代西方社会学家希望在这种对立性之间找到一种认识社会的新途径，但这种努力仅仅是理论上的而且是针对上述问题而生的。在中国社会，由于它的建构方式本身就不同于西方社会，因此从中产生的理论构想本身就不受上述范式所限，而是具有相当的传统自生性。也就是说，中国社会本身就不是以这样一种二元的方式建构起来的，何来建立反二元结构的理论？比如就拿医生给病人看病这件小事来看，这事本身在原有框架中怎么说也不过是治疗与被治疗的角色关系，只不过各家解释的角度和侧重点不同而已，即使新框架，也是围绕这种关系来解释其中的个人与结构在关系建立上的相互作用。但中国人在看病时往往会发生另一种现象，即病人总希望他能同医生建立一种个人的或特殊的关系，结果送红包或托人关照等行为在中国社会就非常普遍；又如师生关系本来也不过是一种教与学的角色关系，上述种种理论说到底也是教育体制与个人学习行为之间所发生的结构和互动问题，但中国许多学生家长却明白，这里面的问题是如何动用各自的社会资源，如请客、送礼、帮忙办事等，来为孩子的班主任和主课教师服务，以加强老师对自己小孩的特别待遇。可见中国人交往上的日常性具有西方角色理论很难解释清楚的现象，可能是由于中国社会学研究者过于依赖西方理论框架，导致中国社会中本来就具有的很多至关重要的现象、概念、理论和方法论材料，乃至于有可能超越西方二元结构讨论之外的思想均被我们忽视了。

在形成本篇的分析框架之前，我根据中国社会的一些经验事实

---

① 详见布尔迪厄：《文化资本与社会炼金术》，上海：上海人民出版社 1997 年版；《实践与反思——反思社会学导引》，北京：中央编译出版社 1998 年版。

首先假设：一个真实社会的建构（social construction of reality）是一个自主的行动者与社会规范结构相权宜的产物，也就是说，当社会个体无形或被迫接受社会先于自己的那些社会角色和社会位置，而个体在其规范的制约下又打算有自己意图要表现时，他会采取一种同社会结构相变通或相权衡的行为方式来行动。这时的社会个体关注的问题是他如何能将自己主观意图或计策同外在规范调适起来，即既能在行动的边界上不违反形式上的合理性，但又能实现自己主观策略性的介入，结果可以造成形式上的名实相符和实际上的名实分离。[①] 关于这一点，许多中国人在现实生活中多少都经验性地感受到这一点，如有人将这些现象比喻为“打擦边球”；有人把它直接归纳为“上有政策，下有对策”；有人具体形象地把招待吃饭说成“四菜一汤，四盆一缸”等等。仍举上面的医生给病人看病为例，按照我的这个假定，如果医生和病人之间通过送红包或他人关照而建立了其特殊“关系”的话，那么他们的行动形式仍然是医生依据病情开药，但策略上完全可以是病人要求医生开他要的药或同此病无关的药，甚至其他东西（如补品）。根据这一假设，我认为权宜出来的真实社会的建构不宜像西方社会学那样采用二元划分的方法，如制度和非制度、结构和行动者、理性的和非理性的等，也不能简单地用后来的西方社会学家的观点来硬套，因为这里存在一个西方已有的理论无法涵盖的运作空间及其规则。这些空间及其规则一方面虽能将个体受制于社会角色及其规范法则，但另一方面又为个人行动上自主与机智提供了条件。

可以认为，任何一种真实社会在建构中多少都会存在这样的现象，但本篇只对中国人的有关行为进行研究。

---

① 参见翟学伟：《“土政策”的功能分析——从普遍主义到特殊主义》，载《社会学研究》，1997 年，第 3 期。

二、一个概念的提出

从上面的分析中，我们已经看出，西方社会学中的角色概念并不能解释清楚中国人的“关系”。也有不少学者因此会坚持从儒家伦理思想出发，用仁、义、伦常等概念来表示，但我认为，这种表示基本上是价值层次上的，它表达的是应然性，而非实然性。结果，面对中国人的“关系”现象，西方概念显得解释力不强，而中国伦理概念又无法接触到中国生活实际，这一直是中国日常社会研究止步不前的症结所在。[①] 可见，要想在社会学意义上揭示中国社会建构的本质，我们首先要解决的问题就是能提出一个既能被现在社会学所接受（即具有学术性、通用性、明确性和可操作性），又能把那些失去的运作空间和规则找回来的概念。

从上面的假定出发，我认为我下面要提出的概念应当从中国人日常口语中产生，但又必须使之同角色概念和儒家伦理概念相关，理由是中国日常语言中有些词语所表现出的意思正是中国人将现实情境同儒家规范结构协调而成的那些行为，也就是说，上面提到的面子、人情等概念正符合我所假定的那种行动者和社会结构权宜出来的真实社会建构与运作，[②] 只不过因为这些概念没有经过学术处理和界定，才使中国日常社会建构的关键仍不易看清而已。

当然，要想厘清这些日常性词语的学术意义是相当困难的。经

---

① 这里是指近来在台港和大陆等地的学术界开展的本土化运动，有关观点参见杨国枢主编：《本土心理学的开展》，载《本土心理学研究》，创刊号（1993）；杨中芳：《如何研究中国人》，台北：桂冠图书公司 1996 年版。

② 详见 Hu, Hsien Chin, “The Concept of Face”, in *American Anthropology*, 46 (1944). Yang, Lian-sheng, “The Concept of ‘Bao’ as a Basis for Social Relationships in China”, in *Chinese Thought and Institutions*, J. K. Fairbank (eds.) (University of Chicago, 1957). 黄光国：《人情与面子：中国人的权力游戏》，见黄光国编：《中国人的权力游戏》，台北：巨流图书公司 1988 年版。

过我的整理，我认为人情和关系是面子派生出来的两个概念（“报”隐藏在这三个概念当中），因为根据人情和关系这两个概念的日常含义，我们在经验上发现它们的有无或中断是因一个人有没有面子引起的。换句话说，中国人在社会互动的时候一般不会同没有面子的人讲什么人情和关系，即使要讲的话，也要看在另一个人的面子上。[①] 虽然中国人客观地处在血缘、地缘或其他关系之中，但不是凡有此类关系的人就都有面子。显然我们在中国人的关系研究中只认识到中国人看重血缘和地缘关系是不够的或不准确的，至少是粗糙的，因此我要建立的概念又应当先从分析面子开始。

我认为，中国人所谓的面子在起源上既同“脸”“面目”“颜”等用语密切相关，也可引申为“光”“气”“丑”等义，这类用语所表现的含义指一个体在其社会圈内所展示的形象类型及其程度。由于这种类型及其程度受儒家道德和日常礼仪的标准的检验，由此可以根据这种检验的结果，搭配成“要脸”“争脸（争光、争气）”“丢脸（丢丑）”“无脸见人”“厚脸”“厚颜无耻”“不要脸”等义。这就说明，当一个体在他所表现的形象上达到了道德或礼的规范标准时，他就会被与他交往的人看得起，受到尊敬和赞誉，或特别优待，反之则被瞧不起，遭到冷落，或被唾弃，这就是所谓的有没有面子。因此面子在根本上是一种由于个人表现出来的形象类型而导致的能不能被他人看得起的心理和行为。[②] 而当一个人一旦在社会交往中具有了脸面上的被评价性，也就发展出了他的人情和关系，如当我们说“看在我的面子上”时就等于说“我和你有这份情”，或“你不会不买我的账”。以上这种分析是尽可能地从众多的日常含义中归纳简化出来的一种理想型（ideal type）分析，它的核心是中国人在交往

---

① 详见翟学伟：《面子·人情·关系网》，郑州：河南人民出版社 1994 年版。

② 详见翟学伟：《中国人的脸面观》，台北：桂冠图书公司 1995 年版。

中具有强调是否“被看得起”“被当回事”“被买账”以及“情分如何”“算老儿”“有没有资格”的特点。但每个中国人都知道，脸和面子在中国的实际用法多种多样，更主要的是可以互相混用和通用，如“争脸”和“争面子”“给面子”，“赏脸”和“做个人情”“托关系”“报答”“回报”等等。因此分析出了这个概念的理想型后，与其再退回到这些概念的繁杂含义里面去，不如从中产生一个新的学术概念，用以解释中国人的交往特征来得合理。若能实现这一点，我们一来可以摆脱对各自复杂含义取舍上的纠缠和研究上的分散、零碎的局面，二来可以藉这一概念为基础来寻找中国人日常社会建构的框架，三来即使我们还有种种理由仍然使用面子、人情、关系等概念，我们也不再是任意或含混地使用它们，而是能更清楚地知道这些概念的运作指向与边界。正如角色这一概念的运作指向和边界可以是它的社会地位、社会规范或自我表演一样，那么我们也应回答面子和人情等的运作向度在哪里。可见一个新概念的提出和一种分析框架的建立在实质上是希望能给中国人的社会关系运作做一种定位。

上述的梳理使我有理由认为，用“个人地位”（英文可相应译作 personal status）一词，可以较完整、准确、学术性地表达出面子、人情、关系、报这些日常生活概念的含义。所谓个人地位是指一个体自身具有的社会重要性在社会交往中被他人（社会）所承认的方式及其程度。这里面包含以下几层意思。（1）“个人地位”是一种社会互动的概念，而非个人特征性的概念，即它同社会地位对应，而不同人格对应，因为它只有通过一种关系的建立才能体现。（2）个体自身的“社会重要性”来自人们在交往中对彼此的社会有价值资源所进行的定义和判断，通俗地讲，它更多的是表示一个人的“身价”如何，而非“身份”如何，但这两者之间并不相斥，存在一定的交叉性关系。（3）“承认的方式和程度”既有主观性的和计策性的，又有外在表现性。一方面它要靠一个体积累的交往经验来对自己的社会重要性做估价，另一方面也可以从他人的说话语气、客气程度、重视程度、热情程度、接待规格或其他仪式行为和事件中看出。（4）由于社会交往人数的增多，每一个体往往会对各交往者在其心理上（心目中）排列出一种先后顺序，即个人地位序列体系，以体现社会重要程度上的差别。①

回过头来再看一下面子、人情、关系、报等概念，我们可以发现它们的模糊含义可以在此概念中得到较为清楚而整合性的展现。因此，我认为研究中国真实社会建构的关键可以放在分析“个人地位”的产生、获得和社会运作上面。

三、个人地位的形成基础与获得途径

我在本书第一部分的第二篇提出，中国人对社会的理解是一个从微观到宏观的过程，中国的古代学者们通常不像孔德和斯宾塞及后来的西方社会学家那样在一种整体观的指引下来讨论社会和个人哪个为先的问题，而是以“连锁推论法”（费正清语）② 的思维方式，从个体出发逐步扩大到整体上去，如从修身、齐家推到治国、平天下，又如从孝敬父母来类推到忠于国君，再如将治家等同于治天下等。由此我们发现西方社会学中一直解决不了的个人与社会、微观和宏观的关系和过渡问题，在中国人的思维中却不算什么问题，中

① 在本书第二部分的第一篇，我在研究中国人的面子时曾经提出了心理地位的概念，这个概念同这里的个人地位的概念的关系是：（1）心理地位一般只适用于解释面子，而不能涵盖更多的关系上的内容；（2）按照我在本书第一部分第二篇的假定，中国社会具有连续统的特征，因此在中国，心理地位、个人地位和社会地位的关系是一个连续的关系，是一个互相包含而非排斥的关系；（3）个人地位偏重对个人关系的解释，心理地位偏重对心理排序的解释。

② J. K. Fairbank, *The United States and China* (Harvard University Press 1958), p. 65.

国人在微观上使用的概念完全可以直接类推到宏观中去使用。因此，角色这个概念在西方社会学中始终是一个微观概念，相比之下，它在中国人看来却是一个既微观又宏观的概念。西方社会学认为这一概念作为分析社会的起点已不可再分，以此逐渐扩展到研究互动、群体、组织、阶层、社会结构等问题上去，而中国人认为这一概念不但足以直接表现宏观社会结构的层次和等级，而且在它的下面还可以再分出许多复杂的社会现象。这些复杂的现象就是中国人所讲究的交情、脸面、报恩、做人等，诚如一些研究中国社会的学者从中所看到的那样，中国社会是靠个人关系（personal relationship）联结起来的社会。[①]

在我看来，个人关系很不同于人际关系（interpersonal relationship），虽然人际关系也是指个人与个人的关系，但这一层意义上的个人是有角色的个人，它表明的是一种类的概念，如作为一种规范性概念的中国五伦即属此类。而个人关系指的却是一个真实的个人面对角色规范关系原则和自己所面临的现实生活环境所表现出的实际关系状态。但问题的复杂性在于实际关系状态并非就是没有角色和规范，而只能是个人关系。在中国社会，从角色规范到个人关系的过渡之所以可能，在价值层面是由于儒家想通过“礼”的操作来实现其理想化的角色关系的，如董仲舒所谓的礼者“序尊卑贵贱大小之位，而差内外远近新旧之级者也”。[②] 看起来儒家反复强调的礼似乎已规范了人的一切行为程式，但正因为它在实际中不可能做到这一点（单这两句话

---

① T. Parsons, *The Structure of Social Action* (New York: Free Press, 1961), pp. 542–552. F. Butterfield, *China Alive in Bitter Sea* (London: Cororet Books 1983), pp. 74–75. T. B. Gold, “After Comradeship: Personal Relationship in China Since the Cultural Revolution”, *China Quarterly* 104(1985), p. 673. J. K. Fairbank, *The United States and China* p. 12, p. 93. 金耀基：《关系和网络的建构：一个社会学的诠释》，载《二十一世纪》，1992 年 8 月号。

② 董仲舒：《春秋繁露·奉本》，上海：上海古籍出版社 1989 年版，第 58 页。

中的变项组成的多变项统计分析，如序是“尊”，差是“外”会怎样，序是“贱”，差是“近”又会怎样等，就让礼应付不了了）。这就在现实上促使了一个社会个体只能以礼为据，在交往中结合自己的实际情况来自主地区分每一具体对象同他的特定关系。从这个意义上讲，一种作为人际关系的概念不但不表示个人关系，反而限制个人关系，因为它要让人们通过规范以类的方式来互动。结果情况恰恰相反，在礼的名正言顺的指导和推动下，伦常规范只被灵活地运用于个人关系之中，而失去了米德所讲的概化他人（generalized others）的可能。忽视了这两个概念之间的重要差别，就会忽视中国社会建构的真实性，回到中国社会的价值或制度层面上去。

当个人关系在社会中日显其重要性之后，个人地位也随之游离于社会角色和地位之内或之外而表现出来，进而使它的获得途径也同后者有所不同，根据我在上篇中对中国家庭结构的推导而得出的中国人社会行为取向上的四因素模式变量，[①] 我将相应地从四个方面来讨论个人地位的获得，它们分别是个人权威、道德品质、礼尚往来及连带关系。

1. 个人权威。权力是一个体（或群体）在特定的角色和地位上所表现出的迫使他人产生遵从性的能力或影响力。在布劳等人看来，权威是权力的合法化，它更多地体现出受权力控制的人对权力拥有者的赞成和承认。[②] 而根据我对个人地位的定义，所谓赞成和承认就意味着个人地位的出现。因此许多中国人不太理解西方社会学家和管理学家为什么津津乐道于领导是一种行为，他们宁可相信领导是指一个人拥有了一种魅力、资格、威望、才干、手腕和／或

① 翟学伟：《中国人在社会行为取向上的抉择——一种本土社会心理学理论的建构》，载《中国社会科学季刊》，1995 年，冬季卷。

② 彼得·布劳：《社会生活中的交换与权力》，北京：华夏出版社 1988 年版，第 233 页。

品格。如果按照韦伯将统治类型划分成法理权威、传统权威和卡里斯玛权威（charismatic authority，又译个人魅力型权威）来看，那么法理权威所产生的结果主要是赋予一个人的社会地位，而我所说的个人地位部分地表现在传统权威中，而集中地表现在卡里斯玛权威上。韦伯本人在研究卡里斯玛式权威时也发现："中国人的理论充分显示了君权地位的卡里斯玛特征，而这是依附于他的个人资格，以及他的被证实的个人价值。"[①] 根据我上面所说的个人地位可以被包含于社会角色和地位之中的含义，卡里斯玛权威也可以隐藏在传统权威或法理权威之内，如家长制或科层制之内。这意味着在中国社会，如果权威者建立不起来他的卡里斯玛，即使他有法理权威做依托，其权威的危机都只是个时间问题。另外，我发现，从个人地位角度来看权威类型，我们在中国社会还可以看到一种弱势权威的存在。这种权威不是以个人为强者来导致对方的顺从，而是以自己是弱者来导致对方顺从，比如独生子女对父母，妻子对丈夫，囚犯对长官，学生对老师、下级对上级等，都会在一方缺乏强势时采用哭、闹、绝食、自杀、可怜等行动来获得其权威，中国江湖上的手下败将常讲的"看在我上有老母下有妻儿的分上，饶我一命吧"就属用弱势权威策略来实现其目的。这点背后可能有儒家和老子思想的支撑，需要另行研究。

2. 道德品质。在中国，道德的本义有尊从和维护权威者之意，如孝、尊、敬、恭等，它作为一种表示个人品德含义的出现，可能发生在孔子对君子含义的修改之后上。中国词语中的君子原指的是一种占有统治地位的人，故有君君、臣臣的说法，表示不同等级地位上的角色要按自己角色规范来行事。但同样也是孔子，在他强调了这样一种角色地位和规范后，又将君子的含义转化为一种高尚

---

① 马克斯·韦伯：《经济·社会·宗教》，上海：上海社会科学出版社 1997 年版，第 193 页。

的、有修养的、有学识的人。转化之后，君不但同臣相对，也同那些不守道德的或没受过教育的人相对。[①] 上面的这种转化暗含了一种前提上的改变，即位于君子地位上的人不一定是个守道德的人，而不在君子地位上的人也不一定不是一个君子，从而使个人品质成为衡量君子的关键。这种前提的改变使个人地位不但凸显出来，社会地位淡化下去，而且也确立了个人地位有别于社会地位的另一种空间，因为它使人人都相信，只要他注意培养自己的道德情操，就能提高他的个人地位（而非社会地位）。即“德高”可以“望重”。

3. 礼尚往来。礼尚往来在中国不单反映一般意义上的社会交换行为，而是具有报的含义。通常意义上的社会交换主要指的是双方对等的交换，而报指的却是一种不对等的交换。[②] 交换的对等关系在客观上导致的是人与人的关系因互不拖欠而随时可以终止，而不对等关系所要造成的客观结果则是相互拖欠，并且具有反复循环下去的特点。这一特点使报带有一种恩的观念，即表示因对方的施礼或帮助而更看重和敬重对方，由此而达成更为友好的或联系得更亲密的关系。因此，报的根本含义就在于个体通过礼尚往来来提高一方的或彼此的个人地位，如果这种行为引起了对方的对等性偿还，那就会意味着送礼者的个人地位没有提高，而如果一方用加倍施与的方式来让对方为此和自己在交换上拖欠下去，或彼此拖欠下去则表明了互动的双方在逐级地加重自己在对方心目中的地位，你滴水之恩，我涌泉相报，虽然他们各自的社会地位没有改变，但个人地位却不断升级。

4. 连带关系。传统中国是一个以血缘为纽带发展起来的社会。

---

① 余英时：《儒家“君子”的理想》，见余英时：《中国思想传统的现代诠释》，南京：江苏人民出版社 1989 年版。

② 费孝通：《乡土中国》，北京：生活·读书·新知三联书店 1985 年版，第 75 页。Yunxiang Yan, *The Flow of Gifts: Reciprocity and Social Networks in a Chinese Village* (Stanford University 1996).

它对个人地位的获得具有两个方面的影响：一是从纵向上看，前定（代）社会地位的高低会影响后代的个人地位的高低，如一个人出生于名门望族，可以使之获得先赋性的个人地位；二是从横向上看，一个人的社会地位或个人地位的提升会引起相关他人的联结倾向。因为在中国社会，如果一个人能联结上那些有地位的人就等于自己也有了个人地位，比如在中国历史上，母亲或妻子可以过问政治主要靠的就是她们的个人地位。费孝通曾用差序格局这一概念对中国社会的这种关系网络的形状进行了概括和描述，[①] 但差序格局主要指的是个体在社会空间上的天然分布，而个人地位想表明的是人们根据个人地位高低而建立起来的网络社会，即人们常说的“找熟人”“托人”“撑腰”或“沾光”等。根据个人地位这一含义，即使人们在事实上存在着血缘或准血缘关系，但如果没有个人地位，也不会有人去联结他们。比如在“文革”期间，大学生里流传着这样一种说法：“一年土，二年洋，三年不认爹和娘。”这意思是说尽管爹娘很亲，但由于他们在大学生的交往圈中不够体面，该大学生也就只好装着不认识他们。当然在连带关系里，还有一个显性个人地位和潜性个人地位的划分问题。显性个人地位是指已被他人承认的个人地位，也就是说个体的社会重要性已经很明显了，上述的托人或沾光等皆属此类；潜性个人地位发生在个人地位虽未获得，但他人在交往中已对对方的未来个人地位有所顾忌或产生了预想。因此个体在他人没有或个人地位不高的前提下仍有联结倾向是出于他有为自己将来留条后路的考虑，即属于一种计策性行为。可见，“关系”在中国社会的特定含义是指一个人能否联结上有社会或个人地位的他人。

从上述的四种产生个人地位的基础及个人获得社会资源的途径来看，中国社会的真实建构其实是建立在个人地位性之获得的基础

---

① 费孝通：《乡土中国》，第 24 页。

上的，它反映出中国人在建构真实社会时有明显的交往个别化倾向，这可以成为我们理解中国真实社会建构的起点。

四、个人地位的运作方位

我们在前文也看到，有学者提出中国人的特征是个体主义、个人主义、自我主义、利己主义等，[①] 并发现了礼的个人含义和具体性。[②] 由于这些学者看到了个人在中国社会的突出地位，因而发现中国人因有个人化倾向而缺乏联结成公共社会的可能性。又有学者认为中国人的特征是集体主义、关系主义、他人取向、情境中心、伦理本位等，[③] 由于这些学者看到了儒家思想中的社会角色及其规范对中国人的影响，认为中国社会是一个重家庭和血缘关系的社会，因而提出中国人具有重群体和重关系的倾向。面对同一个社会而产生出两种相反的观点，我认为关键问题出在中国社会联结的可能性上。其实中国人在社会行为和社会形成的特征上既不是个人取向，也不是群体或关系取向。中国社会既不借助于社会角色及其规范而联结成一个具有公共性的社会，也不像一盘散沙那样无法联结成一个大型社会，而是通过个人地位的获得来联结成一种网状社会。如果一个处在关系中的个体能获得他的个人地位，如“面子”“人情”等，那他的关系圈就能迅速扩大，形成他广泛的社会关系网络，如果一个处在关系中的个体无法获得他的个人地位，则他就同其他个体无法产生联结，但他或许会通过寻找一个中间人来联结。这里值得注意的是，联结（connection）不是团结（solidarity），如果不加区别，

---

① 有关讨论详见翟学伟:《“泥”与“沙”：为中国“国民性”之症结求答案》，载《二十一世纪》，1994年，4月号。

② 余英时:《从价值系统看中国文化的现代意义》，载《文化：中国与世界》，第1期。

③ 详见翟学伟:《“泥”与“沙”：为中国“国民性”之症结求答案》。

就很容易导致将中国社会或者被误看作为集体性的社会，或者被误认为是散漫性的社会。

为了分析个人地位在中国社会的运作特点，我根据一些社会学家的观点，先将社会行为分为表现性行为和工具性行为。[①] 从我上面对个人地位获得的四种方式中可以发现，如果一个体通过他的个人权威和道德品质来得到他的个人地位，那这种建立方式是属表现性的；如果一个体通过礼尚往来或连带关系来得到他的个人地位，则属于工具性的。从社会的发生角度来看，表现性行为是社会建立的基础，也可以是社会地位、角色和等级制的起源。如果一个社会中没有人先能通过表现性行为来获得个人地位，那么用工具性行为来获得个人地位则不可能。用通俗的话来讲，即在一个社会生活圈中，如家族、乡里等，如果没有人争光，也就没有人沾光。这点同霍曼斯把社会行为的发生还原到行为主义心理学的观点很不相同。我认为，从社会学的研究起点上讲，表现性行为在个人地位的形成上是自生性的，如成就、本领、能力、德行、人格魅力乃至容貌等，它构成了个人在社会生活中的活动基础；而工具性行为在个人地位形成上是派生性的，如裙带、老乡、求情、沾光、施报、交易、托人、拉帮结派等，它导致了日常社会的建构从单一性走向复杂性。

研究个人地位的社会运作，主要是分析上面提到的个人地位生成的四个因素是如何在社会中相互作用和相互制约的。

首先先看一看表现性行为中的个人权威和道德品质之间的关系。从儒家思想角度来讲，个人权威和道德品质之间应是同质性关系，儒家的仁君、内圣外王、修齐治平等思想都反映出儒家有将个人权威同道德品质合为一体的倾向。但在实际生活中，这两者之间的理想结合

① 林南：《社会资源和社会流动——一种地位获得的结构理论》，见南开大学社会学系编：《社会学论文集》，昆明：云南人民出版社 1989 年版，第 256 页。

往往缺乏必然基础。个人权威和道德品质之间的现实运作所发生的分离，可能在于儒家伦理结构自身的矛盾性。一方面，儒家伦理中的孝亲观念使得辈分和亲情这些先赋性（ascribed）参数可以让社会中的每一个人都有机会和场合获得他或她的社会和个人地位，这样一种制度安排在无形中就等于让个人在无须努力的情况下就可以得到他的个人权威了。以上这种个人权威人人有份的现象，我将它称为个人权威的普遍性原则，也就是一些社会心理学家发现的中国人具有权威性的人格特征。[①] 另一方面，就儒家伦理结构的矛盾体而言，当每个人都可能获得个人权威之际，也是君子含义再度发生改变之时，前次改变发生在社会角色和地位向个人道德品质的转化上，而这次改变则从内在的道德修养外化成他人对个人表现力的评价上。因为对每个人来讲，有辈分和亲情是可能的，但个个都讲道德是不可能的。讲权威的可能与讲道德的不可能使个人地位的含义再度发生改变。由于前一次改变是从社会地位向品德的转化，角色已不再重要，而这次转化，品德也已式微，重要的问题已变成了他人如何来评价自己。这时，个人权威和道德品质之间的关系不再是个体因修养德行而赢得他人的尊敬，而是个体总是要求得到一个好名声。至此，不论一个人的品质言行如何，降低一个人的声威就意味着让这个人蒙受羞辱。[②] 最终，表现性个人地位的运作所产生的他人评价只单向地形成了他人的正面评价，而不再可能出现负面评价。我将这一现象称为他人的正面评价性原则，也可俗称为不得罪人原则。

再看一下工具性行为中的礼尚往来和连带关系之间的关系。礼尚往来一般指双方之间的施报关系，而连带关系通常指一方同多方

---

① 参见杨国枢：《中国人的社会取向：社会互动的观点》，见杨国枢、余安邦主编：《中国人的心理与行为》，台北：桂冠图书公司 1993 年版，第 110—114 页。

② 参见本尼迪克特：《菊与刀》，北京：商务印书馆 1994 年版，第 155 页。

之间的交换关系。我在本书第三部分的第一篇中指出，三个以上的中国人在社会交往中非常重视社会资源分配上的平衡性原则。所谓平衡性原则是指中国人在同三人以上的具有同等个人地位者交往时，往往用等量交换原则来保持一方和多方之间的平衡关系。而在这样的交换格局中，任何一方不遵循这一原则都会造成人际关系上的紧张和冲突。这一点正好同两人之间要遵循的报的原则相矛盾，因为任何三个人以上的交往关系拆散开来看，都是两人关系。而两人关系所遵循的报的原则是要不断地提高彼此的个人地位，结果，两个人之间的个人地位越高，也就预示着第三者的个人地位相对降低，致使三人以上的平衡性原则遭到破坏。互动中的个体面对这样一种潜在的原则冲突，就会再在其基础上形成一个更为圆通性原则，即在有三个以上同地位的个体出现的情况下将报作为一种两人之间的隐蔽性行为来加以实施，达成彼此间的心照不宣，从而使三人以上的关系网络仍然维持原有的平衡。我将这一原则称为交往的表面平衡性原则，也可俗称为摆平原则。

下面再来看一下表现性行为和工具性行为之间的关系。表现性行为和工具性行为如前所说是一种原生与派生的关系。根据它们的各自行为特征，派生的工具性行为可以使原生的表现性行为受到强化，也就是说，当一个人的表现性行为因得到他人的承认而提升了其个人地位时，他就会用工具性行为来报答对方；当一个人的表现性行为得不到他人的承认而致使其个人地位下降时，他就会用工具性行为来惩罚对方。因此，社会交往因受他人正面评价性原则的驱使，工具性行为因受交往表面平衡性原则的驱使，以及后者对前者的一再强化，导致这种社会在个人关系建构上必然发展出交往的形式化特征。这一特征在中国语言中被许多尊称、敬语、谦辞等固定下来。交往形式化运作起来后又必然会模糊表现性行为本身的程度差异及其同工具性行为在获得个人地位上的性质差异。例如在各种评奖过程中，找关系获个奖、花钱获个奖、靠已有的名气获个奖与靠自己的实力获个奖，并没有什么本质区别，但获不获奖却有本质的差别，此为不得罪人原则的操作结果。又如评奖委员会在给有些人获各级奖项的同时，也不会忘记让更多的参与者获个优秀奖、鼓励奖、组织奖、文明奖之类，此为摆平原则的操作结果。可见，儒家价值体系所建构的社会，本身是有一套社会评价标准的，但因他人正面评价性原则和表面平衡性原则的作用及其后者对前者的强化，这种评价标准已被交往的形式化特征所消解，带来的只是每个人对个人地位高低的焦虑和敏感度的增加。以上的个人地位运作造成了表现性行为在生成中本来具有的客观评价体系和社会规范体系变成人们的一种应世策略。因此在中国社会，个人地位获得和运作中的最核心问题，就是能否分辨出表现性和工具性的差异以及会不会产生形式化的问题。而我们从这一问题中又可以发现，上文提出的社会结构和行动者之间的权宜，作为一种实现的可能，是借助于个人地位运作中必然发生的主观计策性和外在评价性来实现的。

五、个人地位和社会地位之比较

韦伯在提出社会地位的划分标准时，是将声望同权力、财富一道来标志不同个体在社会分层中的等级的。仔细辨认韦伯的这三个标准，我们发现，权力和财富是两个客观性指标，而声望的情况就有些复杂了，因为声望是社会成员对个人所占据的社会位置的社会评定。作为社会个体，由于他们之间的价值和社会经历的差别，造成对声望评价的不同。声望之所以能作为一个测量社会分层的标准，也就是因为社会学家相信社会上的大多数个体对一种个人地位持有相同或相似的稳定看法，尽管它是个人的主观反映，但它具有统计学上的意义。可惜的是，由于本可以作为个人地位的声望参数被附属在权力和财富等社会地位之内，因此它更多地是被当作一种同社会地位基本相同的职业角色（类别）来加以研究的。

布劳在社会角色和地位的分析中是通过划分类别参数和等级参数而有逻辑地展开的，① 但我认为布劳的这种地位分类是有问题的，也就是说，布劳由于没有考虑到类别参数也含有社会等级这一事实，结果使他的类别参数和等级参数之间并没有一个客观的划分标准。正如布劳本人将年龄归为等级参数一样，其他的类别参数（诸如性别、民族、职业、住所等）为什么不可以是等级参数呢？结果在他的分析框架中让人们看到的是社会只存在一个等级序列，即使社会结构中存在着异质性，也不过附属在等级地位之中，这就影响了他对社会宏观结构的推论。

我从韦伯的社会声望也具有社会分层含义的观点和布劳对社会结构的等级分层中的不足之处受到启发，认为一个一般性社会中应存在着两种地位等级：社会地位等级和个人地位等级。其中权力和财富是划分社会地位等级的两个重要参数，而社会名望和人际情感则是区别个人地位等级的两个重要参数。后两个参数用中国词语来表达很近似于面子和人情。② 还有一些等级参数在不同的社会文化里，其为社会的或个人的有所不同，如年龄和性别在有的社会（如中国传统社会）是衡量一个人社会地位的标准，但在另一些社会或时代里（如西方社会）只属于个人地位，无法构成划分社会等级的指标。

比较个人地位和社会地位的异同，主要是认识它们在研究框架

---

① 详见彼得·布劳：《不平等和异质性》，北京：中国社会科学出版社 1991 年版。

② 西方社会在这两个参数上的实例是人们对某个明星的崇拜和对某个人的爱所表现出来的种种不同于角色规范的行为，但它显示的社会生活范围比中国社会小得多。

上的异同。这两种框架不是相互排斥的，而是两种视角，两种分析社会的途径，它们在现实社会运作中往往是相辅相成的。从理论上讲，个人地位上的有价值社会资源通常靠社会角色来赋予，而相同角色之间的特殊性也需要个人地位来体现，比如都是局长，但因其所控制的社会资源不同，其社会重要性也就不一样。如果将这种相辅相成的关系放到不同的社会类型中比较时，我们还可以发现，如果一个社会在规范上是强调用个体的先赋性参数来限定他的社会角色和社会地位，但又存在着生成个人地位的社会基础（如中国社会），个人地位在现实社会运作中就越显得具有潜在的重要性，因为它成为社会个体区分自己与相同社会位置上的他人的唯一方式。反之，如果一个社会在规范上越是强调用个体的获得性个人地位就可以改变其社会角色和社会地位，那么这时的个人地位获得就容易同他的社会地位合为一体（如现代西方社会）。假如一个社会完全用森严的世袭等级来建构其日常社会而对个人地位不留多少余地，那么个人地位作用将下降到最低限度（如传统西方和一些亚洲国家）。倘若一个社会处于缺少社会角色规范的情况下，那个人地位将会代替社会角色和地位来维持社会运行。最后一种类型的社会较容易在宗教社会、秘密社会和集群行为中出现。

角色原是作为一个戏剧学词语进入社会学的，这就意味着围绕角色的理论仍可以在戏剧化的比喻上体现出它们的差异。如结构论者关心的问题是演出的剧本对角色是如何要求的，演员表演得对不对。互动论者关心的是演员如何进入角色。现象论者关心的是演员这时如何在观众面前计策性地展现自我。而个人地位分析框架所关心的是在一场戏中无论演员演得好坏，观众和演员之间是否能达成捧场的关系。哪一种理论对中国真实社会更有解释力是显而易见的。

用这个框架再回过头来看儒家社会理论，我们看到，中国人在实践儒家五伦时并不是按照西方社会学中的角色和地位理论来行事的，而是按照个人地位概念来行动的，即效忠、孝悌、恭敬等角色规范行为并不发生在角色关系上，而是发生在个人关系上。如人们实际效忠的是某一特定的个人，而非某种特定角色。西方式的一仆二主是社会角色和地位运作的结果，而中国式的一仆不从二主是个人地位运作的结果。

结语：中国人日常社会学分析框架的建立

从以上对个人地位的分析研究中，我们可以看到，个人地位这一概念能提供给我们的分析框架是：

1．真实社会的建构是社会个体运用行动策略同现存的社会结构相权宜的产物。

2．它在中国日常社会中以个人权威、道德品质、礼尚往来、连带关系为基础建构起来，从而表现出交往的个别化倾向。

3．交往的个别化导致社会个体对彼此有价值的社会资源的承认方式及其程度的重视和交换，这就产生了有别于社会地位的个人地位，它在类型上可分显性的和潜性的。

4．个人地位是他人在一个体心理空间上的序列分布，而非人口在社会空间上的等级分布，这使个人地位既具有个人内在的计策性特征，又具有外化的个人关系特征。

5．从社会建构的发生学上看，个人地位由个人的表现性行为引起。

6．从社会关系网络的建立上看，个人地位由个人的工具性行为引起。

7．一个体的个人地位获得与否决定他进入社会关系网络的可能性。

8．个人地位的失去或下降会使得一个体蒙受耻辱或建立社会关系网络时的失败，通常需要借助于中间人来修补或联结，而能够充当中间人的人仍然是那些在双方那里都已产生个人地位的人才能胜任。

9．个人权威的普遍性原则、他人的正面评价性原则和交往的表面平衡性原则是表现性行为和工具性行为相互作用而产生的三个重要原则，这三个原则导致个人交往中普遍存在的形式化倾向。

10. 个人地位使得一种特定的个人影响、情境或场合比一般的角色对应和规范原则更重要。

11. 个人地位由于比社会地位更容易获得社会资源而受到社会个体的高度重视和运用。

12. 个人地位既能帮助一个体获得或改变其社会角色和地位，也能使处于相同社会地位上的个体具有明显的区别。

我在前面提出，任何社会都存在着这样的个人地位，如果将中国社会的个人地位产生基础加以一般性的抽象，那么我们会看到，人格权威、个人特征、社会交换、感情程度等因素是我们分析任何一种社会中的个人地位的基础框架。

在我这个分析框架建立之前，许多西方社会学家及有关学者在各自的经典论述中也片断地提出过各自的一些见解，如米德在社会及组织中看到的人格力量和个人关系的作用、①库利（C. H. Cooley）在社会互动中提出的镜中我概念及个人优势同权威形成的关系、②托马斯（W. I. Thomas）提出的情境定义的真实性问题、③戈夫曼反复研究的日常接触、④韦伯在社会地位的划分中认识到的社会荣誉的特别

① 乔治·H.米德：《心灵、自我与社会》，上海：上海译文出版社 1992 年版，第 272—276 页。

② 查尔斯·库利：《人类本性与社会秩序》，北京：华夏出版社 1989 年版，第 118 页、第 204—232 页。

③ W. I. 托马斯：《不适应的少女》，济南：山东人民出版社 1988 年版，第 2 章。

④ 戈夫曼：《日常接触》，北京：华夏出版社 1990 年版。

之处、[1]帕森斯在建构社会行为模式变量中提出的特殊主义[2]及由海曼（H. Hyman）开始而逐渐发展建立的参照群体理论等。[3]在有关中国社会的研究中，罗素（B. Russell）认为要面子维护了每一个中国人的尊严。[4]韦伯发现中国人因为讲面子而发展不出契约性的社会组织，[5]费正清看出面子是因个人尊严获得的社会赞许，[6]帕森斯看到中国人在社会生活中只关心获得一个好名声。[7]还有一些社会学家用特殊主义纽带这一概念来概括中国人的关系特征，[8]而对力图揭示中国人性格的鲁迅、林语堂等文学家来说，他们也只能用“中国精神的纲领”、中国人的“阴性三位一体”或统治中国人的“女神”等文学性语言来表述中国人的这类行为规则。[9]总体来看，在中国这一方面的种种论述中，当以殷海光对“面子和声威”的阐述和杜赞奇（P. Duara）的有关实证研究最接近个人地位的基本含义。[10]我提出这样一个分析框架，正是希望我们能对中国社会乃至人类社会中的有关问题进行清晰而系统的研究。它使我们对中国人的社会交往、计策行为、组织运作、沟通方式、领导行为、规范与行动的关系及社会一般特征——集体主义的还是个人主义的以及公共的还是个别

---

① Max Weber, “Class, Status, Party”, in *The Study of Society*, Peter I. Rose (eds.) (New York: Random House, 1970), p. 337, p. 341.

② T. Parsons & E. Shils, *Toward a General Theory of Action* (Harvard University, 1950).

③ H. H. Hyman, “The Psychology of Status”, *Archices of Psychology*, No. 269 (1942).

④ 罗素：《中国问题》，上海：学林出版社 1996 年版，第 161 页。

⑤ 详见马克斯·韦伯：《儒教与道教》，北京：商务印书馆 1995 年版。

⑥ J. K. Fairbank, *The United States and China*, p.104.

⑦ T. Parsons, *The Structure of Social Action*, pp.542-552.

⑧ Steve Duck & Daniel Perlman, *Understanding Personal Relationship: An Interdisciplinary Approach* (London: Sage, 1985).

⑨ 鲁迅：《说“面子”》。Lin Yutang, *My Country and My People*, p.195。

⑩ 殷海光：《中国文化的展望》，北京：中国和平出版社 1988 年版，第 145—155 页。杜赞奇：《文化、权力与国家》，南京：江苏人民出版社 1994 年版，第 6 章。

性的等，都有一种更真实而深入的认识；也使我们对一般人类社会中的情感行为（如两人相爱而生的巨大社会能量）、评价行为（如人们对权威或明星的崇拜）、理性行为（如理性交换的限度、角色规范的制约度、正式和非正式组织对社会行动的各自影响）等有重新的解释和理解。

我认为，无论是东方还是西方，从微观研究出发来分析日常社会及其行为规则，应该说是社会学中一个值得提倡的研究方向，[①]特别是中国人的思维特征能将日常社会的建构原则运用到更重大的事件中去。众所周知的儒家思想体系就是建立在日常规范的基础上的，但它的意义却远远超出了日常人伦。从事微观的或日常社会的研究不但可以使社会学的宏观理论的解释力增强，也能使我们不断地发现社会构成和运作中的潜在过程、结构和一些新原则，从而使得社会学的研究更真实、更贴切、更严密、更精细、更具经验性及更具解释力。

---

① 参见李猛：《迈向关系—事件的社会学分析：一个导论》，载《国外社会学》，1997年，第1期。

后　记

20世纪的最后时刻，我把它全部贡献给了这本书。写完这本书，我想到的是作为20世纪末的一个大陆知识分子的困惑，也可以叫甘苦。我这些年来越来越体会到，大陆知识分子（主要指没有留过洋的）在做学问上所面临的问题同其他地方（如海外）的知识分子有所不同。当然我也相信无论什么不同，在不久的将来都会逐渐消失。但作为一个发生过的阶段，也应该记录在这里，以备将来回想。下面我从文化上的几个层次来加以说明。

首先来看物质文化，许多大陆知识分子的做学问环境相当艰苦，且不谈买不起书、查不到资料这些研究上的问题，就是连放几册书的空间都没有。一家人挤在一间小房子里，吃喝拉撒睡，工作、学习、娱乐全在这里。在这样的环境里，没有个人空间，无法认真思考，而是要学会考虑别人，比如你要写文章，太太要看电视怎么办；你要用桌子，她们要做（改）作业怎么办；你要挑灯夜读，她们要睡觉怎么办。有时自己刚有了思路，但在忙完家务后就忘记了；有时你计划好了今天写什么，但你发现房间里有太太的客人，而且就坐在你要写作的椅子上……

再来看制度文化，这里的制度文化也不是指学术规范化的问题，只是一个如何“做学问”的问题，本来决定要写一篇论文，书要看，资料要查，可能要磨一年才能拿出来，但一对照评职称的规定就觉得这是在犯极大的错误。大陆的职称评定主要是根据一个人的文章或书的数量来的。你写了一篇，人家已写了十篇；你一篇写了一万多字（实际上大陆能发表一万字以上的学术杂志不多），还没写完，又没处发，但人家三四千字一篇，早就发表了。当然你不能说三千字的文章太短，因为人家会说自己是“短小精悍”，而你写得“又臭又长”。这时可能会有人建议，文章还是要看质量，而不是看字数，可这个质量怎么定呢？用我书中提到的“不得罪人原则”来操作，哪个人愿意说这个人写得好，那个人写得不好呢？结果还是用我书中提出的“摆平原则”来看，大家写得都好。结果，写十篇的人无形中超过了写一篇的人，教授也就非他不可了。有人说，我们能不能不做这样的比较，因为这样比没有意思，但也不行，因为评上教授意味着你可以从一间房子里搬出来，除非你又认为就在一间里住着挺好；但也不行，因为你说好，你一家人不会跟着你说好，除非你只好同家人分手……这才叫真正的没意思了。不过，这话又不能反过来说，让一个写十篇文章的人不当教授，而让一个写了一篇的人当，（在中国）是说不过去的，也就是我书中讲的情理问题。这时，一个对中国社会很了解的人（像我书中假定的那样）是肯定要有“权宜”之计的。这个权宜出来的是什么呢？评审人想出来的办法就是用核心刊物来区分质量高低。但这显然是说，你写的文章好坏，不是由文章本身来决定的，而是由杂志来界定的。其实这也不太合理，且不谈这个核心是怎么定出来的，就是非核心上也可以有好文章，核心上也可以有坏文章。就算这是一个没有办法的办法，但个人的权宜之计还是可以通过“人情和面子”在核心刊物上发表文章，非核心刊物也可以通过“人情和面子”变成核心刊物。有人说，能不能像外国那样，让专家来评审，其实也不行，因为你还没有把文章送去，关系就已经通过去了。所以中国的问题并不在规范上，而在策略上，在计谋上，除非你能找到让一切谋略都用不起来的规范。

最后再看精神文化，在大陆做学问往往提倡的是“时代精神”和“应用性”，任何非时代性的或看不出应用性的题目基本上是没有什么市场的。结果很多题目还没动笔就放弃了，有的连想都不要想。再者，作为知识分子总还有一个精神追求的问题。但我们追求什么呢？中国知识传统说的是要通过读书来进入仕途，你把学问当作学问来做，会让人觉得你这个人不识时务，不懂社会，是个书呆子。而这个书呆子又意味着什么呢？它意味着你的苦不但还要吃下去，而且怎么吃了这么多苦，自己竟然还浑然不知呢？

理解了这种困境才能来评论大陆的知识分子，才能发现他们有自己的行动路线，才能觉得即使人人都知道做学问要讲学术规范化，实施起来也不容易。单讲注释往往就意味着字数，字数（注释）一多，往往就没有杂志社要。

但是，要是我上面的叙述让人觉得在大陆做学问还真不容易，你就错了。看起来我上面讲的是苦，其实只要做到它们的反面去就是“甘”。所谓“甘”就是你做学问别太当真，主要把学问做到学问之外去，平时跑跑关系，该打点的地方要打点。另外，写文章不要太长，也不要搞什么注释，几千字一篇，你顿时就能感到甜头来了，比如省心了，出名了，当教授了，有房子了等等。

以上的文化环境是我们读大陆学者文章的背景。也可以部分地回答为什么中国人写文章时往往喜欢用大词、大概念，因为一篇文章只有几千字，你叫作者去研究一个具体的题目是不可能的，但说大话能说出那么多字又是令人佩服的，另外一点，宏观性的词语也是最不容易出错的，而小词小概念就不行。比如我写一篇“论社会进步”，或“21 世纪所面临的种种机遇和挑战”，就几千字，我能错到哪里去？这时，如果你很认真地问道，学问怎么能这样做呢？人家则会很不当真地回答，只有书呆子才会提这样的问题，这就是说，你又开始自讨苦吃了。可见所谓甘苦问题，说来说去还是一个策略

（是否自讨的）问题。

我写这篇后记是想说明，我这部《中国人行动的逻辑》就是研究中国人在日常社会中的这些行动策略和行动路线。我希望我的概念，命题和框架对中国人的行为（包括我们自己身上的行为）具有解释力。虽然我也想要甜头，特别是物质上的甜头，但为了能找到中国人的这个“策略和路线”究竟是什么，我不得不长期忍受着上述种种苦头，因为不吃这些苦，就连此书里面的很多哪怕并不太成熟的思想也会失去。即使一定要说我多少还有点甜头可言的话，那就是海外的一些师长对我的安慰和鼓励，及我周围的一些领导克服了一定的困难来理解和支持我研究，以及我终于可以把这本书摆在大家的面前时所感到的欣慰。还要补充一点的是，无论这本书问世与否，我（及许多人）也将搬入新居，单从这一点来看，中国知识分子在未来的日子里，应该写出有异于我上面所讲的学术作品。

作者于南京鼓楼渊声巷单居室

1999 年底